书在版编目（CIP）数据

R+ 懂业务：从三支柱到再造组织的能力 / 韩铁华

深圳：深圳出版社，2023.7

HR 管理创新系列）

BN 978-7-5507-3812-6

. ① H… Ⅱ . ①韩… Ⅲ . ①企业管理－人力资源管

① F272.92

中国国家版本馆 CIP 数据核字 (2023) 第 068507 号

+ 懂业务： 从三支柱到再造组织的能力

NG YEWU: CONG SANZHIZHU DAO ZAIZAO ZUZHI DE NENGLI

人　　聂雄前

编辑　朱丽伟　易晴云

校对　李　想

技编　郑　欢

设计　知行格致

发行　深圳出版社

址　深圳市彩田南路海天综合大厦　（518033）

址　www.htph.com.cn

电话　0755-83460239（邮购、团购）

制作　深圳市知行格致文化传播有限公司

刷　深圳市华信图文印务有限公司

本　787mm×1092mm　1/16

张　23.75

数　285 千字

次　2023 年 7 月第 1 版

次　2023 年 7 月第 1 次

价　68.00 元

HR⁺懂业务

从三支柱到再造组

图书

HR
著.--深
（
IS

I
理 IV .

中

HR⁺
HR+DO

出 品
责任编
责任
责任
装帧

出版
地
网
订购
设计
印
开 印
印
字
版
印
定
版
法

HR 的困局与未来

戴维·尤里奇（Dave Ulrich）在《赢在组织：从人才争夺到组织发展》一书中提到"人力资源管理至关重要"。但是，坦率地说，HR 们的绩效迄今为止远未达到包括企业各级管理者、员工、学者在内的人们对他们的期望。

长期以来，HR 好像被困在了一个"局"中，无论多么努力和付出，好像都难以实现有效突破。早在 20 世纪 90 年代，戴维·尤里奇就提出了 HR 的四角色模型。但是，20 多年过去了，到底有多少 HR 真正成为企业的战略合作伙伴和变革推动者呢？

人才已经成为数字经济时代企业竞争力的主要来源，但是负责人才管理的 HR 的工作绩效却仍然难以获得他人发自内心的认可，HR 难以有效地为组织创造更大的价值。问题到底出在哪里呢？

根据多年的实践和观察，笔者认为主要有以下几个方面的原因。

HR 自身专业能力的问题

HR 的入门门槛不高，但是 HR 队伍里会集了非常多的精英人才。

这些人受过良好的教育，也愿意在 HR 领域做出一番事业。

但是 HR 的工作特性却在一定程度上限制了 HR 的职业成长。相对于生产、营销、研发、财务等岗位，HR 是一个最需要系统性、战略性和全局性思考的岗位。而 HR 的日常工作却是碎片化的，这些碎片化的工作具有重复性，例如，搜索简历，发放工资，批准假期，安排培训，等等。这些碎片化的工作有时甚至会让 HR 们感受不到人力资源管理工作本身的意义和价值，一些 HR 就在这些日复一日的碎片化工作中迷失了自己。

笔者曾经面试过不少有 5 至 10 年工作经验的 HR，碎片化的工作环境给他们的专业成长造成了很大的困扰。一位在某家大型互联网教育企业从事 4 年多人才管理的候选人，竟然无法准确回答其所在企业的人才标准是什么。而另一位从事薪酬管理的候选人，不知道如何实施薪酬管理中关键的职位评估工作。虽然这两位 HR 在各自的领域从业多年，但他们每日忙碌于碎片化的工作中，难以认清人力资源专业的全貌。

对于 HR 来说，在人力资源管理体系相对完善的企业工作一段时间是提升自己 HR 管理认知能力的最佳方式之一。但是，我国真正建立起完善的、科学的人力资源管理体系的企业并不是很多，因此这样的机会也就不是很多。

无论理论和实践如何变化，迄今为止，人力规划、招聘和配置、薪酬、培训、绩效以及劳动关系，所谓 HR 传统六大模块工作仍然是 HR 工作的底层代码。受六大模块分工的限制，一位 HR 在其职业生涯中很难从事全专业模块的工作。虽然 HRBP（人力资源业务合作伙伴）名义上可以从事所有模块的工作，但是 HRBP 关注业务的工作特性，很难做到精通所有模块的知识和技能。而现实是六大模块工作内容仅仅是 HR 做好工作的基础性知识和技能。

因此，碎片化的工作、机会以及分工，真实地影响了 HR 的成长。特别是那些不善于总结、缺乏框架思维的 HR，很难把自己从碎片化工作中抽离出来。

那么，HR 应该如何摆脱职业发展中的困境呢？

HR 在实践工作中，通过日常碎片化的工作去了解和观察企业人力资源管理的体系及其底层逻辑，累积经验，当然是一个提升自我的重要方法。

还有一个非常关键的方法，就是阅读有关管理方面的书籍。通过大量阅读管理书籍，把那些平时从碎片化工作中获得的经验串联起来，有助于 HR 理解日常碎片化工作在战略层面的意义以及这些工作背后的底层逻辑。例如，从事薪酬管理的 HR，日常工作是收集员工异动数据、按时发放工资等，通过阅读薪酬管理方面的书籍，就会明白每个月发放给员工的工资背后的数字所代表的意义和来源，所在企业的薪酬管理采取的理论和工具及其原因，企业薪酬管理制度的底层逻辑，薪酬制度可能存在的问题以及实施变革的必要性，等等。同时，阅读也会使 HR 具备观察和理解企业竞争对手或标杆企业薪酬管理制度的能力。

如果说 HR 的碎片化工作是点，那么阅读会让 HR 把这些点串联成面。通过自己碎片化的工作，HR 能提升分析和观察所在企业人力资源管理的体系及其底层逻辑等的能力，还会扩大自己的专业视野。HR 在职业生涯中不可能体验所有的人力资源管理工具和方法，但是可以通过阅读了解所在企业没有使用的管理方法。例如，当 OKR（目标与关键成果法）成为一种比较流行的绩效管理工具的时候，已经熟练使用 KPI（关键绩效指标）工具的 HR，当然可以通过阅读了解 OKR 知识。也可以通过对比这两种工具，提升自己绩效管理方面的知识和技能水平，并在适当的时候引进 OKR 绩效管理工具。

在这个喧嚣的时代，又有多少 HR 喜欢大量阅读枯燥的理论书籍呢？

但是，无论如何，HR 的成长需要通过工作和阅读这两个方面予以提升，也就是说 HR 的成长需要两条腿走路。单纯碎片化的工作经验很难帮助 HR 实现专业的跃升，而单纯的阅读因为没有工作经验的支撑，作用不大。工作经验和阅读的结合是 HR 快速成长的最佳路径。不喜欢阅读、学习和不善于总结的 HR，专业水平的提升大概率是一个漫长的过程。

另外，从 HR 的成长路径来看，仅仅掌握人力资源六大传统模块的专业、知识和经验，就需要经历一个非常困难的过程，更不要说掌握和精通战略、文化、领导力、组织结构、流程管理和创新等方面的知识和技能了。

HR 专业能力提升的特殊性，某种程度上限制了 HR 专业能力的发展和提升。由于不了解 HR 专业提升的特有路径，很多 HR 的职业生涯一直在"碎片化细节性的努力中受挫"，不但专业能力的提升非常缓慢，也很难培养出专业 HR 应该具备的战略性以及全局性的思维高度。

懂业务的 HR 仍然是稀缺资源

现实中，HR 要"懂业务"已经被提及多年，这个"懂业务"的要求甚至成了一些 HR 职业中的阴影。HR 最不愿意、最讨厌听到的一句话估计就是"你不懂业务"了。

但是，迄今为止，真正"懂业务"的 HR 在现实中仍然是稀缺资源。

戴维·尤里奇曾说："人力资源不仅仅是关于人的，它始于业务，终于业务。"未来，不懂业务的 HR 将很难在企业中生存，战略合作伙伴和变革推动者等角色和作用就更别提了。

真正达到"懂业务的业务伙伴"标准和要求的 HR 仍然是凤毛麟角。虽然 HR 四角色模型推动了以六大传统模块为基础的组织架构向三支柱组织结构的转变，但是一些 HR 依然沉迷于人力资源"专业的深井"中不能自拔。而更多的 HR 想努力"懂业务"，成为企业的战略合作伙伴和变革推动者，但往往不得其法。

HR "懂业务"为什么长期以来会成为 HR 的巨大难题和挑战呢？或者说，HR 与"懂业务"之间为什么始终有一条巨大的鸿沟呢？

根据笔者多年的观察，主要有两方面的原因：一是 HR 平常事务缠身，没有太多的时间去了解业务。而且 HR 的传统工作在不懂业务的情况下也能"顺利"开展，这种情形造成了很多 HR 沉浸在"专业的陷阱"里，不愿意投入时间了解业务。二是一些 HR 确实想成为"懂业务"的 HR，试图去了解业务。但是企业业务非常复杂，很多 HR 不知如何去了解业务、不知道了解哪些业务以及了解到何种程度。例如，如果软件开发公司的 HR 为了懂业务，去专门学习编程，这不但不太可能，而且也没有意义。

上述两方面的原因导致了懂业务的 HR 在现实中的稀缺性。因此，一些公司就从业务团队中选拔 HR，特别是 HRBP。从业务部门转过来的 HRBP，虽然存在 HR 专业度不足的问题，但总体上与业务部门的配合比较有效，特别是在解决具体的业务问题方面，能够使用业务语言与业务部门的人沟通或者更了解业务的具体挑战和痛点。

但是我们也观察到，由于人力资源管理专业度和整体战略视野的缺乏，"碎片化的业务""碎片化的 HR 工作"同样限制了从业务部门转过来的 HR 能力的进一步提升。例如，如果软件开发公司的软件工程师转为 HR，会更懂 Java、Python 等软件开发工具和语言，也更了解软件开发工作中的困难和痛点，作为 HR，会帮助业务团队解决一些具体的问题，但是，从 HR 角度来看，懂软件开发就是真正的懂业务吗？

HR 如何懂业务、懂哪些业务以及懂到何种程度，实际上与 HR 在企业中的定位有着密切的关系。如果仅仅是帮助业务团队解决业务中的一些具体问题，也许"懂软件开发"就是懂业务。但是，如果把 HR 定位为组织的战略合作伙伴、变革推动者、组织能力的构建者等角色，仅仅"懂软件开发"就离"懂业务"的标准差得远了，因为这些定位给 HR 提出了更为战略、更高层次的懂业务的标准和要求，例如，对商业模式的理解，对价值链的洞察，等等。"懂软件开发"仅仅是"懂业务"中一个较小的元素而已。

HR 不懂业务，既不能有效地帮助业务解决具体的问题和挑战，也无法从战略层面提升企业的组织能力，当然就不能获得他人的认可和尊重。

进一步讲，HR 懂业务的最高境界是：当有人告诉 HR "我们来谈谈业务"的时候，HR 的第一反应不再是招聘、培训、薪酬、绩效等工作内容，而是关于为客户创造价值的产品和服务方面的业务的时候，HR 就成为真正懂业务的 HR。

因此，懂业务既然是 HR 的一个巨大的挑战，也深刻影响着 HR 在组织中有效发挥作用，专业的 HR 就必须解决这个问题。本书的一个重点就是阐述 HR 如何懂业务、懂哪些业务以及懂到什么程度。

HR 在企业中的定位问题

几十年来，HR 工作和绩效得不到业务部门认可的原因，除了我们前面提到的 HR 的专业能力问题和 HR 不懂业务的问题之外，再就是 HR 的定位出了问题。

工业经济时代的早期阶段，HR 在企业中扮演的是行政事务性管理的角色，基本不存在所谓定位的问题。

而到了工业经济时代的中后期，HR 的角色逐渐演变为 HR 传统六大模块的工作。自此，HR 开始定位为人员规划者、员工招聘者、薪酬和绩效管理者、人才管理者以及员工关系管理者等功能角色。随着经济的发展，后来又衍生出了文化管理者和领导力开发者的角色定位。在以管控为企业主要管理方式的时期，HR 的这个角色定位发挥了其应有的作用，但这个定位客观上也割裂了 HR 与业务的关系，一定程度上导致了 HR 与业务的疏离。

戴维·尤里奇的 HR 四角色模型概念促使了 HR 三支柱组织结构的诞生。三支柱组织结构的目标是试图把 HR 定位为战略合作伙伴和变革推动者的角色。新组织结构把这两个角色的责任赋予 COE（人力资源专家中心）。理论上，COE 应该是上接战略，下接业务。但是，COE 内部基本上仍然是按照传统 HR 工作模块进行分工的，且 COE 在实践中仍然离业务较远，而更大的问题是接近业务的 HRBP 反馈的业务信息多是琐碎的、缺乏战略视野的。因此，对于COE来说，现实中仍然难以找到通向企业战略层面的有效路径，难以参与和解决企业战略层面的问题。

HR三支柱组织结构实质上是对HR原有工作内容的重新分工。这种组织结构确实部分解决了HR与业务分离的问题，职责分工也更加合理，相对于以前的组织结构来说是有较大的进步的。但是，三支柱组织结构并没有真正改变HR在企业中的实际角色定位。

由此，HR也就难以站在企业的战略层面去解决企业的问题和挑战。此种情形下，即使付出100%甚至更多的努力，HR的工作绩效也难以得到认可。当HR不能站在一个更高的高度为组织做出贡献的时候，无论说得多么天花乱坠，HR的工作本质就是"配合业务"。"配合"当然是HR的一项基本工作，但是HR对企业的价值贡献理应远非如此。

出现这个问题的主要原因是HR的工作过度关注人，而忽略了事（业务）。只要HR与事保持着疏离或者割裂状态，就难以有效参与到战略和全局层面上来。

那么HR如何做到人与事的有效结合呢？一是HR自己要能够对企业更高层面的战略、流程、商业模式、价值链、客户、创新、行业和竞争对手等业务进行深度洞察，而不是仅仅关注琐碎的业务需求；二是HR要主动或者由企业规定亲身参与到战略的制定和执行、流程管理和再造、创新机制的设计、价值链的维护和管理等企业关键业务中来。HR在这些工作中可以扮演组织者、协调者和参与者的角色。

过去数年，我们观察到像小黄车等一些曾经知名的企业在某一时期轰然倒塌，沦为一时的"烟花企业"。这些企业的失败表面上是因为资金链的断裂，实质上却是因为缺乏正确的战略和优异的组织能力。新的经济形势下，战略和组织能力正在成为制约和决定企业未来的两大关键因素。对于 HR 来说，其工作性质和工作内容决定了 HR 在组织能力建设方面有所作为的潜力。

因此，我们说新经济形式也要求对 HR 在企业中的角色予以重新定位，这个新定位就是要成为企业组织能力建设的组织者、协调者和实际负责人。战略合作伙伴、变革推动者，以及 HR 的所有其他工作角色，都应该围绕这个新定位展开。

本书将对 HR 这个新定位予以详细阐述。

本书的重点

从人力资源四角色模型的提出到今天的组织能力建设者的新定位，已经过去 20 多年了，人力资源专业人士仍然没有达到理想的状态，而时代又给人力资源提出了新的要求：

一、掌握和精通人力资源规划、招聘和配置、薪酬、绩效、培训和发展、劳动关系等 HR 基础性的专业知识、工具和技能，能够为企业搭建合适的人力资源框架性基础体系。

二、洞察所在企业的业务。

三、掌握和精通企业战略的制定与落实、文化建设与重塑、创新管理、流程再造、组织架构设置、领导力和人才管理等方面的知识、技能和工具，并有足够的能力参与、组织、协调或者负责这些方面的工作。

上述三项标准，第一项是 HR 的传统工作内容，第二项和第三项，多年来 HR 虽有所涉猎，但迄今为止仍然属于 HR 的弱项。虽然 HR 掌握和精通第一项标准已经着实不易，但是时代的进步已经不允许 HR 继续躲在自己的传统"专业"里。HR 必须要走出来，才能为企业和客户创造更大的价值。也就是说，洞察企业业务，参与战略制定与落实，实施文化重塑与建设，有效管理创新，参与流程再造已经成为 HR 必须掌握和精通的新知识和技能。HR 应该像学习和运用招聘、薪酬、绩效、培训等知识和技能一样，学习和掌握这些新知识和技能。

本书的主要内容就是针对 HR 面临的上述挑战，重点帮助 HR 解决以下问题：

一是重塑 HR 在组织中的新定位，首次全面阐述 HR 在企业组织能力建设方面所要扮演的角色和肩负的责任。（主要参见第一章）

二是拨开 HR 懂业务的迷雾，首次全面阐述并帮助 HR 学习和了解如何懂业务、需要懂哪些业务以及懂到什么程度。（主要参见第三章、第四章、第七章、第九章、第十章）

三是创新性提出和构建"组织能力建设和再造的八支柱模型"，全面阐述和说明 HR 如何组织、协调和负责组织能力建设，为 HR 提供领导企业组织能力建设的路径和方法。（主要参见第二章、第四章、第五章、第六章、第七章、第八章、第十一章、第十二章）

需要特别说明的是，HR 懂业务当然至关重要，但是 HR 的工作重心一定不是亲自参与业务，而是专注于人力资源管理和组织能力建设。另外，组织能力建设不但需要 HR 洞察业务，而且同样需要业务部门懂 HR。使业务部门了解和掌握 HR 的一些知识和技能，是 HR 负责实施组织能力建设的一个关键组成部分。如果业务部门各级管理者不懂人力资源，那么组织能力建设基本是一场空谈。HR 应当有能力创造一种由 CEO（首席执行官）、业务部门以及 HR 共同参与组织能力建设的格局。

鉴于绝大多数企业的组织能力随着环境、战略、资源等变化，需要不断地调整，因此本书把组织能力建设统一称为"组织能力建设和再造"。

我们前面提到 HR 工作的入门门槛相对较低。但是，要在这个行业里深耕，要成为优秀的人力资源专业人士，需要付出艰苦的努力，需要不断地学习和总结经验。我们要强调的是，HR 无论面对多少困难和挑战，既然人才已经成为企业核心竞争力的关键来源，那么可预见的未来一定是属于人力资源的时代。

戴维·尤里奇在《人力资源转型：为组织创造价值和达成成果》一书中提道："如果组织能力成为企业竞争力来源之一，同时直线经理与 HR 共同倡导组织能力提升，那么关于 HR 工作和 HR 专业人员的新篇章就必将开启。"

未来已来。

韩铁华

2022 年 8 月于北京陶然亭

目 录

001 | 第一章
　　　　HR 在组织中的新定位

第一节　经济发展阶段与 HR 的定位 /004

第二节　HR 的组织架构变迁与 HR 的定位 /011

第三节　HR 的新定位：组织能力建设和再造 /018

027 | 第二章
　　　　组织能力建设和再造的"八支柱"模型

第一节　什么是组织能力 /030

第二节　组织能力成为企业竞争力的 DNA 和护城河 /036

第三节　组织能力的"八支柱"模型 /049

061 | 第三章
拨开 HR 懂业务的"面纱"

第一节 懂到什么程度 /064

第二节 要懂哪些业务 /072

第三节 应该如何懂业务 /078

095 | 第四章
HR 如何参与战略定位

第一节 HR 参与战略制定和执行的必要性 /098

第二节 懂业务是 HR 参与战略制定和执行的前提 /101

第三节 HR 参与战略制定的方法和工具 /103

第四节 HR 参与战略的实施和执行的方式 /113

121 | 第五章
HR 与企业文化的直观化：虚事实做

第一节 不同所有制性质对企业文化的影响 /126

第二节 企业文化的层次 /128

第三节 组织文化评估量表：使企业文化直观化 /145

161 第六章

给 HR 注入创新的基因

第一节　HR 在创新中的角色 /164

第二节　企业创新现状 /165

第三节　HR 如何参与和管理创新 /168

185 第七章

HR 如何参与、组织或协调流程再造

第一节　HR 在流程管理中的角色 /190

第二节　流程再造和设计中容易出现的问题 /194

第三节　HR 参与流程管理需要注意的几个关键点 /197

第四节　HR 如何参与和协调流程建设和再造 /205

213 第八章

排兵布阵：HR 与组织架构设计

第一节　组织架构设计中 HR 的痛点 /216

第二节　组织架构设计：分工与整合 /217

第三节　组织架构设计的影响因素 /221

第四节　典型的组织结构 /225

第五节　打造无边界组织 /236

249 │ 第九章
　　　　懂财务是 HR 的必备技能

第一节　为什么很少有人抱怨财务人员不懂业务 /251

第二节　HR 如何理解财务报表 /252

第三节　HR 如何理解财务比率 /265

271 │ 第十章
　　　　HR 懂客户及其他外部利益相关者

第一节　HR 了解客户需要厘清的几个关键问题 /274

第二节　HR 了解客户的方式 /279

第三节　HR 了解其他外部利益相关者 /283

291 │ 第十一章
　　　　让人才形成组织的力量

第一节　为企业找到合适的人才 /293

第二节　人才盘点的痛点 /304

第三节　人才培养的权责界定 /309

第四节　人才管理体系 /313

第五节　人力资源领先战略 /315

319 | 第十二章
实用型领导力开发：阶梯式领导力

第一节　管理者的基础领导力 /322

第二节　HR 在领导力培养和发展中面临的挑战 /326

第三节　企业阶梯式领导力框架 /329

第四节　HR 的一些知识和技能是管理者领导力构成的必备技能 /350

359 | **参考文献**

第一章

CHAPTER 1

HR 在组织中的
新定位

王志（化名）是亿州科技公司（化名）的首席人力资源官。随着竞争的加剧，公司管理层认为对 HR 应该实施变革以发挥更大的作用。在某咨询公司的帮助下，经过六个月的努力，公司 HR 组织架构完成了从传统六模块架构到三支柱架构的转变。经过一段时间的试运营后，王志发现 HR 与业务部门确实贴得更近了，HR 能够及时掌握一些具体的业务需求并做出有效的反应，HR 行政事务性的管理工作也更有效率了。但是，王志发现 HR 仍然很难有效地参与到公司战略层面的事务上来，特别是在组织能力建设方面依然是心有余而力不足。也就是说，虽然新架构在某种程度上提升了 HR 的效能，但是从公司战略层面上看，HR 的总体业绩和贡献与之前相比并没有发生多大的改变。这引发了王志对 HR 在企业中定位的思考。

坦白地说，相对于企业的其他各类职能，例如财务、采购、研发、生产、市场和销售等，没有哪个职能像 HR 这样饱受争议。比如，1996年，时任《哈佛商业评论》总编托马斯·斯图沃特（Thomas A. Stewart）在《财富》杂志上呼吁企业"炸掉人力资源部"；2014 年，拉姆·查兰（Ram Charam）在《哈佛商业评论》上发表"分拆人力资源部"的观点，这些是对 HR 争议的最好注释。

然而，HR 在企业中创造的实际价值确实远低于人们的期望。

HR 的工作与人才和组织能力密切相关，在这个人才和组织能力成为企业竞争力主要来源的时代，按理说应该正是 HR 发挥其重要作用、挥斥方遒的时候，但现实却是事与愿违。

那么，HR 每天辛勤工作，挥洒汗水，为什么人们对 HR 的价值贡献以及 HR 的真实态度仍然没有较大的改观呢？

要弄清楚这个问题，需要从经济发展阶段以及 HR 演化的历史角度来分析出现这个问题的底层逻辑。而要解决这个问题，则需要对 HR 在组织中的角色予以重新定位。

第一节
经济发展阶段与 HR 的定位

我国经济改革的发展

中国经济的改革是"摸着石头过河"的渐进式改革，是从农村地区实行家庭联产承包责任制开始的。所谓家庭联产承包责任制，从人力资源激励的角度来说，就是废除"大锅饭""平均主义"的分配制度，建立以家庭为单位的"团队"式分配激励制度。新的激励制度的确立，极大地调动了农民的生产积极性。农村改革取得了丰硕的成果。

我国的工业和服务业也是以"承包制"的渐进式改革开始的。在20世纪80年代的大多数时间里，国有企业是国民经济发展的主要力量。据统计，1980年我国城镇国有经济就业人口达8019万人，占城镇就业人口总数的76.2%。改革的初期，市场上基本不存在外资和民营经济。我国经济改革的主要路径就是在保持公有制占主导地位的前提下，通过发展个体经济、民营企业、外资企业、合资企业等非公有制经济的途径逐步展开的。

20世纪80年代，我国非公有制经济以个体经济为主，很少有个体经济发展成规模较大的民营企业。当时，外资企业已经开始进入中国市场。有趣的是，当时外资企业最头痛的一个问题竟然是很难在中国人才市场上找到合格的职业经理人，当然也更难找到一个合格的HR。在很长一段时间里，外资企业的高级职业经理人基本上是总部派遣来的，因为当时本土的高级经理人是非常稀缺的。

20世纪90年代初期，我国市场经济初步确立，民营经济开始腾飞。加入 WTO 后，我国经济发展更是一日千里，直到取得今天的成就，华为、联想、海尔、阿里巴巴、腾讯等企业就是在这个时代逐渐发展壮大起来的。

改革开放40多年，我国从以卖方市场为主的经济形态进入了以买方市场为主的经济形态，从工业经济时代逐渐过渡到了数字经济时代。

劳动法对人力资源改革的意义

我国人力资源的发展一直是与经济的发展同步进行的。应该说，1995年1月1日实施的《中华人民共和国劳动法》（以下简称"劳动法"），是我国人力资源发展的分水岭和里程碑。后来借鉴新加坡模式并依据劳动法规定推行的社会保险制度，不但解决了多数中国人的后顾之忧，也为我国企业放下包袱、轻装前进提供了巨大的助力。自此以后，劳动关系管理也成为 HR 们的必修基础课。

我国1995年之前的人力资源改革，主要集中在国有企业的"深化改革"方面。国企改革实际上是借鉴农村家庭联产承包责任制，政府在一些中小国有企业提倡和推行"企业承包制"。最具代表性的案例就是，1984年，马胜利承包了石家庄造纸厂后，带领造纸厂扭亏为盈，20世纪80年代末期，曾经连年亏损的造纸厂成了当地的效益大户。这种"承包制"改革，是从激励的角度激发人们的潜能，改变"混日子"的不良习惯。

但是，那个时候国有企业的改革还没有触及国有企业员工的"身份"问题。国有企业的员工仍然是长期固定用工，成为国有企业的职工就意味着一个人的生老病死、子女就业、住房都要由这家企业解决。国有企业基本没有权力"开除"职工，即使这个职工的工作表现并不令人满意。

同时期的外资企业开始发展，并从市场上招聘一些懂外语的年轻人进入企业。很多外语较好的年轻人进入外资企业，开始学习企业先进的管理模式和管理方法，并在实践中不断成长。后来许多人成长为优秀的职业经理人，也有很多优秀的人才成长为首席人才官。但是，那时候员工与外资企业的人事关系一直处于模糊状态。

1995 年，劳动法颁布实施，第一次解决和规范了国有企业、民营企业、外资企业与员工的关系问题，明确了企业与员工之间各自的权利和义务。劳动法之所以成为我国人力资源管理史上的里程碑，是因为计划经济时期，企业与员工特殊的固定身份关系严重制约了企业的发展。而劳动法定义了企业和员工之间的关系为劳动关系。如此，企业才有能力打破之前与员工终身绑定的人事关系，并开始真正对人力资源管理感兴趣，研究、探索和采用适合我国特点的人力资源管理制度、体系和方法。

劳动法打破了企业与员工的终身制关系，明确定义了企业和员工之间的权利和义务，为企业有效开展人力资源管理工作奠定了基础。没有劳动法，就不会有后来的人力资源管理理论、工具以及实践在我国爆发式地研究和应用，也不会有今天极具活力的人才市场。

可以说，劳动法的颁布和实施，是人力资源管理在我国真正被认可为一门科学的开始，也是企业其他业务部门工作人员对 HR 产生某种期望的开始。

外资企业对人力资源管理的影响

20 世纪 90 年代，大量外企进入我国市场，并不断扩大规模。这些外资企业在我国取得了巨大成功，也为我国人才市场培养了大量的管理和技术人才。同一时期，大量的民营企业开始蓬勃发展、不断壮大，出现了民营企业对懂管理、懂技术、有经验的高端人才的需求。

随着民营企业的发展壮大，像华为、腾讯、阿里巴巴、万科等一大批民营企业开始崛起，这些企业求贤若渴，能够支付得起大致相当或高于外资企业水平的薪酬。一些长期在外资企业工作的人才也遇到了职业成长的天花板。所以，外资企业的人才开始进入民营企业，把外资企业的管理模式、管理制度、管理工具逐步带入了民营企业。

众所周知的例子就是阿里巴巴和华为。

关于阿里巴巴的管理体系和企业文化，虽然马云的领导力起着重要的引导作用，但是真正帮助阿里巴巴建立人力资源管理体系和落地企业文化的是另两个人，一位是在通用电气（GE）有丰富工作经验的关明生，另一位是在强生、甲骨文、微软等外资企业从事 HRD 工作的邓康明。阿里巴巴今天的绩效管理、薪酬管理、人才培养、组织建设等与人力资源有关的体系和制度，深深地烙印着外资企业的管理制度、体系和方法的影子。可以说，阿里巴巴人力资源管理的基础架构就是以外资企业的管理理念和管理经验为基础打造出来的。

华为如今已经发展成为通信行业的全球领袖。华为取得今天的成就，主要在于充分调动了十几万知识员工的力量，成功建设了强大的组织能力。在任正非的领导下，华为组织能力充分借鉴和使用了外资企业的管理理念、管理制度和管理工具，并在此基础上加以充分创新才建立起来。20 世纪 90 年代，在华为发展初期，任正非就敏锐地认识到了先进管理制度的重要性。除了以高薪和股权吸引大量的科技和管理人才，也积极借鉴并使用外资企业先进的管理方法和管理工具。华为曾经聘请过十多家国外咨询机构，其中美世咨询、合益、埃森哲等帮助华为建立起了职位资格、薪酬管理、绩效管理、组织架构、团队管理等有效的组织和人力资源管理体系，并使用至今。华为的人力资源管理体系是华为组织能力最基础的架构，更是华为成功的基石。

HR 定位同步于经济发展历程

HR 在企业定位的变化，可以说与 40 多年来我国改革开放和企业发展的历程息息相关。

改革开放初期，国有企业占据主导地位，企业尚不存在真正的人力资源管理。当时国有企业的人事部门是一个典型的权力部门，一般设有人事科、工资科和干部科，人事工作主要是管理职工档案、记录职工考勤、发放职工工资、职工的调入调出等日常事务性工作。这一时期的 HR，不可能被企业其他部门的人员抱怨"不懂业务"，各级管理者和员工并没有对 HR 抱有多高的期望。没有期望，自然就没有失望。这一时期的 HR 也确实不需要去"懂业务"。

20 世纪 90 年代初期，外资企业在我国已经有了较大的发展，民营企业开始从个体经济逐步发展起来。随着劳动法和社会保障制度的实施和推行，人事部门开始着手推动员工签订劳动合同以及为员工办理社会保险事务。企业和员工逐渐建立起真正的劳动关系，HR 也开始制定适合企业的人力资源管理规章，例如，着手制定以员工激励为目标的薪酬制度。当时流行的薪点工资制、技能工资制是比较典型的尝试。这一时期，民营企业和国有企业的 HR 对于人力资源的管理知识可以说是如饥似渴，一方面积极地学习西方的人力资源管理理论，另一方面努力向外资企业学习具体的人力资源管理制度、体系、流程和管理工具。

到 20 世纪 90 年代中后期，我国企业逐步建立起以人员规划、招聘、薪酬、绩效、培训以及劳动关系分工为基础的人力资源组织架构。HR 在企业中的角色和价值也逐渐清晰，人们对人力资源管理在企业中的作用开始有了新的认识。这一时期的企业仍然处于卖方市场。企业只要具备资金、设备、土地和厂房等生产要素并能够生产特定的产品，一般都发展不错。人力资源虽然重要，但还不是企业成功的关键要素。因此企业主要采取以管控为主的管理方式。HR 把自己定位于人员规划、招聘和配置、培训、薪酬、绩效和劳动关系这六项工作，并根据六项工作的内容和边界设计 HR 的组织结构。HR 聚焦于六大专业职能，从而一定程度上忽略了对企业业务的学习和了解。由于人力资源工作尚未在企业占据主导地位，因此即使 HR 缺乏对业务的洞察，也不太会影响企业的竞争实力。

实际上，这个时期的业务部门已经对 HR 赋予了一定的期望，HR 也认为自己能够在企业中扮演更加重要的角色。但是由于 HR 缺乏对业务的了解，或者 HR 的传统六模块工作内容的天然性限制等原因，HR 经常会被业务部门产生敌意和抱怨。

在同时期的美国，为了回应对人力资源管理的争议，戴维·尤里奇首次提出了著名的 HR 四角色模型：成为企业战略合作伙伴、变革推动者、效率专家和员工支持者。但是，由于各种原因，尤里奇关于 HR 的四角色模型定位是在 21 世纪的第一个十年才传入中国。这一时期，随着 IBM 等外资企业从以 HR 四角色模型为基础、逐步放弃 HR 六大模块为分工的组织结构，转变为 HR 三支柱的组织结构，我国企业逐渐对这一新的变化予以学习和吸收。21 世纪的第一个十年，也是我国从工业经济时代逐步向数字经济时代过渡的时期。

HR 三支柱结构模式使一部分 HR 摆脱行政事务性的羁绊，同时使一部分 HR 更加接近业务，不再是"六个筒仓"式的组织分工，这当然有其优势和可取之处。这一时期的 HR，试图利用 HR 三支柱模型为基点，让自己真正成为企业的战略合作伙伴和变革推动者。但是，HR 仍然没有能够完全实现自己的理想。

在 21 世纪的第二个十年之后，我国已经从工业经济时代逐渐进入数字经济时代。这一时期，环境充满易变性、不确定性、复杂性和模糊性，我国企业的发展进入了深水区：资金的可获得性大幅提升，资金、设备、土地和厂房作为企业发展决定性要素的时代已经过去；企业产品和服务的同质化越来越严重；由于信息的透明以及产品和服务的极大丰富，客户的需求越来越具个性化，也越来越有影响力；决定企业成功的因素从规模、角色清晰、专门化和控制转变为敏捷、协同、整合和创新；人才和有效的人才管理变得至关重要；企业的组织能力成为竞争力的 DNA 和护城河。

新经济环境影响下，企业持续的成功主要受战略和组织能力这两个关键因素的制约和影响。因此，除了选择正确的战略方向，建设敏捷、创新的组织能力成为新经济时代企业"不得不"的选择，也成为企业管理者的主要工作目标。

戴维·尤里奇认为，HR 的其中一个胜任力就是"组织能力的构建者"。而与企业其他业务部门相比，HR 的大部分工作内容确实与企业组织能力构建有着密切的关系。由此，我们可以说新经济环境对企业提出了新要求，当然也给 HR 提出了新要求，同时也为 HR 赋予了新希望。

充满变化的新环境下，HR 需要为自己在组织中所扮演的角色和价值予以重新定位。

第二节
HR 的组织架构变迁与 HR 的定位

迄今为止，企业 HR 的组织架构存在两种不同的形式：一种是依据 HR 六大模块设置的职能制组织架构；另一种就是当前比较流行的 HR 三支柱组织结构。

HR 六大模块组织架构

在传统工作模块下，人力资源部通常由招聘、薪酬、绩效、学习和发展以及劳动关系职能构成，有的企业可能会把其中某两个或三个职能合并，比如将薪酬管理和绩效管理合并；而规模小一点的企业也可能由一到两人负责多个模块的职能任务，但总体上的划分原则是根据 HR

传统六大模块展开的。正常情况下，企业会在这六大模块上再设一个HRD（人力资源总监）或者CHO（首席人力资源官）。外资企业、民营企业和国有企业的HR组织架构长期以来都是按照这个模式设置的。

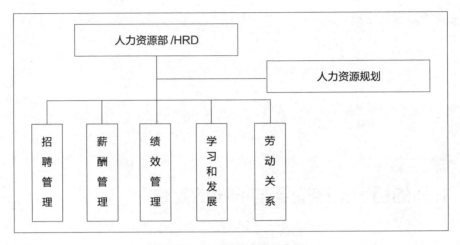

图1-1 HR传统组织架构图

这种HR职能架构的优点是岗位职责清晰，组织上下的沟通效率高，同时也有利于各个职能模块的HR深度学习和研究各自的业务，从而提升自己在所负责领域的专业能力。

但这种职能制组织结构也存在明显的问题。

第一，容易使HR陷入各自"专业的深井"，从而忽略了解企业业务的需要。例如，招聘管理部门的人，日常工作就是根据招聘需求，浏览简历，安排面试；薪酬管理部门的人，除了建立和维护薪酬管理制度，日常工作通常是记录公司人员的异动情况，月底根据员工的工资标准发放工资；绩效管理部门的人，除了建立和维护公司的绩效制度，就是督促各个业务部门提供绩效考核的数据；学习和发展部门的人，日常工作就是搜集培训需求，安排各种培训项目；劳动关系部门的人，日常工作更是繁杂。结果就是 HR 每天忙得焦头烂额，但是管理层和业务部门看不到 HR 的整体价值创造，还经常抱怨 HR 不懂业务、制造麻烦。

第二，HR 不同职能部门之间缺乏互动，甚至因为过细的专业化职能分工，妨碍了自身的职业成长。在一些 HR 组织架构成熟的企业，HR 要想从一个职能部门转到另一个职能部门是非常困难的。若是薪酬管理部门出现岗位空缺，企业宁愿从外部市场招聘一个有薪酬管理经验的人，也不愿意从学习和发展部门选人。

第三，容易造成 HR 各部门之间流程不畅。人力资源部应该是一个整体，同属一个团队。实际工作中，HR 各部门在工作流程上存在沟通不畅、各自为政的问题。比如，绩效考核的数据不能及时传给翘首以盼的薪酬管理部门，也给不到需要根据绩效考核结果制订学习和发展计划的培训部门，影响工作效率，等等。

当然，其中最大的挑战还是这种类型的组织架构从根本上降低了 HR 对于"懂业务"的客观需要。HR 即使不懂业务，也能在这种组织架构里活得不错。既然没有紧迫的"懂业务"的需要，HR 为什么要投入宝贵的时间去研究公司的竞争对手、战略、供应链、生产、营销、研发和客户呢？

公司董事会、管理层和业务部门的人员难以看到 HR 的价值贡献，抱怨和不满也就随之而来。

HR 四角色模型与三支柱组织结构

20 世纪 90 年代后期的美国，HR 在实践中受到了来自专家学者以及企业管理者的质疑，人们对 HR 在企业中的作用提出了挑战。为了回应这些质疑，戴维·尤里奇提出了 HR 四角色模型的概念，他认为 HR 不应该只扮演行政事务工作的角色，而是应该成为企业的战略合作伙伴、变革推动者、效率专家和员工支持者。

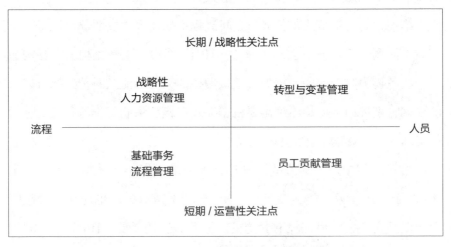

图 1-2　HR 在建立高竞争力组织的过程中扮演的角色

表 1-1　HR 在组织架构中的角色

角色	成果	比喻	活动
战略性 人力资源管理	对战略的执行	战略合作伙伴	使人力资源策略与业务战略保持一致；组织诊断
基础事务 流程管理	建立起高效的基础事务流程	HR 效率专家	组织流程再造；共享服务
员工贡献管理	提高员工的承诺与能力	员工支持者	倾听员工声音并向其反馈；为员工提供资源

续表

角色	成果	比喻	活动
转型与变革管理	创造一个崭新的组织	变革推动者	管理转型与变革：确保变革的能力

资料来源：戴维·尤里奇《人力资源转型：为组织创造价值和达成成果》。

关于战略合作伙伴的角色，需要说明的是，戴维·尤里奇认为 HR 能够完成战略落地和执行的参与性角色即可，这一时期他还没有认识到 HR 需要参与到战略制定的环节中来。在后来的《高绩效的 HR：未来的 HR 转型》一书中，戴维对此做了补充，提出了 HR "战略定位参与者"的新定位。

HR 四角色模型直接导致了 HR 组织结构的重大变革。之后，IBM 根据这一概念，摒弃了 HR 传统六大模块组织架构，首次设立了 HR 三支柱组织结构。后来，微软、思科、沃尔玛、西门子等公司相继对自己的人力资源结构进行了重新设计，并建立了 HR 三支柱组织结构。

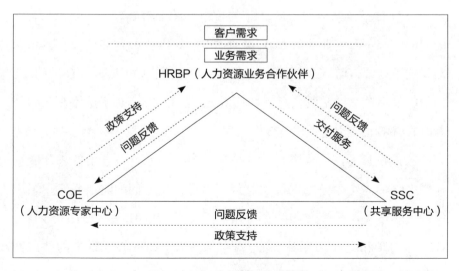

图 1-3　HR 三支柱组织结构图

HR 三支柱组织结构目前已经成为流行的 HR 组织架构设计形式。相对于 HR 传统六大模块的组织结构，HR 三支柱组织结构解决了行政性人力资源和战略性人力资源的合理分工问题，也在一定程度上缓解了 HR 远离业务的问题。腾讯、阿里巴巴、华为等公司也都重塑了自己的人力资源部，建立了 HR 三支柱组织结构。

但是，HR 三支柱组织结构也面临一些问题和挑战。实践证明，三支柱组织结构确实在一定程度上提升了 HR 的效能，但并不是解决人力资源所面临的问题和挑战的灵丹妙药。

一是 HRBP 虽然帮助业务部门解决了一些与业务相关的具体问题（相对于战略层面，这些问题可能是琐碎的），但是这导致 HRBP 的站位不高。长期以来，不同的业务部门造成 HRBP 缺乏从战略高度和全局视野看待公司整体业务的能力，而这种能力对 HR 来说至关重要。

二是对于 COE 以及 SSC 的 HR 来说，实际上其仍远离业务，况且已有 HRBP 了解和关注业务，这些 HR 自己了解业务的动机也会相应减弱，有时甚至完全把了解业务的事情推给 HRBP。当一个了解业务的 HRBP 与不了解业务的 COE 沟通的时候，因为各自的认知、立场和出发点不同，COE 未必能够真正理解和完全接收到 HRBP 反馈的问题。当 HRBP 反馈的散乱的信息不能使 COE 有效地形成对于整体业务的判断时，COE 也就无法做出有效的反应。

三是在三支柱结构中，COE 是从人力资源专家中心角度来开展工作的。COE 这个角色的定位使其很难上升到企业的战略层面，在组织中的实际站位并不高。COE 关注的重点还是传统的 HR 领域的工作内容，如人才招聘和配置、薪酬管理、绩效管理等。COE 在组织中的站位使其很难起到组织变革推动者的作用。而至于从战略层面推动组织能力建设和再造，COE 更是无能为力。

四是很多企业的 HR 组织结构调整流于形式，HRBP 只不过是被分配了一些原来应当由各个 HR 模块完成的相关工作，企业对这些工作实施角色再设计后由 HRBP 完成而已，形变而神未变。

HR 三支柱组织结构是由 HR 四角色模型发展而来，因此，理论上，三支柱组织结构的主要目标应该是使 HR 达成企业战略合作伙伴、组织变革推动者的功能定位。但是，由于三支柱组织结构的本质是 HR 六大模块的重新分工，可以说 HR 传统六大模块的工作仍然是三支柱组织结构的底层代码，这导致三支柱组织结构难以帮助 HR 达成战略合作伙伴和变革推动者的角色定位。三支柱组织结构下，HR 的具体工作与战略层面之间依然存在一个断层，以致 HR 在实践中缺乏一个到达战略层面的有效路径。而这个断层的填补，需要通过明确地把战略管理、流程管理、创新管理、文化管理、组织结构设计管理等工作内容部分或全部纳入 HR 的工作体系中来，并需要 HR 对商业环境、商业模式、行业和竞争对手、客户和其他利益相关者、价值链、财务知识等业务有深度洞察。

HR 四角色模型至今已提出 20 多年了，除了根据 HR 四角色模型演变而来的三支柱组织结构，使人力资源在一定程度上更贴近琐碎的业务以外，HR 的实际定位并没有发生本质改变。

实践证明，HR 三支柱组织结构仍然无法使 HR 成为组织系统集成者的角色。HR 依然只能站在一个部门的视角考虑问题，管理思维和工作方式难以转变到企业的宏观和战略层面。从这个角度讲，HR 要为企业创造更大的价值，需要继续探索和寻找自己在组织中的角色和定位。

第三节
HR 的新定位：组织能力建设和再造

数字经济时代是一个充满变化的时代，新兴行业和传统行业都面临着更为激烈的全球化和逆全球化的新挑战。持续竞争的新挑战、持续增长的新挑战、变革的新挑战、技术飞速变化的新挑战和人才成为核心竞争力的来源。

资金的可获得性大幅提升，已不再像工业经济时代那样稀缺，也不再是企业获得领先地位的决定要素。产品变得极为丰富，客户也更有力量。基于变化的环境特征，敏捷、协同、整合以及创新已经替代规模、角色清晰和管控成为企业组织成功的新要素。环境的变化和竞争的加剧使企业不得不寻找能使企业具备领先优势的新资源或新能力。

新经济时代，人们发现有两种关键因素对企业的成功有着决定性的作用：一是正确的战略方向；二是确保实现战略目标的企业组织能力。

企业持续成功 = 战略 × 组织能力

战略决定着企业前进的方向。方向错了，企业极有可能以失败告终。例如，诺基亚错失智能手机的战略方向，被苹果击败；柯达没有把数字摄影作为战略方向，最终走向破产；海底捞低估了新冠疫情的影响，制定了大规模开店的战略，造成了巨大亏损。

变化已经成为新常态。能够迅速适应环境的变化，及时洞察客户需求以及灵活为客户创造价值以达成战略目标的组织能力，对企业来说至关重要。

能够保持持续成功的企业，大都有一位精通或者重视组织能力和人力资源管理的领导者。而失败的企业，组织能力的缺失往往是关键原因之一。

曾经开创共享单车商业模式的小黄车以失败告终，组织能力的缺失加速了它的崩溃。从战略层面看，小黄车董事会、股东之间矛盾重重。矛盾激化后的结果之一就是滴滴出行派驻的人员被赶出公司。小黄车内部组织管理存在严重的问题：公司预算管理缺失，导致资金安排没有计划且混乱；供应链失控，导致内部贪腐严重；地方公司各自为政，缺乏统一管理，导致公司内部的利益冲突，无法真正形成全国一盘棋的局面；小黄车的质量问题层出不穷，客户体验感差。源于内部的各种混乱，公司无法建立起有效的组织能力以满足和改善客户的需求和体验。当一系列战略及管理问题存在而得不到有效解决，组织能力逐渐崩溃，公司的倒塌就只是一个时间问题。

相对于战略管理，组织能力的建设和再造，难度要大得多，也复杂得多。战略的制定虽然复杂且责任重大，但并不需要太长的时间。而确保战略落地和执行的组织能力的培育，却是一个相当漫长且需付出巨大努力的过程。

既然组织能力如此重要和复杂，那么企业中的组织能力建设和再造的职责应该如何分工呢？谁应该成为组织能力建设的具体负责人或者牵头人呢？这就需要厘清 CEO、HR 以及其他业务管理者在组织能力建设和再造中的关系以及各自所扮演的角色。

CEO 是组织能力建设和再造的第一责任人

CEO 是企业的首席指挥官，对企业的生存和发展担负着全面责任。

既然战略和组织能力是影响企业成败的两个关键要素，从战略层面和全局角度来说，CEO 当然需要重点做好两方面的工作：一是企业的战略决策；二是企业的组织能力建设和再造。CEO 在这两方面的绩效基本决定了企业的未来。

我们前面提到，如果方向错了，企业再努力都可能没有效果。而正确的战略方向需要组织能力的保障。一个缺乏组织能力的松散的企业，是无法保障战略的落地和实施的。如果企业不能把所拥有和能调动的资源有效地整合和组织起来，发挥出组织的力量，战略就是一种空想。

所以，CEO 的主要时间和精力应该分配到战略和组织能力建设和再造上。从这个角度看，CEO 当然应该是企业组织能力建设和再造的第一责任人。而实践也证明，成功的 CEO 大都是组织能力建设的高手。最好的例证就是：任正非是一位人力资源管理大师，海底捞极强的组织能力就是在张勇的领导下打造出来的。

HR 应该是组织能力建设和再造的组织者、协调者以及实际负责人

理论上，CEO 应该聚焦于战略和组织能力建设。但是实务中，CEO 日常会面对无数大小繁杂事务。美国管理专家彼得·德鲁克（Peter F. Drucker）曾说："对 CEO 来说，时间是 CEO 最宝贵的资源。"他既要

消耗大量的时间协调组织的外部关系，又要时刻关注和处理组织内部的各项事务，包括但不限于参加董事会、战略制定及执行、采购、研发和技术、生产或服务、财务、人力资源、市场和销售、品牌、处理客户关系以及其他外部利益相关者的关系等。因此，具体实践中，CEO 能够分配给组织能力建设和再造的时间是相对有限的。

此外，一些 CEO 基于自己的知识和经验的认知，对企业组织能力的重要性认识不足，习惯于把更多的时间和精力聚焦于业务，不太关心组织能力的建设和再造工作。

上述两个原因造成了很多企业在组织能力建设和再造方面的管理真空问题。也就是说，虽然 CEO 应该是组织能力建设的第一责任人，但是企业实操中并没有人（协助或帮助 CEO）具体负责和总体牵头这项工作，当然也就没有人从战略层面研究和思考这个问题。这个管理真空实际上给企业发展造成了很大的隐性损失。

解决的方案就是在企业内部设立一个岗位或者部门，协助 CEO 领导和完成组织能力建设和再造的重任。

有的企业设有 COO（首席运营官）一职，可以为 CEO 分担一部分工作和压力。但是，大多数情形下，COO 的主要时间和精力都会放在战略管理和业务运营上，在组织能力建设和再造上投入的时间和精力不会太多。

企业中的其他部门，如采购、研发、生产、品牌、财务等部门，更多是把时间和精力集中在各自的业务上。这些专业部门虽然会通过企业相关流程产生横向的连接，为客户提供产品和服务，但是对于组织能力建设和再造，只是被动参与而很难扮演组织者、协调者和实际负责人的角色，同时这些部门的管理者实际上也对组织能力建设和再造工作缺乏必要的兴趣。

企业组织能力建设主要围绕员工的思维、员工的能力、员工的治理以及其他资源要素展开，主要涉及企业的战略、文化、流程、组织结构、领导力、创新、人才管理以及人力资源基础体系建设等工作。这些工作都与 HR 密切相关。HR 在这些工作中分别扮演着参与、协调、组织和负责的关键角色。

戴维·尤里奇提出，HR 的胜任力模型中一个关键的要素就是"组织能力的构建者"，"HR 专业人员要建立高绩效组织，就需要定义、诊断，进而构建出企业所需要的组织能力。HR 成为组织能力的构建者是至关重要的，因为组织能力不依赖于单个领导者而存在，而且能成为持久的组织特征"。

遗憾的是，戴维·尤里奇把组织能力的构建者这一 HR 胜任力，与可信任的活动家、成功变革的助推者、HR 创新与整合者、信息技术的整合者等 HR 胜任力素质并列在一起，而没有把 HR 组织能力构建定位在类似企业"首席组织官"的高度。实际上，可信任的活动家、成功变革的助推者等角色定位，其最终目标就是构建企业的组织能力。剧变的环境下，既然敏捷、协同、整合以及创新成为组织成功的新要素，组织能力成为竞争力的 DNA，那么组织能力建设就应该被提升到一个新的高度。戴维·尤里奇关于 HR 战略合作伙伴、效率专家、变革推动者、员工支持者以及由外而内的 HR 的角色，都应该统一到"组织能力建设者"这一定位上来。

由此，考虑到 CEO 的时间问题、其他业务部门的业务导向问题、HR 的工作内容和工作性质以及专家的研究结果，我们完全可以说 HR 当仁不让地需要承担起协助 CEO 实施组织能力建设和再造的重任。鉴于 HR 的工作特性，HR 理所当然地成为组织能力建设的组织者、协调者和参与者，成为协助 CEO 实施组织能力建设的实际负责人。

HR 所有其他工作都需要围绕组织能力建设和再造这个目标展开，也就是说 HR 负责或参与的人力资源管理体系建设、文化管理和建设、战略制定和执行、人才管理、组织结构设计、创新机制建设、领导力开发和建设等，都要以组织能力建设和再造作为其终极目标。

例如，如果企业需要建设灵活、敏捷和创新的组织能力，HR 在组织结构设计上就要考虑扁平化或者平台式等利于创新的组织结构；在人才招聘上，就要着重考虑候选人的创新能力；在文化管理上，就要建设利于创新、宽容失败的企业文化；在领导力开发上，就要把创新能力作为一个关键的领导力素质予以设计和培养。

HR 与 CEO 的配合

HR 与 CEO 的有效配合成为企业组织能力建设和再造的关键。实务中，CEO 如果不重视组织能力建设，再好的 HR 也很难发挥出其应有的水平；而如果 HR 缺乏组织能力建设和再造的能力，CEO 也很难完成组织能力建设和再造的目标。

杰克·韦尔奇的通用电气时代，比尔·康纳狄作为通用电气的 CHO（首席人力资源官）做出了极为出色的贡献。韦尔奇与康纳狄的合作，可以说是 CEO 和 CHO 配合的典范。杰克·韦尔奇曾说："人力资源负责人在任何企业中都应该是二号人物。"杰克·韦尔奇领导下的 GE 之所以取得巨大的成功，一个重要的原因是他非常重视 GE 人才的作用和GE 的组织能力建设和再造，而这一切都是在康纳狄的协助下完成的。

根据戴维·尤里奇的研究，CHO 是企业中除了 COO 之外最接近 CEO 视角的人。拥有 CEO 视角是 CHO 帮助 CEO 完成组织能力建设和再造的前提和基础。

要做到 CHO 与 CEO 的有效工作配合，CHO 首先需要与 CEO 建立起信任关系。这是两者合作的基础。没有信任关系，CHO 在组织内部很难走远。如何建立信任关系，每个人都有不同的方式方法。但是，我们要说的是，如果 CHO 有能力参与组织战略的制定和执行，并对商业模式、价值链、财务、采购、产品、营销以及客户等业务都有深度的洞察，就会相对容易地与 CEO 建立起信任关系，获得 CEO 的信任、尊重和认可。

虽然基于各种原因，一些 CEO 还没有认识到组织能力的重要性，但也没有哪一位 CEO 不希望组织取得成功。只是由于个人认知和经历的不同，每个人所关注的重点不同而已。这种情形下，一位懂业务的专业 HR，应该通过各种方法去影响 CEO，力求转变 CEO 的管理理念并逐渐把组织能力作为工作的重点之一。

需要特别指出的是，我们认为数字经济时代，HR 未来将成为 CEO 接班人潜在的后备人选。传统上，CEO 的接班人很少会从 HR 中产生；多数情况下业务领导者，甚至是财务领导者才是 CEO 继承人的合适人选。历史实践中，也确实鲜有 HR 被提拔为 CEO。当 CEO 职位出现空缺的时候，CHO 很少能够进入董事会的视野。这是因为工业经济时代，企业所处环境相对稳定，可以在相对稳定的环境中为客户提供服务。当资本、土地、设备是企业竞争力的关键因素的时候，CFO 成为 CEO 的可能性要远远大于 CHO。但是，新经济时代，企业所处环境充满变化和不确定性，资金也相对不再稀缺，人才和组织能力成为竞争力的关键因素。当企业面对巨大的不确定性的时候，当人的因素和组织能力成为关键的时候，未来懂业务的 CHO 成为企业 CEO 的可能性将大大增加。

HR 新定位决定了 HR 懂业务至关重要

数字经济时代，墨守成规的 HR 基本无法跟上时代的步伐了。HR 需要以变化适应变化。从新的经济环境和企业发展阶段看，客观上也要求 HR 转变自己的角色定位，成为组织能力建设和再造的实际负责人。

从 HR 组织结构来看，无论是传统六大模块组织架构，还是 HR 三支柱组织结构，都无法使 HR 真正克服其固有缺陷。HR 始终缺乏有效的方法和能力参与战略层面的工作，三支柱结构的本质只是对六大模块组织架构下 HR 角色的重新分配而已，HRBP 贴近了具体的业务，但实际并没有真正帮助组织解决战略层面的问题和挑战，多沦为解决琐碎业务问题的参与者。因此，HR 需要一个更高层面的战略定位，以有机会为企业创造更大的价值。

HR 的新定位，实际上给 HR 提出了更高的要求，那就是在深耕专业度的基础之上，对商业环境、行业和竞争对手、客户和其他利益相关者、商业模式、价值链、战略、流程等业务的深度洞察。如果 HR 对业务缺乏了解，组织能力建设和再造的目标就是镜中花、水中月。

需要特别说明的是，虽然 CEO 和 HR 是组织能力建设和再造的主要负责人，但是各级业务管理者和员工才是组织能力建设和再造的主力军。也只有全体员工的共同努力和参与，才能真正打造和培育出优异、强大和适合的组织能力。HR 负责组织能力建设的主要工作之一当然就是要调动和鼓励全体员工的参与，以最终形成组织的力量。

★ 小贴士

经济发展阶段，HR 组织架构深刻影响着 HR 在组织中的定位。当今充满变化的新经济环境下，企业不得不做出适应和改变，从而也对 HR 在组织中的角色定位提出了新要求：成为企业组织能力建设和再造的组织者、协调者和负责人。

HR 要胜任组织能力建设者的新角色，需要满足三个条件：一是精通 HR 的传统六大模块的工作；二是实现对组织业务的"洞察"；三是像精通 HR 传统模块一样，学习和参与战略管理、组织结构设置、流程管理和再造、创新管理以及文化建设等工作。因为这些工作或者管理工具都涉及对人力资本和其他资源的合理分工和使用，而组织能力建设和再造的本质就是实现对企业资源的合理、充分和有效的利用。

除了传统工作模块，HR 需要掌握战略管理、组织结构设计、流程管理和再造、创新机制设计和管理以及组织文化建设这五项主要工作的知识和技能，因为这些工作都是组织能力建设不可或缺的。

除了我们提到的 6+5（传统模块与新增必修模块）管理模块，另一个关键的要点是 HR 要懂业务。懂业务是 HR 做好 6+5 管理模块的基础和前提。HR 不懂业务，是决计做不好 6+5 任何一个管理模块的工作的，组织能力建设也将是一句空话。

第二章

组织能力建设和再造的"八支柱"模型

李方（化名）有着几十年丰富的 HR 从业经验，三个月前收到一家互联网独角兽公司的邀请，满怀豪情地加入公司担任首席人力资源官。这家公司员工 800 多人，有 7 年的发展史，也获得了一些知名投资公司的投资。李方入职后，很快发现公司内部存在很多组织问题：缺乏基本的管理制度，如绩效管理制度；流程拖沓冗长；员工怨声载道，离职率达 40% 以上；仅有的几项制度也不适用以创新为主的公司，如过于严格的考勤制度导致员工的不满。李方调查后，发现根本问题出在创始人身上。创始人是一位行业专家，重视具体的业务，但对所谓的领导力等组织管理持极为轻视的态度。李方清楚地看到公司发展到如今的规模，凭创始人一己之力已经没法儿带动公司进一步发展了，而是必须建设敏捷、创新的组织能力，依靠组织的力量才能保持公司可持续发展的动力。如果创始人的思维和观念不做出调整和改变，公司的未来大概率是不可期的。李方该怎么办呢？

工业经济时代，企业成功的关键资源要素是资金、设备、土地、厂房、原材料等有形资产，很少有企业把人力资源和组织能力放到一个重要的位置。企业主要目标就是充分利用拥有的资金、设备等有形资产，生产出足够多的产品，满足市场需求。虽然企业之间也竞争激烈，但是总体上只要企业的产品具备良好的质量和使用价值，一般都能够销售出去。

时至今日，短缺经济时代已经一去不复返，卖方市场也早已不存在，代之而起的是产品极大丰富、竞争空前激烈的买方市场。但一些企业管理者仍然习惯于把大部分时间和精力聚焦于资金和业务，较少关注和重视人力资源和组织能力。我们经常观察到一些具备一定规模、表面上看经营不错的中小企业，却在某一时刻出人意料地轰然倒塌，令人惋惜。这些企业虽然有了一定的规模，但是却没有形成"组织的力量"，企业更像是一些"团伙""团体"。组织能力的缺失是这些企业成为一时的"烟花企业"的主要原因之一。

我们正处于一个与工业经济时代完全不同的新经济时代。时代变了，影响企业成功的因素也变了。建设合适、强大、优异的组织能力，应该成为企业管理者追求的关键目标。

第一节
什么是组织能力

组织能力与人的能力有相似之处，人需要能力实现自己的理想和目标，企业同样需要一种或几种关键能力达成其战略目标。人的能力需要培养，组织能力也需要企业全体员工的共同建设和培育。

要深入理解组织能力，我们先了解一下杨国安和戴维·尤里奇关于组织能力的定义。

杨国安关于组织能力的定义

杨国安在《组织能力的杨三角：企业持续成功的秘诀》一书中，对组织能力进行定义：组织能力指的不是个人能力，而是一个团队（不管是 10 人、100 人还是 100 万人）所发挥的整体战斗力，是一个团队（或组织）竞争力的 DNA，是一个团队在某些方面能够明显超越竞争对手、为客户创造价值的能力。

杨国安认为，真正的组织能力具备以下特点：

一、组织能力具有独特性，深植于组织内部，不依赖于个人以及具有可持续性。例如，戴尔电脑的商业模式是直销模式，需要的组织能力是速度和定制；而联想电脑的商业模式是分销模式，需要的组织能力是效率和低成本。

二、组织能力要能为客户创造价值。不能为客户创造价值的组织能力，对组织来说毫无意义。例如，美国西南航空公司为客户提供的价值是"低成本、速度和快乐"。

三、组织能力要超越竞争对手。例如，格兰仕的组织能力使格兰仕实现了总成本最低战略，从而在竞争中获胜。

杨国安认为："优秀的公司往往在两三个方面展示出众所周知的组织能力。打造组织能力必须配合战略，需要专注于两三项。如果什么都做，反而无法集中资源建立优势，容易变成'四不像'，样样都不专不精。组织能力也不是集中在几个人身上或者几个部门内部，它必须是全员行动，是整个组织所具备的能力。而且评判公司组织能力比较客观的裁判是客户，而不是管理团队自身。"

公司在选定战略方向后，再定义能实现组织战略的组织能力，比如创新能力、低成本能力等，然后按照"杨三角"模型，着手打造有效的组织能力。

关于如何打造组织能力，杨国安提出了著名的组织能力建设和再造的三角框架，被称为"组织能力的杨三角"。

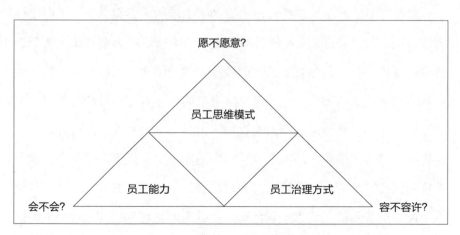

图 2-1　组织能力的杨三角

资料来源：《组织能力的杨三角：企业持续成功的秘诀》。

杨国安认为组织能力建设和再造应该从员工思维模式、员工能力以及员工治理方式三个方面展开。

杨国安对于组织能力的定义是比较准确的，而且"杨三角"也简单易懂，但是其也存在一些不足之处：一是没有明确组织能力建设的责任分工问题。没有明确的责任分担，特别是缺乏实际负责人，实践中很难有效实操，都有责任也就是都没有责任。二是仅强调了员工在组织能力建设中的作用。员工当然是组织能力建设最重要的因素，但是人与事有效结合才能达成组织能力建设的目标。三是组织能力建设是一个极为复杂的系统性工程，涉及企业内部和外部的多方资源与要素的整合和利用，并不仅仅是模型中提到的企业内部的几项有限的资源和要素那么简单。

戴维·尤里奇关于组织能力的定义

戴维·尤里奇在其多部著作中提到组织能力，并且认为 HR 应该成为"组织能力的构建者"。他认为，组织能力就是在为利益相关者创造价值的过程中，通过整合了的基础流程、组织结构、激励机制、技术或者技能、文化、培训和信息流来组织员工的集体智慧与行动的能力。

他还认为，企业组织能力建设实际上是一个由外而内的过程。组织首先要知道和了解客户的需求，从客户的需求中分析出满足客户需求所需要的核心技术能力，然后通过文化建设、组织整体的制度、体系和政策建设，以统一员工的思想和行动，使员工的思想和行动与组织战略保持一致，高效地满足客户需求。

　　戴维·尤里奇关于组织能力的定义与杨国安的定义的不同之处在于，他认为企业的核心技术能力是组织能力建设的关键要素之一，杨国安则认为组织能力建设主要从员工管理和激励的角度入手。

　　遗憾的是，戴维·尤里奇认为组织能力构建只是 HR 的能力要求之一，因此他并没有对组织能力展开专门论述，也没有就 HR 如何成为"组织能力的构建者"进行深入讨论。

从人的能力角度理解组织能力

　　为了更加深入理解组织能力的概念，我们可以试着从人的能力的角度来考察组织能力。

　　MBA 智库关于人的能力的定义是：能力是完成一定活动的本领，是一种力量。任何一种活动都要求参与者具备一定的能力，而且能力直接影响着活动的效率。一般来说，能力的形成和发展远较知识的获得要慢。

　　如果我们把企业组织视为人一样的个体，组织能力的定义就不难理解了。而当我们把组织放到上述关于"人的能力"的定义中时，也完全没有违和感。

人的能力培养与组织能力的培养

　　人体主要是由神经系统、运动系统、消化系统、泌尿系统、生殖系统、循环系统、内分泌系统以及呼吸系统八大系统构成。人需要通过竞争在社会中寻求好的生存和发展条件，因此人需要培养和发展各种能力。在八大系统的支持下，作为个体的人能够培养和发展出各种不同的能力。

例如，任正非、张瑞敏、杰克·韦尔奇等企业家有经营和管理企业的能力，张大千、齐白石等画家有非凡的绘画创作能力，李娜、乔丹等运动员有优异的运动能力，等等。在人类社会的每一个领域，都有具备非凡能力的人。这些非凡能力多不是天生的，而是人们通过长期的学习、不断的实践，从他人和自己的成功和失败中不断获取知识和经验才取得的。总之，一些善于培养、挖掘和发展自己能力的人多会在某一群体中出类拔萃，成为某个群体或者行业中的佼佼者。

人的能力培养和发展主要取决于以下三个因素：一是人的八大系统对人的能力发展有着较大的影响。例如，运动系统发达有利于人发展运动能力。二是人的成长环境很大程度上决定着人的能力和未来。处于不同环境的人，可能会产生发展不同能力的偏好。例如，孟母三迁的故事，就是环境影响人的成长的典型例子。三是人自身的努力至关重要。人的兴趣、爱好以及优势是人的能力开发和培养的前提。人自身的努力则是能力培养和发展的关键要素。那些企业家、音乐家、科学家，一定是付出了巨大的努力的。

企业也是由各种系统构成的：企业的组织架构可以看作是组织这个"人"的骨骼，企业的业务单元或者职能部门就是组织的器官，企业的流程就是组织的血管，企业的文化就是组织的灵魂，企业的管理层就是组织的大脑；企业中当然还有人力资源管理系统、财务管理系统、运营管理系统等各种不同的管理系统。而组织的愿景、使命和战略，就是组织前进或者为之奋斗的方向。

可以说，企业组织能力的建设和再造，与人的能力的培养和发展有着异曲同工之妙。一是企业由采购、研发、技术、生产、营销、销售、人事、财务等若干系统构成，这些构成价值链的系统能力在一定程度上决定着企业的能力方向。例如，3M、英特尔等技术创新能力强的企业，就会向产品差异化的创新型企业发展。二是企业所处的环境深刻影响着企业的组织能力。例如，工业经济时代，企业成功的主要因素是规模、角色清晰、专业化和控制，而数字经济时代，企业成功的因素转变为速度、敏捷、系统和合作。三是企业的组织能力更需要全体员工的共同努力。如管理者缺乏领导力、员工出工不出力，就不可能成功培育优异的组织能力。

因此，就像人的能力培养一样，企业需要清晰地分析外部环境（战略方向和环境适应性）、找出自己各种系统的优势所在（企业技术、管理、创新等优势）、调动起全体员工的积极性（员工的能动性）来建设和培育自己的组织能力，从而形成组织的力量。

HR、各级管理者和员工需要通过不断的学习、实践和反思，实施企业各种资源的有效配置、调动起资源要素特别是人的要素的积极性，才有可能使组织成为各行业中的"企业家""画家"或者"运动员"。

当然，企业要成为"画家"还是"运动员"，是由战略决定的。而企业在制定战略的时候，当然要考虑组织构成系统的优劣势、所处环境的影响以及员工的能力等因素。一旦企业决定要成为"画家"，那么就要在自己已有"天赋"基础之上，全力以赴地去修炼自己关于"绘画"的知识和技能，培养"画家"应当具备的能力，实现自己成为"画家"的梦想。

第二节
组织能力成为企业竞争力的 DNA 和护城河

数字经济时代，企业生存和发展的逻辑发生了基本的变化，而这些变化使企业组织能力成为竞争力的主要来源之一。

客户变了

我们前面提到工业经济时代是卖方市场的时代，其时商品市场还不繁荣，处于相对短缺状态，企业生产出来的产品基本都能找到市场和客户，客户基本上没有太多的选择权。

数字经济时代，商品极度繁荣，市场已经从卖方市场转变为买方市场，《梦幻成真》里的台词"你只要造出来，他们就会购买"的时代已经被完全颠覆。

今天，商品信息几乎都是透明的，不但价格透明，消费者和客户的使用评价信息也是透明的。一位消费者有可能影响其他许多消费者的购买决定。同时，客户获取信息的能力也不可同日而语，对产品的个性化要求也在不断提高。因此，我们说客户变得更有力量了。

竞争更加激烈

数字经济时代，企业产品和服务的相关替代品层出不穷，不断威胁着组织的生存和发展。新进入者不断颠覆各行各业，对企业生存和发展形成了巨大的挑战。

电商的发展对线下店铺形成了巨大的冲击，"一铺养三代"的时代已经远去；滴滴出行的发展冲击了出租车行业；手机照相技术的成熟，使许多照相机公司倒闭；电动汽车行业的发展，正在威胁着燃油车的未来；诺基亚被苹果颠覆；柯达被数字摄影技术颠覆；汽车导航被手机导航软件颠覆；诺基亚、柯达、摩托罗拉等公司的消失和没落，意味着数字经济时代超越常规的竞争烈度。

竞争者往往以无法预料的方式，对现有的行业、企业和市场进行重塑。

不变的是变化

人们使用 VUCA（乌卡时代）来描述这个时代，可以说是再恰当不过了。

科学和技术进步带来的变化已经在很大程度上改变了人们的生活。互联网技术促进了电子商务的发展，改变了人们的购物、阅读、出行、娱乐等生活习惯和生活方式；科技进步也使企业不断地迭代其产品，否则就可能滞销或被迫退出市场。这些变化，正在深远地影响着企业的未来。

未来将一直处于变化之中。

组织能力成为企业保持领先优势的关键要素

工业经济时代，资金和技术是企业保持领先优势的关键资源。而新经济时代，资金和技术的可获得性大大提升。虽然高科技技术，比如芯片技术仍然是高科技企业核心竞争力的来源，但是对于大多数企业来说，产品和服务的同质化问题日趋严重。

也就是说，资金不再是这个时代企业制胜的关键。企业仅仅依靠强大的资本、先进的设备和厂房优势就能在竞争中取胜的时代，已经一去不复返；企业依靠自上而下高效率的行政管理就能在竞争中取胜的时代，也已经成为历史；企业埋头研究产品以及大规模生产的做法，也不再适应数字经济时代的要求。

竞争、客户和变化的新格局，对企业的生存和发展提出了新要求。竞争环境变得不再稳定，充满不可预测性，商品极度繁荣导致大规模生产有可能带来滞销，客户的消费需求增长不再而且已经处于下降状态。因此，企业如果继续固守之前相对稳定环境下的管控模式，被时代淘汰应该是大概率事件。

从家电行业混战中拼杀而出的海尔、美的、格力，依靠的就是对组织能力的成功打造；而曾经在思科、爱立信等跨国公司统治下的通信技术行业，华为成长为行业的龙头，也是源于任正非对华为组织能力的长期培育；谷歌、3M、亚马逊等公司的创新组织能力中展示的力量，也是有目共睹的。

虽然很多企业都在极力模仿和学习海尔、美的等公司，但是迄今为止，没有一家因此取得成功。虽然家电技术不再是高深技术，但是，没有一家模仿的企业能够成为另一个海尔、美的。主要原因就在于海尔、美的通过组织能力建设和再造，建成了极深的护城河。那些试图向华为、谷歌等公司学习的企业，结果和原因皆是如此。可以说，组织能力是企业竞争力极深的护城河，很难被成功模仿。

因此，新经济时代，合适、优异、强大的组织能力，成为企业在激烈的竞争中胜出并保持领先优势的关键成功要素，也是保持企业基业长青的前提和基础。CEO和各级管理者都应该把组织能力的建设和再造工作放到一个重要的位置。忽视或者不重视组织能力建设和再造的企业，虽然也可能基于某种原因暂时活得不错，但长远来看，在未来竞争中落败将是大概率事件。

案例：华为的组织能力建设和再造

华为是世界级的高科技公司，促成华为成功的因素很多。归结起来，一个关键的因素是华为经过多年的努力成功建设和培育了优异的组织能力。

影响企业组织能力的因素错综复杂。华为组织能力建设的成功是华为多因素综合管理成功的结果。具体来说，华为组织能力建设和培育，主要是在战略管理、文化建设、流程管理、组织架构设置、人才管理、领导力、创新管理以及人力资源管理体系八个方面管理成功的结果。这八个方面的管理互相交叉、相辅相成，共同培育和打造了华为的组织能力。

一、华为的战略管理

华为极为重视战略管理。在过去的10年中，华为每年都实现了自己的战略目标。

华为战略管理的四个主要阶段是：战略制定、战略解码、战略执行与监控以及战略评估。华为战略管理的有效之处在于，华为的战略不是空谈或口号，而是有一套有效的战略制定和执行的管理流程，确保公司制定的战略不会停留在口头或在执行中跑偏。

2002 年，华为第一次实施战略变革，引进的是美世咨询的价值驱动业务设计模型。2006 年，开始使用 IBM 的 BLM 模型（业务领先模型）。在经过多年实践的基础上，华为建立了战略管理流程 DSTE（从战略到执行）。

战略决定着企业需要什么样的组织能力，反过来，企业组织能力也实实在在保障着战略的制定和有效落实。战略为华为的组织能力指明了方向，组织能力同时也是保障战略方向正确和落地执行的关键因素。

二、华为的文化建设

华为"以客户为中心，以奋斗者为本，长期坚持艰苦奋斗"的文化，可以说是华为组织能力的灵魂。华为的文化，绝不是一句口号，而是通过制度、政策、流程以及各级管理者的领导力深深地植根于华为。华为二十多万名员工在做出某种决策或者行动的时候，华为的文化已经是一个潜移默化的影响因素。

华为的企业文化对于华为组织能力的成功建设可以说是居功至伟。

三、华为的流程管理

华为非常重视流程建设和管理，可以说华为是"建在流程上"的公司。华为成功的流程管理，是华为组织成功的极大推动因素。

华为通过 IPD（集成产品开发流程）研发流程，实现客户需求管理；通过 LTC（从线索到回款流程）销售管理流程，实现从客户需求线到回款的管理；通过 ITR（客户问题解决流程）服务管理流程，实现从问题到解决的管理；通过 ISC 供应链管理流程，实现供应链的管理；通过 DSTE 战略管理流程，实现从战略到落地的管理。

可以说,华为的流程管理是其组织能力的基础性框架之一。

四、华为的组织架构设置

华为的倒装式组织架构本质上是平台式科层式结构。这种倒装式组织架构体现了华为以客户为中心的核心管理文化以及"让听得见炮火的人指挥战斗"的管理原则。

客户在组织结构的最上面,CEO在组织结构的最下面,体现的是"以客户为中心"的文化灵魂。这种组织结构从某种意义说,使员工更为重视客户,深度理解"以客户为中心"的标准和要求。

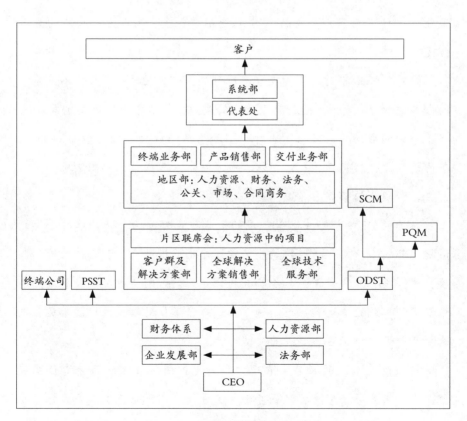

图 2-2 华为倒装式组织架构图

"铁三角"（客户经理、解决方案经理和交付经理）是最贴近客户的人，也是最了解客户需求、直接为客户提供服务的人，因此，把"铁三角"放在组织结构最上层，能够使华为加强对客户的了解和认知，也使其他部门认识到支持"铁三角"的重要性。

五、华为的人才管理

把二十多万知识工作者组织起来，充分调动他们的积极性，是非常不容易的。但是华为成功地做到了。从这个角度看，华为的人才管理是极为成功的。

任正非曾说"什么都可以缺，人才不能缺；什么都可以少，人才不能少；什么都可以不争，人才不能不争"，足见华为对人才的重视程度。

另外，任正非对人才管理也有独到的认识，他说，"人才不是华为的核心竞争力，对人才进行有效管理的能力，才是华为的核心竞争力"。

华为的成功，本质上是人才吸引和管理的成功。经过多年的培育，华为已经建立起完善的人才招聘、人才培养、人才激励和淘汰机制。

六、华为的领导力

华为的 BLM 模型中，最顶层的元素就是领导力。华为取得今天的成就，其战略、文化、流程等确实贡献非凡，但是有了良好的政策和制度，还得需要各级管理者具备有效的领导力。否则，这些制度和政策也难以得到有效的落地和执行。领导力既是保障良好制度落地的前提，也是激励和领导员工奋力前进的关键力量。

华为最为有效的领导力管理方式，是把团队管理和领导责任明确地赋予各级业务干部。各级业务干部的责任，不仅是完成业务目标，还要负责团队目标的制定与监控、形成组织气氛、获取资源并予以分配和治理、影响与促进决策、团队绩效管理以及流程优化等。这些规定看似平常，实际上是把人力资源管理的主要责任赋予各级业务干部。也就是说，华为明确确定了团队管理者是人力资源管理的第一责任人。实际上，多数公司没有做到这一点，而是把人力资源管理的主要责任错误地交给了HR。

华为基于领导力开发的项目有很多，例如，继任者计划（TSP），经理人反馈计划（MFP），管理者发展计划（MDP），个人发展计划（IDP），等等。

七、华为的创新管理

华为极为重视创新。持续创新是华为成功的因素之一。华为的创新包含了客户服务、市场、内部管理等方方面面。对于华为来说，除了管理创新，最主要的创新还是技术和产品的创新。华为每年至少投入销售收入的10%进行产品研发和创新。

华为创新一个最基本的原则是创新需求必须来自客户的需要，所有的技术和研发都必须为客户创造价值，反对盲目创新。华为利用IPD集成产品开发流程，有效地对创新进行管理。

同时，华为也严格控制创新的程度，采取"只领先半步"的创新原则。

八、华为的人力资源管理体系

华为的组织能力建设是从人力资源管理机制的建设和再造开始的。在合益、美世咨询的帮助下，华为从1997年开始，就着手对其人力资源管理体系进行变革，最终完善了其职位体系、薪酬体系、任职资格体系、绩效管理体系以及各职位系列的能力素质模型。

可以说，华为的这些管理体系相互支持、相互合作，为组织能力建设和再造奠定了坚实的基础。自此以后，华为根据实际需求不断地对其人力资源管理体系进行升级改造，逐渐形成了成熟的干部选拔、培养、任用、考核、淘汰和奖惩机制。

研究华为的组织能力，若脱离了人力资源管理体系，对华为组织能力的分析就是不完整的。本书的重点是 HR 懂业务与组织能力，因此我们不把过多的笔墨放在人力资管理体系上。但是，谈到华为的组织能力，其扎实的人力资源管理体系是绕不开的话题。

华为有效的战略制定和执行、有效的文化建设和管理、有效的流程建设和管理、有效的创新机制管理、有效的人才管理、有效的领导力管理、有效的组织机构设置、有效的人力资源管理体系建设，这些机制互相联系、互相交叉、互相支持、相辅相成，高效整合了华为所拥有和能调动的资源和要素，经过多年的实践和完善，最终成功建设和培育了其优异的组织能力。

可以说，如果学习和研究我国企业的组织能力，最为成功的案例非华为莫属。

当然，组织能力建设不是静态的，而是动态的。华为的组织能力建设，始终在路上。真实地了解华为组织能力的建设过程，就要从其战略、文化、流程、组织结构、创新、人才、领导力和人力资源管理基础体系八个方面进行了解。可以说，这八个方面，是华为实施组织能力建设和再造的最主要的精华所在。这八个方面，就像八个支柱支撑起了华为的组织能力。

案例：谷歌的组织能力建设和再造

谷歌的组织能力建设充分体现了谷歌以创新为主的企业管理思想。

谷歌组织能力的核心就是找到最聪明的创意精英，然后为他们创设一个利于创新的工作环境，以科技洞见为基础和方向实施创新创造。

一、谷歌的企业文化

谷歌企业文化的基本特点是平等、自由和开放，这不是停留在口号上的，而是真正地落到了实处。

谷歌认为平等是激发员工创新热情和激情的基础：谷歌员工被赋予了真正的话语权，任何员工都可以对某一个问题毫无保留地发表自己的意见；任何员工都可以接触公司代码库以及正在进行的重要项目等信息；除非涉及个人隐私，任何员工都可以决定是否参加某个会议；在谷歌，数据和事实是做决定的基础，而不是某位经理的职位或权力。

作为一家企业，谷歌赋予了员工极大的自由。例如，在谷歌，员工没有任何取悦管理者的理由。谷歌认为真正拥有自由的员工，不但是快乐的，而且是最有创意的。

传统企业中，信息代表着权力，而谷歌坚持公司内部信息的透明化。在谷歌，新入职的员工就可以接触公司的代码库、新产品上市计划、产品路线图等信息。这种信息透明为员工赋予了创新的力量。

二、谷歌的战略

谷歌没有落在纸面上的长篇大论的战略计划，其战略本质上是以科技洞见的项目制为基础的。只要某个项目或产品的科技洞见能够解决重大疑难问题，研发和生产影响每个人的优秀产品以推动市场增长，就是谷歌愿意投入时间和精力为之奋斗的方向。谷歌的 Knowledge Graph（知识图谱）搜索功能、开源浏览器 Chrome、YouTube 内容识别系统都是建立在某个科技洞见基础上开发出来的。

依据谷歌战略，任何员工或项目团队只要能够提出具备科技洞见的项目或产品计划，就有极大机会获得公司的支持。

三、谷歌的人才管理

谷歌极为重视人才招聘环节，并投入了大量的时间、资金和精力，一直坚持招聘"最聪明的"创意精英。谷歌认为只要找到了最聪明的人，进入谷歌后，人才的成长、培养以及绩效贡献等将是一件自然而然的事情。

在谷歌，HR 主要负责招聘流程维护和管理，基本所有员工都有责任参与到人才招聘中来。他们很少使用猎头和招聘网站，有很大一部分员工是通过内部推荐而来的。候选人面试也是由员工组成的面试团队实施的。在此基础上，谷歌建立了严谨的面试官选拔和评价流程。

谷歌的招聘流程极为严格和漫长，即便经过改进，谷歌的招聘流程也是比较缓慢的。在经过面试官、高层管理者面试审核后，所有的候选人都要由拉里·佩奇的"一人委员会"做出最终的决定。

在确保人才质量上，谷歌人才招聘坚持的一条关键原则就是宁缺毋滥。

四、谷歌的创新

谷歌追求创新的第一步当然是招聘到具备创新素质和能力的"创意精英"，这是谷歌创新的基础所在。谷歌力图竭尽全力为员工打造一个利于创新的内部环境，以科技洞见为指引，激发员工的创造力。例如，谷歌的"20% 自由时间"工作方式，就是鼓励创新的一种管理方式。谷歌地图、谷歌新闻皆出自 20% 的自由时间。谷歌还通过宽容失败的方式鼓励创新。例如，公司寄予厚望的 Wave 项目失败后，不但没有任何人被辞退，团队中的很多人反而得到了公司的重用。

谷歌的创新是以聚焦用户为基础的，绝不是漫无目的的随意创新。

五、谷歌的领导力

在谷歌，命令式的领导方式是行不通的，因为没人会听从试图以职位权力发布任务的管理者的意见。谷歌的管理者没有员工招聘决定权、淘汰决定权、绩效评估决定权、加薪决定权、晋升决定权等直接管控员工的权力。这些权力都被赋予某个委员会或者小组。谷歌的各级管理者主要是通过愿景、沟通、信任、数据、事实来领导团队的。

在谷歌，管理者不能通过惩罚或奖励的方式领导员工，而是主要通过为员工提供服务、清除路障、沟通鼓励以及建立信任等方式展现领导力。

六、谷歌的组织架构

谷歌虽然有按照职能划分的正式组织架构，将公司分为工程、产品、财务以及销售等部门，但实际上追求组织架构的极度扁平化。谷歌甚至实施过"解散组织""无管理层"实验，虽然实验结果证明了管理者不可或缺，但实验的目的就是减少管理层、赋予员工更多的自由。这个实验充分说明了谷歌创始人对组织架构的态度。

本质上，无论谷歌的规模多大，谷歌主要采用的是一种小团队的工作方式，这是最利于创新的一种组织架构。

七、谷歌的流程管理

谷歌有产品研发流程、人事流程、预算流程等企业管理的一般流程，却在极力避免过于严谨、刻板的流程给创新造成伤害，因为谷歌认为过多严谨的流程会让高管们"失去肌肉记忆"，过于强调建设严谨的流程会导致人们创新热情的消失。谷歌力求保持"以创意、热情以及共同的目标"为运营基础的初创企业的流程特征。

对于谷歌这家拥有6万多员工的企业来说，保持流程的创新性，是一件相当不易的工作。

八、谷歌的人才管理体系

谷歌的人力资源体系中，大部分的预算资金投入了吸引和评估新员工方面，他们认为招到合适的人才后，就没有太大的必要在薪酬、绩效、培养等方面投入过多的时间和精力。

与华为一样，谷歌是少数几家全员持股的公司之一。

谷歌的绩效评价结果的分布不是正态分布，而是幂律分布。为了确保公平，谷歌在绩效管理流程中设置了一个校准流程，这个校准过程让管理者彼此证明自己决定的合理性，消除可能的绩效评价上的偏见。

在员工培训方面，谷歌认为有经验的员工就是最好的培训师。

谷歌认为真正的薪酬公平是根据员工的贡献支付薪酬，可以上不封顶，而不是为了所谓公平而搞数字平衡。同时，谷歌薪酬政策也奖励失败。谷歌还为员工提供医生、洗衣机等免费的福利。

谷歌通过其战略管理、文化建设、创新机制设计和管理、流程管理、组织结构设计、领导力开发、人才管理以及人力资源管理体系建设八个方面的努力，打造了自己强大、优异的创新组织能力。谷歌的组织能力建设和培育的方式与华为有着很大的不同，但是两者都成为行业中的翘楚。这充分说明组织能力建设的方式没有一定之规，而是要根据企业的环境和战略，灵活确定组织能力打造和培养的方式。

第三节
组织能力的"八支柱"模型

企业总体上是由资金、设备等有形资产，员工等人力资本，以及专利、著作权等无形资产这三种资源和要素组成的。企业就是通过对这些资源和要素的有效整合和利用，为客户提供满意的产品和服务，从而创造价值。

因此，组织能力建设和再造的本质就是把企业拥有和能够调动的这三种资源和要素有机地整合在一起，使这些资源为实现战略目标发挥最大的效用和功能。

构成企业的三种资源和要素中，只有人力资本拥有主观能动性。也就是说，组织能力建设和再造可以视为企业的人力资本对自身、有形资产以及无形资产等资源的有效整合，其目的就是使企业的所有资源和要素以整体的形式发挥出最优战力。虽然有形资产和无形资产对组织能力建设和再造也有着较大的影响和作用，但是鉴于人的能动性和所拥有的巨大潜能，组织能力建设和再造的终极力量是整合和利用好企业的人才资本，激发出人才的战斗力。需要说明的是，这不是说只需要关注人而忽略事（业务），在资源要素整合和利用过程中，只有最终实现人与事的有效结合和利用，才能真正达成组织能力建设的目标。

企业组织能力建设和再造的主要方式和途径，就是通过制定和设计一系列的机制和体系，对人力资本、有形资产以及无形资产实施有效的整合，通过激活人力资本的主观能动性和积极性，使其充分和善于利用有形资产和无形资产，达到为客户创造价值的目的。

那么，企业如何做到最大化，实现对人力资本、有形资产和无形资产的有效整合和利用，以实现资源绩效的最大化呢？

企业管理中，整合和利用资源的管理工具或者说具体实践主要是通过战略管理、文化建设和变革、组织架构设置、创新机制管理、流程再造和管理、人才管理、领导力开发以及人力资源管理体系八个方面来实现的：

1.通过对资源和要素的分析，战略为企业指明前进的方向，制定战略和执行战略的过程，对资源和要素的整合和利用有着直接的作用和影响；

2.文化建设影响员工的思想和行为，并使员工思想趋向统一；

3.流程再造打破部门等各种内部壁垒，使资源和要素实现有效流动；

4.创新机制能使资源和要素产生差异化的产品和服务；

5.组织架构通过对资源的分工和整合，实现资源的合理分配和使用；

6.人才管理、领导力以及人力资源管理体系通过对人才资源的激励和管理，充分调动人才的工作积极性。

实务中，除了华为、谷歌两家公司，我们还对海底捞、3M、亚马逊、海尔、大疆、腾讯等数十家成功打造了优异组织能力的公司进行了深入的研究。这些公司在组织能力建设和再造的八个方面的管理实践中，都付出了艰辛的努力，经历了长期的打磨，最终通过组织能力建设这八个方面的有效管理，实现了资源和要素的最大化整合和利用，从而培育了各自优异的组织能力。

战略、文化、流程、创新、组织结构、人才管理、领导力以及人力资源管理这八个方面的管理是企业整合和利用资源的有效管理工具,因此是组织能力建设和再造的关键力量。为了便于理解和认知,我们把组织能力建设和再造的这八个方面称为"组织能力的八支柱"。

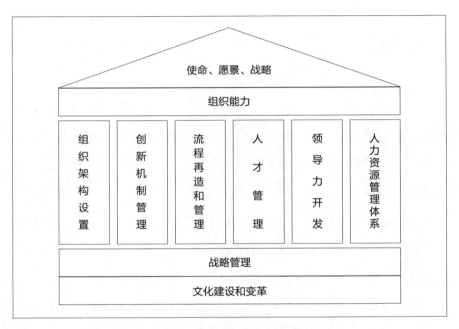

图2-3 组织能力的"八支柱"模型

1.战略代表方向,定义组织能力,因此战略和使命、愿景一起位于整个模型的顶端。同时,战略的制定、落实和执行的过程也涉及对企业资源和要素的整合和利用,对组织能力建设和再造有着直接作用和影响力,因此战略管理应为组织能力建设和再造的支柱之一。考虑到战略的基础性作用,战略管理同时也被放在模型的底部区域,作为"八支柱"之一。模型中,上下两个战略代表的意义不同,并不存在矛盾和冲突之处。

2. 企业文化渗透于企业的方方面面，在影响员工的思想和行为方面作用巨大，对员工思维有着相当大的影响力，是组织能力建设和再造的基石，因此置于模型的最底部。

3. 建设和再造组织能力，"八支柱"缺一不可。"八支柱"的关系不是相互独立，而是相互联系、相互交叉、相辅相成的，构成一个组织能力建设的系统。

组织能力建设和再造是对企业所有资源和要素的最大化和最优化利用，而实现这一目标需要从战略、文化、流程、创新、组织结构、人才管理、领导力以及人力资源管理这八个方面入手。因此，作为组织能力建设和再造的组织者、协调者和实际负责人的 HR，除了要继续做好领导力开发、人才管理、人力资源体系管理工作之外，还需要真实地组织、协调和参与到战略的制定和执行、流程再造和管理、创新机制的建设和维护、文化建设和管理以及组织结构的设计工作中。

组织能力的"八支柱"模型是 HR 实施组织能力建设和再造的关键途径和方法。除了 HR 的专业能力，"八支柱"模型对 HR 懂业务提出了极高的要求。如果 HR 不懂业务，是无论如何也无法有效参与到组织能力建设和再造中来的。

"八支柱"之战略管理：HR 应当参与、组织或协调战略的制定和落实

企业战略决定组织能力。例如，实施总成本最低战略的企业，一般

需要建设有效的运营管理能力；而实施产品差异化战略的企业，一般要围绕创新构建所需的组织能力。有效的组织能力反过来会影响企业的战略。组织能力优异的企业更有可能制定正确的战略。

也就是说，企业战略指出了企业前进的方向，为企业资源和要素的整合确定了总体目标，也定义了企业所需的组织能力。同时，战略的制定、落地和执行的过程，也直接影响着组织能力的建设和再造的过程及质量。

战略制定涉及对商业环境、行业竞争对手等外部资源以及所拥有的内部资源的分析和判断；战略执行涉及对企业所拥有资源的有效分配、整合和利用问题。因此，HR 参与战略制定、实施和落实，不但能帮助 HR 准确定位企业所需要的组织能力，也将有利于促使 HR 了解和洞察业务。

"八支柱"之文化建设和变革：HR 通过领导和负责企业文化建设和变革，实施组织能力建设

从华为的文化建设经验，我们可以看到有效的组织文化深度影响员工的思维模式，使员工愿意为组织目标贡献自己的力量。文化是最强大的企业管理工具，其对员工的影响极为深远。成功的企业，例如华为、谷歌、英特尔、阿里巴巴、苹果等公司，都有着各自鲜明的企业文化特点。

需要特别指出的是，企业文化绝不是虚无缥缈的，而是实实在在的。企业的使命、愿景、价值观、制度、政策、流程以及创始人或者领

导者的性格、格局和处事方式等，都对企业文化的形成有着直接影响。这些要素都是实施文化建设和变革的"抓手"。

企业文化的作用就是统一员工的思维模式，使员工成为愿意为战略目标奋斗和发挥能力的人。因此，企业文化建设和变革是组织能力建设和再造的关键一环。

"八支柱"之创新机制管理：HR 通过参与或负责设计创新机制，实施组织能力建设

数字经济时代，创新已经是企业生存和发展的必要能力。缺乏创新的企业，生存和发展都将非常艰难。创新不仅仅是技术和研发的创新，还包含了管理创新、生产创新、流程创新、营销创新等事关企业为客户创造价值的方方面面。

企业创新不是个体员工的创新，或者说不是"灵光乍现"式的创新，而是有组织、有计划的创新。组织必须要设计出鼓励创新的管理机制，促进企业内部的创新。

创新也是对企业内部资源和要素的充分、有效的配置和利用，HR 应当通过设计创新机制、打造创新的氛围，实施组织能力的建设和再造。

"八支柱"之流程再造和管理：HR 通过参与、组织或者协调流程管理，实施组织能力建设

任何组织内部都需要分工。有分工，就会有分工之后的边界，也就会产生流程管理问题。管理者习惯于以纵向分工的视角看待组织，企业在垂直方向上的流程和资源配置不太容易出现大的问题。但是，水平方向上，在分工后的部门边界上就极容易产生厚厚的"墙"，这些"墙体"使企业的资源、信息等流转出现较为严重的问题。也就是说，企业的水平流程问题往往影响企业资源和要素的有效配置。而大多数情形下，企业的关键流程都是水平流程。因此，组织能力建设和再造离不开对流程的再造和设计。

企业流程把分工后的资源和要素连接起来，是组织能力建设和再造的关键力量。HR 需要参与到流程再造和设计中来。HR 不但可以成为流程再造的参与者，甚至可以成为流程再造和设计的组织者和协调者。

"八支柱"之组织架构设置：HR 通过设置符合业务战略的组织结构，实施组织能力建设

组织结构是企业对所掌握的资源进行分工、分配和整合的一种有效工具。企业拥有各种资源，特别是员工的知识、经验和技能各不相同，所以企业需要对掌握的资源进行有效分工，以保障专业化和效率；同时，企业以整体的力量为客户创造价值，还需要把分工后的各种专业力量整合到一起。分工是为了专业和效率，整合是为了发挥整体的力量。

既然组织能力建设和再造的本质是整合、利用和调动企业内的各种资源和要素，而组织结构是实现资源分工、整合和协同的关键工具，所以组织能力的建设和再造离不开对组织结构的有效设计。

HR 通过负责或者参与组织结构的设计，对企业内部资源和要素进行有效的分工和整合，从而建设和再造企业的组织能力。

"八支柱"之人才管理：HR 做好人才管理的本职工作是组织能力建设的关键力量

人和组织融为一体，管理的核心就是激活人。员工是企业无形资产和有形资产的使用者和创造者。可以说，组织能力建设和再造的核心资源要素就是员工。

员工是组织中最具活力、创造性和拥有巨大潜能的资源要素。组织的决策和活动都是由员工实施的，组织的任何目标也都是由员工来完成的。组织能力建设和再造的管理措施，如文化建设、领导力发展、流程再造、创新管理、人才管理、组织结构设置等，本质上都是围绕激活员工个体，最大化其能力，实现组织能力的有效建设和再造而展开的。

因此，员工的能力以及被激活的工作意愿是组织能力建设和再造的第一要义。

HR 需要根据战略和所需的组织能力，定义企业需要的人才以及人才应当具备的知识、经验、能力和素质，通过对所需人才的吸引、培养、保留、激励以及适度淘汰，实施组织能力的建设和再造。

人才管理是 HR 的本职工作，也是组织能力建设和再造的最重要的力量。

"八支柱"之领导力开发：HR 通过负责领导力培养和开发，实施组织能力建设

领导力是企业的稀缺资源。无论企业设计了多么良好的制度、政策和流程等机制，最终还是需要各级管理者领导团队实施和落实。良好的机制配合有效的领导力，是组织能力建设和再造成功的关键要素。

目前，领导力存在的主要问题是各级管理者多是业务方面的专家，有着丰富的业务知识、经验和技能，但是常常忽略领导力在团队管理中的作用以及领导力建设。实际上，大多数管理者在领导力方面有着较大的提升空间。

领导力对企业生存和发展的影响是深远的。HR 应当注意到，不同层级的管理者需要不同的领导力，而采取不同战略的企业，领导力的重点也有所不同。例如，采取产品差异化战略的企业，更需要创新型领导力；采取总成本最低战略的领导者，更需要运营管理领导力。

HR 应当通过对战略、管理层级等要素的分析，定义企业所需的领导力，并建立各级管理者的领导力模型，用以培养和开发各级管理者的领导力。

"八支柱"之人力资源管理体系：人力资源管理体系是组织能力建设的基石

HR 传统的人才规划、招聘和配置、薪酬管理、绩效管理、培训和开发以及员工关系等基础工作模块的主要目标是围绕人才管理展开的。由这些模块管理系统形成的人力资源管理体系，是组织能力建设和再造的基石。例如，华为的组织能力就是建立在其完善的人力资源管理体系基础之上的，其组织能力建设是从人力资源管理体系的变革开始的。

可以说，一个有效的人力资源管理体系是企业组织能力建设和再造的基础框架。

由于本书的主要目的是阐述 HR 懂业务与组织能力的建设和再造，因此本书将不对企业人力资源管理体系的建设和完善投入过多的笔墨。

多年以来，很多 HR 终其整个职业生涯可能都专注于企业人力资源管理体系建设、维护和完善工作。而 HR 的新定位，要求 HR 在做好人力资源体系建设和维护的基础上，还要把目光投向战略制定和执行、流程管理和再造、创新机制的设计等与组织能力建设直接相关的工作。

组织能力的"八支柱"模型，为 HR 实施组织能力的建设和再造提供了路径和方法。企业通过对"八支柱"管理工具的有效组合运用，把分工后的资源和要素整合在一起，使这些资源和要素形成的系统有机连接在一起，互相支持、相互连接、相辅相成，以发挥出一个组织的整体力量。

需要说明的是，组织能力的"八支柱"模型，给 HR 提出了极高的标准和要求：

专业方面：HR 需要继续掌握和精通人力资源管理体系的建设、管理和维护工作。

业务方面：如果达不到理解和洞察业务的水平，HR 根本无法成为组织能力建设和再造的组织者和协调者，更谈不上成为负责人。也就是说，HR 在业务面前再也无可回避。HR 必须要改变自己的思维模式，把懂业务放到和 HR 专业能力一样重要的位置，并投入时间和精力去研究、理解和洞察企业的业务。

组织能力建设和再造归根结底需要全体员工的参与和努力

HR 是组织能力建设和再造的组织者、协调者和实际负责人，但不是说凭 HR 一己之力就可以实现组织能力建设和再造的目标。

第一章提到 CEO 是组织能力建设和再造的第一责任人，HR 是 CEO 的协助者和支持者，而各级业务管理者和员工才是组织能力建设和再造的主力军。离开各级管理者和员工的支持和参与，无法想象 HR 能够达成组织能力建设和再造的目标。HR 需要通过有效的沟通和培训等方式，使各级管理者和员工认识到组织能力建设和再造的意义和重要性，并积极地参与进来。尤其是在一些具体的工作中，如流程建设、创新机制建设、领导力开发等，让各级管理者了解这些具体工作的意义和底层逻辑，以获得他们发自内心的支持和参与。

HR 的工作历来不是单打独斗，懂专业和懂业务的 HR 更是如此。

小贴士

组织能力与人的能力有相似之处。人可以发展出各种能力，如通过学习和实践成为科学家、画家、音乐家。组织能力也需要组织成员的共同努力，并根据战略方向建设和培育组织的能力，如组织的敏捷能力、创新能力。

企业是由人力资源、有形资产和无形资产三种要素构成的。组织能力的本质就是通过整合和利用企业拥有和能够调动的全部资源和要素，形成某种能力或者能力的组合，最大限度为客户创造价值。

能够有效整合和利用组织资源和要素的管理工具有战略管理、文化建设和变革、组织架构设置、创新机制管理、流程再造和管理、人才管理、领导力开发以及人力资源管理体系八个方面。这八个方面的管理和实践相互交叉、相互辅助，成为企业组织能力建设最主要的方法和途径，我们称之为"组织能力的'八支柱'模型"。HR 组织、协调和实际负责组织能力建设就应当围绕这八个方面展开。

HR 熟悉的是人力资源管理体系、人才管理和领导力三个方面的工作，而战略管理、文化建设、组织结构设计、流程管理和再造以及创新机制管理等工作，HR 虽有所涉及但并不深入。因此，为了达成组织能力建设的目标，HR 需要合理分配时间，投入时间和精力学习和掌握这五个新领域的知识和技能。而掌握这五个领域管理工作知识、技能，还需要 HR 对业务的理解和洞察。

第三章

拨开 HR 懂业务的
"面纱"

刘浩（化名）从一家电商平台跳槽到一家大型软件开发公司任 OD（组织发展）经理，还不到一年的时间，已经被业务部门的人怼了不下七八次，说他不懂业务，双方在组织结构调整、人员发展等方面交流困难。苦恼的同时，刘浩从网上买了一些软件编程语言等方面的书，试图学习软件开发的工具和知识。但是对他一个文科生来说，这简直是难于登天。

　　对于刘浩来说，到底如何才能懂业务呢？难道真要学习 Python 等软件开发语言吗？

长期以来，不懂业务几乎成了 HR 的心头阴影。因被业务部门的人抱怨不懂业务，HR 经常陷入尴尬的境地。

几乎所有的企业都在努力寻找懂业务的 HR。懂业务的 HR 属于稀缺资源，一些企业不得不从业务部门选拔业务干部充实到 HR 队伍。华为多年来也从业务部门抽调人员到人力资源团队。

任正非曾说："人力资源的改革，欢迎懂业务的人员上来，因为人力资源如果不懂业务，就不会识别哪些是优秀干部，也不会判断谁好谁坏，就只会通过流程节点来追求完美。""谁是最好的 HR 呢？赵刚，李云龙的助手，他和李云龙配合很好，明白了战争，最后升得比李云龙还快。政治部主任也要会打仗。你要不会打仗，你怎么为军队服务？"

HR 懂业务如此重要，但是，长期以来，为什么这个问题依然没有得到有效解决，依然有很多 HR 被困在不懂业务的 "深井" 里呢？

除了我们在前面提到的 HR 受到企业发展不同阶段、HR 组织架构问题以及 HR 职业成长特殊性等因素的影响之外，还有一个关键的原因就是，面对企业业务的复杂性，很多 HR 并没有搞清楚需要懂哪些业务、懂到什么程度以及如何懂业务。

第一节
懂到什么程度

从懂的程度开始，而不是从懂的内容开始探讨 HR 懂业务，可能会让大家更容易理解这个问题。

HR 懂业务不是要成为"全能选手"

HR 懂业务绝对不是要求 HR 完全掌握企业所有的业务知识和技能，这是不可能完成的任务，也完全没有必要。如远洋运输公司的 HR 没有必要学会驾驶远洋货轮；房地产公司的 HR 没有必要掌握设计楼盘的技能，看懂图纸的知识和技能也没有必要掌握；华为公司的 5G 技术肯定不是 HR 开发出来的。HR 懂业务的目的是做好人力资源工作，更好地助力业务发展，而不是为了亲自参与开展业务工作。

由于过度强调 HR 与业务的关系，一些 HR 有时会把业务与人力资源的本职工作搞混淆。

华为轮值董事长郭平曾说："过去华为'成功'把人力资源变成没有专业属性的工作，希望干部部和人力资源部能够重拾专业的尊严，既要懂业务，也要懂人、懂干部管理、懂人力资源专业模块。"这反映了华为 HR 的两个特点：一是华为 HR 的业务能力很强，有时反而忽略了HR 的本职工作；二是华为认识到了第一点，反过来强调 HR 在懂业务的同时，需要体现出 HR 的专业性。

HR 的 CEO 视角

企业在运营和管理中，不同职能部门的人各司其职，各自看待业务的视角实际上是不同的，这就是俗话说的"屁股决定脑袋"。如果说财务人员的视角是成本、资产和权益，那么销售人员的视角就是客户、产品和渠道。

经过长期的研究，戴维·尤里奇发现，成功的 CEO 的能力组合与成功的 CHO 的能力组合极为类似。拉姆·查兰在《识人用人》一书中提道："美国密歇根大学教授戴维·尤里奇是人力资源领域的知名学者，他曾和全球顶级的猎头公司光辉国际联手，分析研究了光辉国际在其猎头服务中做过的高管候选人评估，其中包括思维方式、领导风格及性格特点多个维度。结果发现，在所有高管中，从综合素质上看与 CEO 相似度最高的，除了首席运营官，就属 CHO 了。尤里奇说：'这个发现非常有意思，之前我们谁都没有想到。'"

CEO 是企业组织能力建设的第一责任人，HR 是组织能力建设的组织者、协调者和实际负责人。CEO 视角是一种战略性和全局性视角。这种视角是建立在对企业业务系统性的了解和洞察基础之上的。作为 CEO 组织能力建设的助手，HR 要达成组织能力建设的关键目标，也理所当然地需要与 CEO 的视角保持一致。

CEO 的业务视角：一定要达到精通所有业务的程度吗？

案例：任正非是否"懂业务"

任正非在一次采访中说："我是个没有水平的老板，我不懂财务，不懂管理，也不懂技术。其实我并不懂具体事情，有很多能干的专家、管理者在运营公司。"

2012 年，在华为的一次由 7 人参加的高管内部会议上，有人提出要对任正非进行评价，评价是以无记名投票的方式进行的。这三个问题是：

任正非懂技术吗？这个问题任正非得了 7 张反对票。

任正非懂市场吗？这个问题任正非还是得了 7 张反对票。

任正非懂管理吗？这次是 6 票赞成，1 票反对。

有一次，客人来华为进行考察，任正非带着徐直军一起接待，聊到 IPD（集成产品开发）的话题时，徐直军说"我们的 IPD 改革，他懂什么呀？老任就会这三个字母"。任正非回答"他说得对"。

任正非的这三个故事，其实清晰地表达出了 CEO 与业务的关系问题。任正非确实不懂华为具体的业务，如 5G 技术、麒麟芯片技术等。但是，正是这位"不懂具体业务"的任正非，把华为建设成为世界一流的高科技公司，并成功建设和培育了华为强大、优异的组织能力。

那么，"不懂业务"的任正非懂什么呢？

这里，任正非"不懂"的业务指的是华为业务的细节，他对商业环境的变化，客户的需求，未来通信技术的大致方向，华为的战略、文化、流程、创新机制以及人才管理机制等，却有着深刻洞察。这些在任正非众多意义深远的内部讲话中体现得淋漓尽致。对于华为庞大的财务运转过程或是细节，任正非能够看懂财务报表就可以了，并且他肯定深度了解财务报表里每个数据背后的业务逻辑。至于财务管理的工具、理论和技能，他基本无须关注。

任正非能清醒认识到自己在管理方面的弱点，这也是他在 1997 年华为发展进入快车道的时候，力排众议花费巨资请 IBM 进入华为，帮助华为改善并打下坚实的管理基础的原因所在。因为他知道华为管理上的问题，但是如何改善，在具体的措施和办法上，IBM 肯定比任正非懂得多。

任正非"不懂业务"，既是一个玩笑，也不是一个玩笑。任正非无须明白华为的技术、研发、财务、管理的每一个业务细节。他要懂的是华为的战略方向、技术和研发方向、财务数据所反映的业务逻辑、所需的管理、如何激励十几万员工、客户需求以及价值观等。

有意思的是，当时的 IBM 的日子过得并不怎么样，正在努力摆脱严重的生存危机，却能够帮助华为建立起管理架构基础。这也从一个侧面证明了，仅仅有人才和好的管理工具是无法成为一个强大的组织的。优秀的组织能力一定是正确的战略、优秀的文化、优质的产品、良好的客户关系、能够使人才发挥能力的机制以及优秀的领导力等各项因素在相互作用、相互辅助下形成的。

案例：使 IBM 起死回生的郭士纳懂业务到什么程度呢？

郭士纳毕业于达特茅斯学院和哈佛商学院，具有工程学学士学位和工商管理硕士学位。在加入 IBM 之前，他在麦肯锡工作了 12 年。随后任美国运通公司 CEO 和 RJR 纳贝斯克 CEO，一家属于旅游金融行业，一家属于食品行业，都不是高科技公司。

当 IBM 找到郭士纳的时候，他一开始是拒绝的，理由是："我不能胜任 IBM 的管理工作，因为我没有相应的技术背景。"

也就是说，郭士纳加入 IBM 初期，他所拥有的主要是非高科技行业企业的战略、财务、管理方面的知识和经验，对于 IBM 所属的高科技行业和高科技公司的战略、产品、技术、营销、客户、人员、文化等方面缺乏了解，说一无所知也不为过。

实际上，郭士纳刚加入 IBM 时，IBM 内部有人称他为"饼干怪兽"，暗指他不懂 IBM 的业务。

郭士纳加入 IBM 前夕，美国企业界对于这家高科技行业的计算机巨头的前景充满了悲观的怀疑论调。《经济学人》杂志指出："IBM 的失败已被视为对美国的一次打击。"比尔·盖茨也公开声称："IBM 将在几年内倒闭。"

第一次参加 IBM 的高管会议时，郭士纳明确指出："我对技术并不精通，我需要学习，但不要指望我成为一名技术专家，分公司的负责人必须能够为我解释各种商业用语。"同时，他要求所有分公司的负责人提交一份 10 页纸的报告，内容包括客户需求、产品种类、竞争力分析、技术前景、经济情况、长期和短期的关键问题以及 1993 至 1994 年的发展前景。也就是说，郭士纳开始学习和了解 IBM 的客户、产品、技术、行业竞争情况以及未来的战略规划。在这次会议上，他特别提到员工士气，指出各级领导者要运用领导艺术，给员工带来方向感和动力。

郭士纳加入 IBM 后面临的第一个棘手的问题，就是事关 IMB 命运的主机业务。当时，个人电脑已经逐步成为主流，IBM 的主要盈利点却是主机业务。整个计算机行业，包括 IBM 内部，有很多声音认为，笨重的主机业务前景黯淡，IBM 应当放弃主机业务。但是，对于 IBM 来说，"主机业务的命运就是 IBM 的命运"。

郭士纳多年从事金融和食品行业，已经有了丰富的战略制定经验。面对这个事关 IBM 生死的问题，他广泛听取了 IBM 员工和行业专家的意见，实地拜访了大量客户，最后做出了保留 IBM 主机业务的战略决策。

另外，对于当时的 CMOS 技术，郭士纳根本无须知道 CMOS 技术的细节，他只知道这个"双级技术"能够给 IBM 的主机产品在成本、收入、价格、客户需求等方面带来改变就行了。结果，CMOS 技术大大降低了 IBM 主机的成本，使 IBM 能够在价格上与行业对手竞争，让 IBM 实现了较大的增长，在那关键的几年有了喘息的机会。

郭士纳在 IBM 做的另一个重要的战略决策是，保持 IBM 的完整性。当时的计算机行业的趋势是小而灵活的计算机公司，而 IBM 的问题在很大程度上是规模过大引起的。但是，郭士纳没有被这些表面现象和所谓的趋势所迷惑，而是通过大量访谈，了解到客户的真实需求和痛点，并从客户角度出发，认为客户最需要的实际上是信息整合能力。小而灵活的计算机公司不能为客户提供一站式服务，客户不得不耗费精力和财力去整合计算机系统，而这绝对不是客户想要的。

依据对客户需求的了解和认知，郭士纳在 IBM 内部大力提倡以客户关系为导向的公司文化，号召一切以客户为导向，做出了保持 IBM 完整性和继续投资主机业务的战略决策。最终 IBM 转变为一家以市场为驱动力的公司，而不再是一家关注内部、以内部流程为驱动力的公司。

这说明了深入了解客户的需求，以客户需求为导向对于组织决策的重要性。

此外，IBM 内部存在大量问题，论资排辈和僵化的文化、中央集权式的组织架构、不重视客户关系的傲慢官僚态度、混乱的绩效评估系统和财务管理系统、臃肿的业务流程以及技术研发的困境，特别是 IBM 过时的体制、制度和文化不能让大量人才形成合力。

因此，郭士纳在组织能力建设的文化、组织架构、客户关系、绩效、人员激励、财务、品牌、产品以及研发和技术方面，对 IBM 实施了根本且有效的变革。

2002 年，郭士纳离开 IBM 的时候，IBM 重新成为 IT 硬件、服务、企业软件以及定制设计和高性能电脑芯片行业的老大，并且新增了约 10 万名员工，股票增值了 800%。

郭士纳对于 IBM 的业务细节并没有过多的关注和了解，因为他不可能成为软硬件工程师。作为 IBM 的 CEO，他只要能够了解 IBM 所在行业的现状、竞争对手、发展趋势，产品所在市场和客户需求及其痛点，公司财务各类重要指标，这些指标所反映出的问题，组织架构是否符合业务发展，薪酬激励政策是否有效，营销策略是否有效，公司文化和制度是否能够发挥员工能力，等等，就可以了。至于 IBM 内部软硬件产品的细节、复杂的专业技术、晦涩的专业术语、薪酬激励政策的细枝末节、产品营销的具体办法，都不是非要了解的。

案例：张瑞敏是海尔组织变革的操盘手，他懂业务到什么程度呢？

从"休克鱼""日清日高"到"人单合一"，再到"小微""平台主"等，数十年来，张瑞敏从没有停止对于海尔的组织改造和组织能力建设。从一开始的冰箱到后来多个行业、数千种产品，张瑞敏不可能理解海尔所有产品背后的采购、研发、生产、技术、销售等业务细节。但是，谁又能说张瑞敏不懂业务呢？

张瑞敏不但懂业务，而且能领导海尔实施组织的深度变革，实施和推行组织再造。现在的海尔，已经转变成了一个由客户需求拉动的互联网平台组织。

HR 懂业务就是要懂全局

与 CEO 具备相同视角的 HR，完全可以参照 CEO 对业务的了解内容和了解程度，来学习和掌握业务。也就是说，HR 无须去学习和研究业务的具体细节。例如，医药公司的 HR，没必要掌握某种药品的化学构成；软件开发公司的 HR，没必要学会使用 Python 语言编写代码。HR 懂的业务应该是企业的一个业务系统，包括但不限于企业的战略管理、文化建设、商业模式、产品和服务、关键流程、客户需求、技术的应用和未来、价值链和供应链、创新机制等影响组织能力建设和再造的各种要素。

HR 懂业务，一定不是精通各项业务细节，而是像 CEO 那样，掌握和洞察企业各项业务的基本逻辑和框架，了解业务的"面"而不是业务的"点"。初级 HR 尚不完全具备从整体和全局了解业务的能力，但是作为组织能力的建设者，无论初级 HR 还是高级 HR 都无须投入过多的时间在企业的业务细节上，应当从 CEO 的视角出发，努力从企业全局的角度去了解和洞察业务系统。

第二节
要懂哪些业务

HR 要懂的当然应该是与组织能力建设和再造有着密切关系的业务。具体来说，HR 要懂的应当包括企业外部业务和企业内部业务。

HR 需要了解和洞察的企业外部业务

一、懂（了解和洞察）企业所处的商业环境

企业在确定使命、愿景，特别是战略的时候，对商业环境的分析是一个极为重要的考量。商业环境是决定企业组织能力的关键因素。数字经济时代不确定和易变的环境特性，对组织能力提出了一些共性的要求，例如，这个时代的企业更需要速度、敏捷、响应以及更加关注客户需求的组织能力。

专业的 HR 需要分析和洞察企业所处的商业环境，从政治、经济、社会、技术以及人口等方面，研究和考虑商业环境对企业现在和未来的影响及冲击。HR 洞察企业所处的商业环境是了解业务的开始，只有了解了商业环境，才能更好地参与战略的制定和落实，成为"战略定位"的真正参与者。

二、懂（了解和洞察）行业和竞争对手

行业的过去、现在和未来对企业生存和发展有非常直接的影响。了解行业，主要是要了解行业的过去、现在和未来。对 HR 来说，了解行业和主要竞争对手是了解业务的关键一环。虽然数字经济时代合作共赢是主流，但是企业之间还是存在大量的竞争。俗话说，知己知彼，百战不殆。HR 通过了解行业和竞争对手，既可以了解竞争对手的商业模式、战略、技术、价值链、绩效等具体的业务信息，又可以向竞争对手中的标杆企业学习。例如，华为手机业务的 HR，当然需要了解苹果、小米等其他竞争对手的业务、运营和销售策略等相关情况。

任何行业都是由大大小小的企业构成的。理论上，行业中的所有企业彼此都是竞争对手。但是由于规模、技术、组织能力的不同，企业的关键竞争对手可能就是行业中的某家或者某几家企业。另外，除了关注现有的竞争对手，HR 还要眼睛向外，关注行业外可能的"搅局者"。

HR 通过了解行业和竞争对手，可以在头脑中建立一个企业、竞争对手以及行业的关系框架，为了解企业业务奠定一个良好的基础。

三、懂（了解和洞察）客户

HR 懂业务就必须了解客户，因为企业的产品和服务就是为了满足客户的需求。客户是企业收入和利润的来源。德鲁克认为，客户是企业的一个重要组成部分。企业没有客户，也就失去了存在的意义。

从客户的角度观察企业，对于组织能力建设和再造有着极大的帮助。通过对客户的了解，HR 能够进一步了解企业的产品和服务给客户带来的价值以及需要改善的问题，从而能够有的放矢地对组织能力进行建设和再造。

企业作为一个整体，主要目标就是为客户创造价值。作为企业重要角色的 HR，工作的出发点当然也应该是为客户创造价值。同时，客户需求在很大程度上决定着企业需要什么样的组织能力。

因此，HR 懂业务就必须要投入时间深入地了解客户，了解客户的需求、客户的问题以及客户的痛点。

四、懂（了解）其他外部利益相关者

除了客户之外，企业的投资者、社区和监管机构以及合作伙伴都属于企业的外部利益相关者。不同的外部利益相关者对企业有着不同的诉求。投资者希望有良好的投资回报率，社区和监管机构则要求企业遵守相关法律法规和政策，履行社会责任，而合作伙伴则希望通过与企业的合作获得相应的回报。

外部利益相关者的利益深度影响着企业组织能力建设和再造。例如，良好的合作伙伴可以给企业价值链带来更大的价值，如果企业没有很好地履行自己的社会责任，可能会导致直接或者间接的损失。例如，三聚氰胺事件曾经给我国的乳业行业造成重创，并直接导致三鹿集团破产倒闭。如果管理者不考虑或者不重视外部利益相关者利益，迟早会给企业带来伤害。

外部利益相关者与企业业务关系密切，HR 当然需要付出时间和精力了解他们的利益和期望。

房晟陶在《首席组织官：从团队到组织的蜕变》一书中提道："组织这件事还容易有另外一个误区：一谈到组织，很容易把它理解为关于内部管理的事情。这是一个天大的误解。一个有效的组织首先要考虑外部适应性、外部竞争性，然后才考虑内部整合性。所以，组织随着外部环境的变化而进化非常重要。这件事情往往是核心领导人的第一要务。"

戴维·尤里奇在《赢在组织：从人才争夺到组织发展》一书中说："当内部战略能够预测或回应外部的环境时，业务便成功了。"

因此，HR 要懂业务，就必须深度洞察企业所在的商业环境、行业和竞争对手、客户以及其他外部利益相关者。对这些外部业务元素的了解，也能够提升 HR 了解企业内部业务的能力。

HR 需要了解和洞察的企业内部业务

一、懂（了解和洞察）企业的商业模式

商业模式是指企业如何整合各种要素和资源，形成一个完整的、具有独特核心竞争力的运行系统，为客户提供满意的产品和服务，同时通过该系统使企业达成以持续盈利为目标的整体解决方案。商业模式包含了客户、渠道、供应商和合作伙伴、产品和服务等关键业务要素。

HR 了解商业模式，是从企业战略层面对业务进行深入洞察，可以从整体框架上掌握企业如何实现收入和盈利，以及价值链上的关键业务要素。

二、懂（了解）财务知识

懂财务是 HR 的一项必备技能。可以说，不懂财务的 HR 很难成为一个优秀的 HR。财务数据反映的是企业的经营状况及其底层逻辑。HR 通过对财务数据的分析可以了解企业经营上存在的问题和挑战。

HR 懂财务并不是要求 HR 学会所有的财务知识，达到专业财务管理人员的水平，但是也不是仅仅弄懂"有借必有贷，借贷必相等"的财务记账原则就可以了。HR 懂财务的要求是至少达到能够读懂利润表、资产负债表、现金流量表的水平。

HR 需要投入一定的时间学习财务知识并在具体工作中予以实践。懂财务能帮助 HR 更深入地了解业务。

三、懂（了解和洞察）企业价值链

价值链是企业业务的核心。企业通过把各项分散的资源以及不同作业环节等整合连接而成的价值链条创造价值。在这个价值作业链条上，每完成一项作业，都需要消耗一定的资源，同时增加一定的价值。然后再传递到下一环节作业中，最终形成产品和服务，提供给相关客户，从而产生价值创造。

简单地说，价值链是企业通过管理和运营各种商业活动环节创造利润的一个过程。这个价值创造环节和过程涉及采购、研发、生产、营销和销售、售后服务等价值创造的基本活动，也涉及财务、人力资源、行政等价值创造的支持过程。

如果一位 HR 能洞悉企业的价值创造过程，了解关键价值增值环节，也就基本可以说自己是"懂业务"的 HR 了。HR 对价值链的了解是 HR 懂业务的一个关键环节，也是最难的环节。

四、懂（组织、参与和协调）战略

战略决定着组织的方向和未来，战略制定和执行是一个极为复杂的过程。战略制定和执行的过程，既是组织能力建设和再造的过程，也是 HR 加深对业务了解的过程。

HR 懂业务当然需要了解组织、参与和协调战略的制定和执行。

五、懂（组织、参与和协调）流程再造和管理

对于绝大多数企业来说，现阶段流程仍然是实现资源有效配置的主要方式之一。有效的流程能够打破部门之间的"墙"，使信息和资源顺畅地在组织内部流动。华为号称是"建在流程上的公司"，可见华为的流程管理已经到了一个非常精细的程度。

HR 需要了解流程再造和设计的知识和技能，并有能力组织、参与和协调相关业务流程的制定和再造。

总体上，从 HR 负责组织能力建设和再造的目标考虑，HR 至少应当懂四项外部业务和五项内部业务，应该像学习和研究人力规划、招聘、绩效、薪酬等人力资源专业那样，去学习和掌握这九项业务的工作知识和技能。

第三节
应该如何懂业务

对于 HR 如何懂业务，任正非曾说："人力资源队伍包括干部系统的人员，要保持三分之一参加到作战队伍里面，混杂在作战队伍里面，不断地循环轮回。不循环对业务太不知晓，就无法与业务有共同语言，就不能很好地识别人才和洞察问题，只能起到秘书作用。"亲身实践当然是一种比较好的方式，但受时间、机会等限制，这一方法也有其局限性。

我们本节将介绍一些 HR 如何了解商业环境、行业和竞争对手、企业价值链以及商业模式的思路和方法。由于篇幅的限制，战略管理、流程再造、财务知识以及客户和其他利益相关者等方面的业务，我们将在后面章节中专门阐述。

HR 如何了解商业环境

HR 可以通过以下几个方面来获取数据、信息以及事件，对商业环境做出综合和恰当的判断和认知。

第一，社会。社会价值观、人们的生活方式、宗教信仰、家庭观以及对生活方式的定义等，都有可能影响企业的战略、业务、产品和服务等方面。例如，年轻人结婚之前会尽最大努力购买婚房，这种观念和行为对房地产业会有一定的影响；电商的发展已经改变了人们的购物方式和习惯，这些变化都深刻影响着企业的战略和未来。

第二，技术。技术改变社会。所谓的数字经济时代，本质上就是技术的发展和进步，改变了整个社会的生态，改变了人们的生活习惯和消费习惯，并且冲击了大量行业。企业自身所掌握的技术对企业的生产和发展起着关键作用，深刻影响着企业的战略。

HR 需要广泛地了解社会的技术进步情况，所在行业的技术发展情况以及所在企业的技术状况和未来发展目标。对技术的了解，能帮助 HR 了解整个社会和行业的发展状态，也更容易理解企业的业务。

第三，经济。经济周期、产业的发展和变革都会影响企业的战略制定和实施。逆全球化行为对全球供应链造成很大的冲击。根据产业变化情况，在不同的经济周期采取不同的策略，是企业生存和发展的关键要素。例如，在经济周期下行的时候，扩大投资可能会有极大的风险，但也有可能获得较大的回报，这需要管理者根据情况做出正确的判断。

第四，政治。政治正在越来越强烈地影响着企业的利益和决策，政治因素是企业在战略决策时需要重点考虑的问题。政府监管方式的改变会深度影响企业的经营。例如，近年来我国对房地产、互联网公司的监管措施，一定程度上影响了这两个行业的经营和管理。课外培训营利性机构被严格禁止，改变了一个行业的决策。

第五，环境。环境因素正在影响着企业的决策，特别是生产制造业的战略决策。我国目前采取的碳达标和碳中和的政策，对很多行业影响巨大。一些企业新的投资项目因为不符合碳达标和碳中和的政策被否决；一些企业被要求对现有不符合环境政策的生产设备进行投资升级改造。

第六，人口。企业的客户是人，人口的变化一定会影响企业的未来经营。出生率的变化、人口的教育水平和收入都会影响消费者的观念和行为。例如，在出生率大幅降低的情况下，儿童用品公司未来可能会受到影响；人口老龄化也给一些企业带来新的机会；人们收入的提高会导致对高质量产品和服务提出更大需求。

HR 如何懂行业和竞争对手

HR 可以从以下角度对行业和竞争对手做出分析和了解。

一是分析和了解行业的宏观情况。HR 可以通过这几个方面了解行业的宏观情况：行业是朝阳行业还是夕阳行业；行业在国际国内处于何种地位；政府对行业的法律法规以及相关政策的内容及导向；行业内的头部企业的现状和未来；投资者未来进入行业的可能性等。

二是分析和了解行业相关数据。主要包括行业的市场容量、行业内的核心技术水平、行业市场增长率、竞争者的总体数量等。

三是分析和了解行业的竞争结构。HR 可以使用"竞争战略之父"迈克尔·波特（Michael E. Porter）的五力模型分析行业的竞争情况：行业内现有企业的竞争方式、未来新进入者的威胁、供应链的情况以及行业产品的可替代性等。

四是分析和了解行业竞争对手。HR 可以针对竞争对手的股权结构、资产规模、高层管理者情况、财务数据、客户关系以及人力资源数据等做出相关分析。尤其要注意竞争对手中标杆企业的经营管理状况。

企业既要关注当前的竞争对手，也要关注未来可能的竞争对手，未来的竞争对手可能就是行业的颠覆者。

HR 还可以通过回答下面几个问题，对竞争对手进行快速了解：

● 竞争对手的战略是什么？

● 竞争对手的优势和劣势有哪些？

● 竞争对手的产品和服务有哪些相同和不同之处？

● 竞争对手的人才现状以及人才管理水平如何？

● 竞争对手的组织能力水平如何？

● 竞争对手的市场份额以及未来可能的走向如何？

● 竞争对手的创新能力如何？

● 竞争对手的客户对其是如何评价的？

● 竞争对手的管理层有什么特点？

● 竞争对手的技术和研发能力如何？

● 潜在的竞争对手可能在哪里？

HR 如何懂价值链

迈克尔·波特在 1985 年提出企业价值链分析法。自此之后，价值链管理逐渐成为企业价值创造管理中一种非常有效的价值分析工具。HR 之所以要弄懂企业的价值链，是因为价值链反映的正是企业业务的核心内容。

HR 了解价值链，并不需要精通和掌握价值链上的每一个环节，了解价值链的基本逻辑、每一个环节的大致价值创造过程以及价值链上的关键价值增加环节就可以了。

价值链涉及采购和供应商管理、研发和技术、生产、仓储和物流、

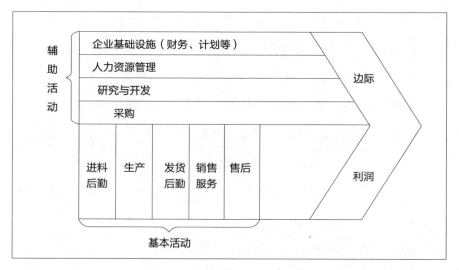

图 3-1 波特提出的企业价值链

营销和销售、售后服务等关键价值创造环节，HR 了解价值链，需要了解价值链上每一个关键环节的大致价值创造过程。

　　不同的企业，价值链有所不同。一般情形下，HR 至少需要了解几个关键价值创造环节：供应链（采购和供应、仓储和物流）、研发和技术、生产、营销和销售等业务内容。HR 应当了解这些关键环节是如何给企业创造价值，以及哪些环节为企业创造了最大的价值，或者哪些环节通过变革可以创造更大的价值等。

一、供应链

　　供应链是价值链的一个主要组成部分。对于大多数企业来说，做好供应链管理是价值创造的关键环节。

　　有效的供应链是企业传统的内部供应链向上游和下游的延伸，从而形成一条以供应商、合作商到企业自身，再到经销商和客户，贯穿企业的供应链条。供应链最大的优点是：经营由客户的需求端拉动，不再是从资源输入端推动。良好的供应链管理有助于企业避免之前资源推动式供应链的问题，从而更好地满足客户的需求。

对于企业来说，供应链管理不再是单一的采购、物料的供应问题，而是一个系统性的资源配置和流通体系。供应链涉及计划、采购、生产、分销等为客户创造价值的几个关键环节，关注的是如何有效整合企业的供应商、企业的内部资源以及客户之间的流程，以提升供应效率，降低企业成本。

HR 对供应链的理解是懂业务的必经程序。不懂企业供应链的 HR，只能看到供应链上的单个节点，无法把所有要素串联起来，也就没有办法洞察企业的价值创造和整体运营系统。

案例：华为的集成供应链管理

华为的集成供应链管理（ISC）是华为的基础性管理框架之一，高效的供应链管理系统是华为利润的重要源泉之一。华为的 ISC 变革开启于 1999 年。在 IBM 的帮助下，经过数年的发展，华为成功建立了现在的集成供应链管理系统。

华为的供应链经过了一个从乱到治的过程。在 ISC 建成之前，华为的供应链比较混乱，当时的及时发货率仅有20%—30%；计划和采购之间缺乏基本配合，而且矛盾重重；计划质量不高；采购方式单一，不能满足业务的需求。因此任正非说："集成供应链解决了，公司的管理问题就基本解决了。"

华为把客户、采购、研发、制造、物流、销售等模块有机地统一在ISC流程中，使各模块产生最优的协同效果，基本实现了质量好、成本低、服务好和快速响应客户需求的目标。

华为的 ISC 以客户为中心，贯穿了从供应商到客户的整个过程，为客户提供及时有效的服务。客户、供应商、采购、物流、研发、制造、计划、销售等，都成为供应链的一部分，是华为供应链整体流程的参与者和贡献者。

具体来说，HR 了解和学习企业供应链管理可以从以下几个方面着手：

1.计划。研究和调研供应链计划是如何制定出来的，供应链计划制定的依据和逻辑是什么。

2.采购。HR 应该了解企业的采购是如何进行的，比如：采购供应商的选择依据是什么；供应商的能力如何；供应商是否有持续与企业合作的意愿；供应商对企业是否有抱怨；采购的总成本是多少，是否有可能优化；企业和供应商是否双赢关系等。

3.生产。HR 需要了解生产计划与实际生产的配合度问题，比如：采购和物流与生产是如何协调的；生产与销售的关系；生产是如何满足客户需求的；生产是如何保障产品质量的等。

4.仓储与物流管理。仓储和物流管理是供应链上的一个关键节点，这个阶段需要解决的问题是如何提高库存周转率和资金利用率，尽力降低产品的库存和流通费用。新技术为企业解决仓储和物流的效率问题提供了有效的解决方案。京东的仓储和物流管理，应该说处于目前我国仓储和物流管理水平的前列，HR 可以学习和借鉴。

5.渠道和分销商。比如：企业销售渠道有哪些；企业与分销商的关系如何等。

6. 客户。比如：产品和服务是如何触达客户的；企业如何处理客户的退货；企业如何提供售后服务等。

二、研发和技术

研发对一些高科技创新型企业至关重要。但并不是说只有高科技企业才有研发，大多数生产制造企业都非常重视产品和服务的研发。

企业研发一定不是研发部门的单打独斗，它是多个部门的责任。研发的起始点应该是客户的需求。"闭门造车"所研发出来的产品，大多情形下无法满足客户需求。

案例：华为的 IPD 研发管理流程

华为的 IPD 是花费巨资聘请 IBM，用数年时间打造出来的。华为的 IPD 流程，为华为成为世界级的高科技企业奠定了坚实的基础。任正非曾说："IPD 关系到公司未来的生存与发展，各级组织、各级部门都要充分认识到它的重要性。"

IPD 实际上就是一套产品研究和开发的管理模式、管理理念和方法。华为引入 IPD 后，打破了部门各自为政的产品开发模式，转而采取一种以业务流程和生产线为核心的产品研发模式。实施 IPD 后，华为的产品开发周期缩短了 50%，产品的不稳定性降低了 70%。

华为 IPD 强调以客户需求作为产品开发的驱动力，将产品开发作为一项投资来管理。任正非对此有一句简单易懂的比喻：研发就是研究和开发，研究就是把钱变成知识，开发就是把知识变成钱。IPD 以客户需求为出发点，一开始就是从为客户创造价值出发的，所以研发出来的产品就能最大限度满足客户的需要。

华为 IPD 的基本框架如下：

1. 市场和客户需求分析。从市场和客户需求端筛选和寻找研发产品或项目的机会。这决定了研发的方向和具体的研发项目，把客户的需求转化为未来的产品和服务。

2. 投资优化组织。从投资的角度，分析和评估从客户需求得出的产品和服务研发项目，进一步优化研发项目的选择。

3. 建立异步开发模式。所谓异步开发模式，就是把串联式产品开发变为并联式产品开发。例如，技术与平台开发可以异步于产品开发，既可以在产品开发的前面，也可以与产品开发同时进行，这样大大提升了产品的研发效率。

4. 跨职能团队合作。华为的 IPD 研发团队是由来自不同职能部门的人员构成的，这些部门可能包括市场、开发、测试、生产、技术、采购、财务等部门。IPD 的关键是企业研发不是某一个部门的任务和责任，而是多个部门的任务和责任。

5. 结构化流程管理。华为的 IPD 有着清晰的流程结构，在不同的阶段设置了决策和评审的节点和标准。IPD 大致的流程结构是：概念阶段、计划阶段、开发阶段、验证阶段、发布阶段、生命周期阶段等。

6. 研发项目管理以及研发管道管理。华为研发以项目管理的形式，包括了项目管理计划的制定和执行；而管道管理则是通过对研发项目的对比分析，对多个项目进行优先排序，以便实现有限资源的有效整合和分配。

7. 设立研发衡量的标准。华为研发 KPI 设置，主要包括研发过程的管理标准以及相关财务指标等衡量标准。不同的项目有不同的衡量标准。当然，整体上还要看是否能够满足客户的需要以及是否能够为客户创造价值。

　　HR 对研发和技术的了解，不是去了解具体的研发技术知识，而是要了解研发的流程管理、研发产品能否满足客户的需求、研发产品的未来应用以及研发中出现的问题和痛点等。尤其是那些有可能决定企业未来的战略性研发，HR 应当予以重点关注，并了解这些关键研发产品对企业未来的意义。

　　HR 还可以通过以下一些问题，快速了解企业的研发和技术现状。

- 技术能力是否是企业生存和发展的关键因素？
- 企业的技术和研发能力在行业中处于什么地位？
- 行业中优秀的技术人才主要分布在哪些企业？
- 企业技术的未来发展趋势是什么？
- 企业研发是以客户需求为中心开展的吗？
- 研发管理流程的效率如何？

三、生产

　　生产是企业通过系统性管理，高效、低成本、灵活以及及时地生产出产品或者服务，为客户创造价值的管理过程。

　　生产环节是价值链上的一个关键环节。这里的生产，不仅仅是制造业企业的产品生产，也包括其他行业中企业产品的生产。例如，星巴克为客户现场制作各种咖啡饮料。

　　关于生产，HR 至少要了解生产计划是如何制定出来的，生产的流程是如何设置的，库存是如何管理的，生产成本是如何控制的，生产是如何与销售配合的，等等。HR 无需对生产的每一个环节都了如指掌。例如，水泥厂的 HR 了解水泥"两磨一烧"的生产流程、生产是如何有效计划和组织的就可以了，完全没有必要详细弄清各个岗位上的员工是如何具体操作"两磨一烧"工作流程的。

HR 还可以通过以下几个问题，快速了解生产管理：

● 生产的具体流程是什么？

● 最终产品的生产需要多少道工序？

● 每道工序有什么特点？

● 生产过程的专有名词是什么意思？

● 生产设备有什么特点？

● 如何保障产品质量？

四、营销和销售

企业的产品和服务需要营销。营销的本质就是依托企业的产品和服务，发现并满足客户的需求。营销策略基本围绕产品、价格、渠道、推广、团队以及资源等展开，寻找客户的需求或者痛点，从客户的角度去思考问题并提炼产品和服务的卖点。

对于 HR 来说，了解营销策略是懂业务的一个环节，因为营销围绕的是产品和服务的特点以及对市场和客户的充分调研和理解而开展工作的。

HR 可以从以下几个方面了解企业营销：

1. 学习一些关于营销的理论

HR 通过对营销理论的简单学习，能对营销有一个基本的框架性了解。关于营销的理论和工具非常多。其中典型的有 4Ps 营销理论、4Cs 营销理论、4Rs 营销理论以及 4Is 营销理论。

所谓的 4Ps 营销理论，就是从产品（Production）、价格（Price）、渠道（Place）和促销（Promotion）四个要素出发，进行营销策略组合，以满足客户需求。

4Cs 营销理论是从客户（Customer）、成本（Cost）、便利性（Convenience）以及沟通（Communication）四个要素出发，以客户和消费者的期望为目标，进行营销策略组合的营销理论。

4Rs 营销理论是从关联性（Relevance）、客户反应（Reaction）、客户关系（Relationship）以及回报（Reward）四个方面出发实施营销，注重企业与客户的长期互动。

4Is 营销理论是根据趣味原则（Interesting）、利益原则（Interests）、互动原则（Interaction）以及个性原则（Individuality）为出发点，进行营销策略组合的，适用于互联网新媒体传播。

除了以上比较常用的典型营销理论，还有 STP（市场细分、目标市场以及市场定位）分析、SWOT（优势、劣势、机会以及威胁）分析以及 PEST（政治、经济、社会以及技术）分析等营销管理工具。

2. 与企业营销人员沟通

HR 应当投入一定的时间，与负责营销的人员进行沟通和学习。

3. 参加营销有关的会议或者活动

HR 应该尽量抽出时间参与与营销有关的一些会议或者活动，特别是一些营销方面的培训，以更好地理解企业的营销策略以及营销中存在的问题和挑战。

4. 了解竞争对手的营销策略和营销模式

HR 应该投入一定的时间对竞争对手的营销策略和营销模式加以了解。对于标杆企业的竞争策略和营销模式，更要投入足够多的时间予以研究。

HR 对于营销知识的了解，不是一个非常困难的事情，只要投入一定的时间，有意识地对营销工作予以适当关注，就基本能够掌握企业的营销战略、策略和方法。

HR 了解销售要比了解营销相对简单一些，因为销售是在营销策略指导下的活动。HR 可以与销售人员一起拜访渠道、客户，一起参与某些具体的销售过程，从而更好地了解产品和服务的具体销售工作。

HR 还可以通过以下问题，快速了解企业的营销和销售：

- 企业的市场策略是什么？
- 企业和经销商的关系怎么样？
- 企业如何做市场调研？
- 客户如何看待企业品牌？
- 品牌开发的策略是什么？
- 竞争对手的品牌是什么样的？他们如何开发品牌？
- 销售的渠道有哪些？
- 销售如何把产品和服务出售给客户或者消费者？
- 销售人员在与客户或者消费者打交道的过程中，存在哪些困难？
- 销售人员对产品和服务有哪些意见和建议？

HR 如何懂商业模式

彼得·德鲁克曾经说过："当今企业之间的竞争，不是产品之间的竞争，而是商业模式之间的竞争。"吉利剃须刀和刀片的商业模式的故事，广为流传。麦当劳当年开创的特许经营模式使麦当劳在全球快速增长。沃尔玛农村包围城市的超市模式，使沃尔玛打败其他百货巨头，成为世界第一大零售巨头。

进入互联网时代后，各种创新型商业模式不断出现，对一些行业形成巨大的冲击和颠覆。

以滴滴出行为例。滴滴出行的商业模式是通过建立互联网平台，把出租车司机、其他闲散的小汽车司机以及闲散车辆和打不到出租车的乘客、不满意出租车服务的乘客连接起来，实现资源的有效配置。滴滴出行通过对司机收入抽成获得销售收入。滴滴的商业模式是一种典型的平台经济共享模式。这种模式实现了出行资源的高效配置和利用，从而为客户和公司创造价值。

再以京东商城为例。京东是典型的 B2C 模式。京东互联网平台直接面对消费者，为消费者提供产品销售服务。京东主要通过 PC 端和移动端触达消费者，与品牌供应商合作，并确保产品的真实性。京东还建立起了强大的物流系统，形成与其他电商不同的差异化竞争力和客户服务壁垒。

对 HR 来说，懂业务的一个关键环节就是要能够洞察企业的商业模式、理解企业的商业模式，能够从战略层面整体了解企业是如何为客户创造价值的。

看似简单的商业模式，实际上需要考虑很多因素。这些因素主要包括：

1. 客户的价值主张或者痛点

客户的价值主张或者痛点本质上是客户的实际需求。根据客户的价值主张或者痛点提供产品和服务，为客户创造价值的同时，企业自身也创造了价值。客户的价值主张决定着企业的价值主张。

比如，爱彼迎的价值主张是：为用户提供更个性化、更舒适的定制服务；像当地人一样生活。爱彼迎的商业模式满足了房东通过短租获得收入的需求，也满足了租客能够租到相对安全、价格合适的房子的需求。这些客户价值主张是爱彼迎商业模式成功的前提。

2. 市场细分

商业模式需要考虑客户或者消费者是谁、在哪里。企业不可能满足所有人的需求，为了保证投入有效，企业需要定位自己的产品和服务所面向的客户和消费者。企业在确定商业模式的时候，需要考虑的一个关键要素就是市场细分问题，也就是市场中哪些人会购买企业的产品和服务。

市场细分或者客户和消费者的定义，一般由营销和销售部门负责。对于 HR 来说，懂业务就需要了解商业模式中的市场细分，需要了解产品和服务所主要面向的客户和消费者。

3. 核心能力

商业模式能够成立的前提，当然需要企业具备合适的资源和组织能力。如果商业模式不错，但是缺乏实现商业模式的资源和能力，所谓的商业模式就是一种空谈。

例如，滴滴出行实现商业模式需要的资源之一是大量的软件开发人员，构建滴滴出行的互联网平台。如果滴滴没有资金或者招聘不到合适的人才，滴滴的商业模式就不会成功。另外，滴滴出行如果没有充足的资金在早期的市场上补贴驾驶员和乘客，也许早被其他竞争对手兼并了。

对于 HR 来说，企业的核心能力是组织能力建设的关键。任何企业的组织能力的建设和再造，都是以企业的核心能力为出发点的，所以 HR 充分理解企业的核心能力，不但是 HR 懂业务的需求，也是 HR 做好本职工作的需要。

4. 销售渠道

在确定了客户之后，还要考虑产品和服务应当如何触达客户。一般情形下，产品和服务是通过销售渠道触达客户的。

一些企业的销售渠道是通过经销商，例如，格力电器主要通过经销商销售其产品和服务。一些企业则通过互联网端对端的方式，使产品和服务直接触达客户和消费者。例如，知识付费企业就是典型的通过端对端的方式触达客户和消费者的。

5. 价值链和资源配置

如果从企业的产品和服务向后看，就会看到一条清晰的价值创造链条。企业运营管理的核心重点之一就是把资源合理地分配到其价值链条上。如果资源在价值链上的分配不合理，很大程度上就会给企业生产经营造成负面影响。

例如，百度为用户提供免费搜索，从而吸引客户在百度做广告，实现销售收入。百度本质上是一家互联网广告公司，它需要为用户提供良好的体验，才会吸引更多用户使用百度搜索，从而吸引更多的企业客户到百度进行广告推广。百度需要在用户体验以及广告服务这两个价值链的关键点上不断投入资源，实施有效的资源配置。否则，它就可能被竞争对手分走市场份额，今日头条、抖音、360 搜索等竞争对手，都在虎视眈眈。

理解商业模式，HR 需要厘清价值链，并明晰资源在价值链上的分配原则和分配情况。因此，HR 通过对商业模式的了解和洞察，可以框架性了解客户价值主张、市场细分、核心能力、销售渠道、价值链以及资源配置等企业关键业务。

需要强调的是，我们说 HR 要懂业务，不是说 HR 要把全部的时间和精力放到企业业务上。HR 的工作重点当然不是业务，而是组织能力建设和人力资源管理工作。

⬛ **小贴士**

HR 懂业务并不是要懂业务的具体细节，而是应该从全局角度，实现对这些工作内容的了解和洞察：企业所处商业环境、所在行业和竞争对手、客户和其他外部利益相关者、战略制定和执行、创新机制、商业模式、财务管理知识、价值链（主要包括采购、生产、技术和研发、仓储和物流、营销和销售等）以及运营流程等。

拉姆·查兰和戴维·尤里奇的研究都充分证明了 HR 与 CEO 的业务视角是最为接近的，实践也证明了这一点。HR 与 CEO 的业务视角基本一致，在 HR 懂业务方面，完全可以参照 CEO 对业务了解的内容和程度。

第四章

CHAPTER 4

HR 如何参与
战略定位

钱芳（化名）是一家大型高科技设备制造企业的人力资源总监。对于钱芳来说，公司每年度的战略共识会都会让她感到不自在。在公司工作快 6 年了，钱芳仍然没有完全真正搞清楚公司业务，她很难对战略规划提出建设性的意见和建议。每次会议上钱芳只是泛泛地表达 HR 会为公司战略规划提供人力资源支持的态度和决心。几年下来，钱芳发现自己慢慢淡出了公司重大业务策略的会议和讨论，HR 也逐渐成为战略目标的执行者之一，不再是战略制定的参与者。这使钱芳非常沮丧。

战略管理是组织能力建设和再造的八支柱之一，也是 HR 需要懂的业务之一。成为战略合作伙伴一直以来是 HR 的期望，但是迄今为止，HR 在这一角色上的表现仍然有些捉襟见肘。

为什么实践中 HR 成为企业的战略合作伙伴如此之难？

参与战略的制定需要 HR 了解商业环境、行业和竞争对手以及洞察企业价值链、流程、客户、品牌等各方面的业务。但是实务中，真正懂业务的 HR 仍然是稀缺资源。应该说过度关注人，而忽略了人与事的有效结合是 HR 难以参与战略制定的主要原因。

实践中，HR 在战略管理领域多是部分参与或协助战略的执行，基本很难参与到战略的制定中来。

第一节
HR 参与战略制定和执行的必要性

HR 成为战略合作伙伴的口号已经喊了多年。进入数字经济时代，HR 在这一角色上已经到了必须要有作为的时候。

HR 在企业中的新定位要求 HR 不得不参与到战略的制定和执行过程中来，并在其中发挥重要作用。我们说战略决定组织能力，负责组织能力的建设和再造的 HR，当然需要参与到战略管理中来，因为对战略的透彻理解是定义组织能力的基础。同时，战略的制定和执行也是组织能力建设和再造的关键力量。

从企业管理的基本逻辑来看，HR 也必须要积极地参与到战略的制定和执行中来。正常情况下，企业运营管理的基本逻辑是：

第一步，从企业的使命、愿景和战略出发，把战略目标转化成财务目标、关键项目或者其他非财务目标。（目标设定）

第二步，定位企业客户并采取措施保留老客户、吸引和开发新客户。只有客户愿意购买企业的产品和服务，才能实现企业在第一步确定的财务目标和非财务目标。（客户定位）

第三步，通过采取高效的运营管理措施满足第二步新老客户的需求。这些运营管理措施包括但不限于有效的流程、采购和供应、研发和生产、营销和销售、仓储和物流、创新等一系列具体的运营管理方法和手段。（以客户为目标的运营管理）

第四步，通过建设高效的人员和组织系统支持第三步的运营管理。创新机制、文化建设、人才管理、薪酬管理、绩效管理、领导力等都属

于组织支持系统。组织支持系统是企业能够通过高效运营管理满足客户需求的前提和基础。（组织能力）

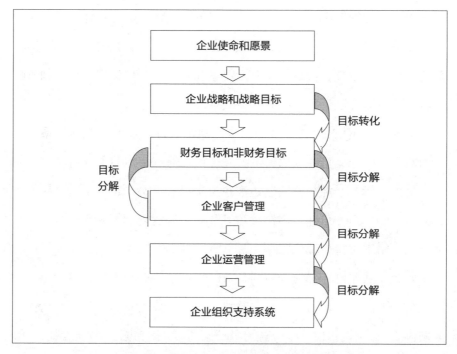

图 4-1 企业运营和管理的基本逻辑图

正常情况下，任何企业的运营管理都逃不过以上逻辑。对于 HR 来说，企业组织支持系统包含了文化管理体系、人才管理体系、薪酬管理体系、绩效管理体系、领导力发展体系以及组织架构设计等传统上属于 HR 的工作职责体系。

从图 4-1 中，我们可以观察到组织支持系统位于整个管理逻辑的最底端。也就是说，组织支持系统实际上是整个管理逻辑的地基。战略制定得再高明、财务目标和非财务目标设定得再科学、客户关系分析得再透彻、运营管理的措施再高效，如果没有底部组织支持系统的有效支撑，一切都是镜花水月。

我们之前说 HR 喜欢躲在"专业的深井"里，就是指 HR 固守在组织支持系统的管理中，埋头工作，忽略了对战略、财务、客户、业务运营等业务的了解和洞察。而我们说 HR 要懂业务，就是要求 HR 跳出底部的组织支持系统，把目光向上投向运营管理、客户管理、财务和非财务目标体系以及处于顶端的战略和战略目标。

从这个角度讲，HR 懂战略、参与战略管理是做好组织支持系统工作的前提，因为战略在顶部为组织支持系统的工作指明了方向。

另外，参与企业战略的制定和执行全过程，会帮助 HR 更容易了解财务目标和非财务目标、客户关系以及业务运营管理等业务问题，从而更能做好组织支持系统的工作。

因此，战略制定和执行应当是 HR 的业务必修课之一。

戴维·尤里奇认为 HR 的一项胜任力是"战略定位者"。因此企业战略制定的过程，HR 不应当袖手旁观，只有参与进去，才能深度了解战略。参与战略制定的 HR，能从全局高度看待企业的运营和管理，更能正确理解企业需要什么样的组织能力，因为战略是给组织能力提要求的。作为组织能力建设的负责人，HR 当然需要成为战略定位的参与者。

HR 参与战略制定，就要有能力针对战略提出自己的意见和建议，并参与战略制定全过程的讨论。战略制定的过程是一个群策群力的过程，需要组织和协调中高层管理者、业务骨干参与进来，参与战略澄清、战略解码、战略评估等一系列的会议、讨论和决策，最终完成战略的制定。这个过程需要大量的沟通、组织和协调工作，而 HR 在这一方面具备天然的优势。

第二节
懂业务是 HR 参与战略制定和执行的前提

企业战略的制定是一个极为复杂的过程。HR 参与战略制定，一个基本的要求就是要懂业务。HR 需要对企业所处的商业环境、行业以及竞争对手、商业模式、价值链、客户等业务有较深的了解。

具体来说，HR 参与战略制定，必须要了解以下几个关键要素：

1. 对企业所处商业环境的了解和把握；

2. 对企业所在行业和竞争对手的了解；

3. 对企业的客户需求、痛点以及市场的现状和未来变化的洞察；

4. 对企业的核心竞争力、关键成功要素和价值链的洞察；

5. 对企业的优势、劣势、机会和威胁的有效分析；

6. 对企业所能掌握或调动资源的了解和把握；

7. 对企业文化、人才、组织架构、激励等组织管理机制的现状和未来的把握。

如果 HR 还是深陷在传统本职工作中，只顾埋头拉车而不抬头看路，是不可能有能力参与到战略的制定中来的。所以我们说，懂战略就要懂业务。

案例：美团的制胜战略

美团能成为今天的美团，在激烈的市场竞争中制定和执行了正确的战略是一个重要因素，尤其在 2010 至 2013 年的千团大战中其能够笑到最后，正确的战略功不可没。

自 2010 年第一家团购网站诞生以来，到 2011 年底，市场上约有 5000 家团购网站。美团就是其中之一。这些竞争者在一二线，甚至在市场尚未成熟的三四线城市展开厮杀。几乎所有的竞争对手都对用户提供大量的现金补贴。

当时，几乎所有的竞争对手都制定了一个大致相同的战略目标：占据市场 70% 的份额。

美团在战略层面到底做对了什么？

一是正确的市场选择。美团没有像其他竞争对手那样，在上海、北京等竞争白热化的一线城市投入重兵，而是采取了跟随战略，不争第一，只争前三，节省了大量资源。美团也没有进入三四线城市，而是采取观望战略，让竞争对手先行培育三四线城市的市场，待竞争对手疲惫或退出后，再伺机而动。美团把大部分的资源都投入了二线城市市场，并确保在二线城市保持市场第一的位置。美团的这个战略，使其既保证了对有限资源的充分合理利用，也保持了相对于竞争对手来说较为充足的现金流，而它的主要竞争对手由于把大量的资源投入竞争最为惨烈的一线城市或者市场尚不成熟的三四线城市，最终大都兵败如山倒。

二是占领供给端而不是消费端。补贴是团购公司攻占市场的主要手段。对于美团来说，它的客户是消费者和商家。美团的竞争对手对消费者实行了大量补贴，看似获得了较大的流量，但是一旦停止补贴，流量就会消失。美团反其道而行之，认为拥有了优质的商家才能真正拥有消费者，这成为取胜的关键。因此，美团把公司有限的资源重点投入给了大量优质的商家。独占优质商家是一种典型的釜底抽薪的竞争策略。

三是拥抱移动互联。当大部分竞争对手还在坚持 PC 端时，美团

APP 已经上线运营。在移动互联的大潮裹挟之下，美团的成长非常之快，到 2013 年，其优势与竞争对手相比已经持续变大。

美团正确的战略制定和实施是建立在其人才和组织能力基础之上的。干嘉伟等高管人才的加入，为美团赋予了力量。而美团扎实的企业内部基本功也是战略得以有效实施的基础。

到 2014 年，约 95% 的团购网站都关门歇业了，团购市场基本形成了美团、百度糯米、大众点评三分天下的局面。

我们看到，美团对当时竞争高度激烈的市场环境有着深刻的洞察，也深刻了解行业中竞争对手的战略方向和相关措施。美团对市场的未来以及消费者和商家的痛点有着清醒的认识。同时鉴于自身拥有资源的有限性，美团采取了集中优势兵力，先取二线城市的战略措施。而在关键时刻引入干嘉伟等一众高管，也使美团具备了战略成功的人才基础。

第三节
HR 参与战略制定的方法和工具

对于 HR 来说，关于战略制定的知识和方法可能了解不多。但是，从组织能力发展的角度，以及数字经济时代对 HR 提出的新要求，掌握战略制定的一些关键知识是非常有必要的。HR 应该像学习招聘、薪酬、绩效、培训等知识一样，学习和掌握战略管理的相关知识和工具，这些知识和工具将对 HR 参与战略制定有巨大的帮助作用。

战略分类

了解战略的分类，能够为 HR 参与战略制定提供框架性思路。

波特在他的《竞争战略》一书中，总体上把企业战略分成三类：总成本最小化战略，产品差异化战略，专一化战略。

总成本最小化战略，顾名思义，就是通过优异的运营管理措施，使企业的总成本与竞争对手相比处于低位，从而在市场竞争中获胜。采取这一战略的企业，需要在一系列流程管理中，尽量做到成本和费用的控制和最小化。因此企业日常管理中的相关决定都需要把成本和费用作为主要的决策影响因素考虑进去。格兰仕公司就是采取总成本最小化战略的典型成功企业。

产品差异化战略，是通过寻求产品和服务的独特性和新颖性，吸引和保留客户的一种战略。实行产品差异化战略的企业，通常会注重研发和创新的投入，以创造出与众不同的产品和服务。例如，德国的奔驰和宝马汽车以奢侈高档的产品形象吸引客户和消费者，与一些国产汽车品牌形成较大的产品差异化特征。

专一化战略，主要是指企业业务集中在某个特殊的顾客群、某产品线的一个细分区段或某一地区市场的战略。实施专一化战略，可以保证企业的产品具备较高的竞争性。例如，博世生产的汽车底盘，一直是奔驰、宝马等汽车的主要配件。博世不生产汽车，但在汽车主要配件领域深耕多年，具备很强的统治力。这是博世汽车配件专一战略成功的实例。

在波特战略分类的基础上，管理大师罗伯特·卡普兰（Robert S. Kaplan）和大卫·诺顿（David P. Norton）把战略进一步分成四个类别：总成本最低战略，产品领先战略，全面客户解决方案战略，系统锁定战略。

总成本最低战略和产品领先战略与波特的战略分类没有太大的区别。

全面客户解决方案战略，就是为客户提供定制化的服务和解决方案，满足客户对产品和服务的需求。例如，IBM 曾经采取的就是全面客户解决方案策略，不是为客户提供单一的产品和服务，而是提供包括硬件、软件、安装、现场服务、客户培训以及咨询方面的全面解决方案服务。采取全面客户解决方案战略的企业，会特别重视客户关系的质量。

系统锁定战略，一般是指客户使用了企业的产品和服务后，如果想转化为其他企业的产品和服务，客户将不得不支付较高的转换成本。例如，微软的 Windows 操作系统；一些旅游公司把差旅订票系统与客户的内部办公审批系统联系起来。

由于企业受环境的影响越来越大，企业在考虑战略的时候，不得不把环境作为重要的影响因素考虑进来。波士顿咨询公司董事马丁·里维斯等人依据企业战略环境的变化，提出了通过战略调色板制定战略的方式。

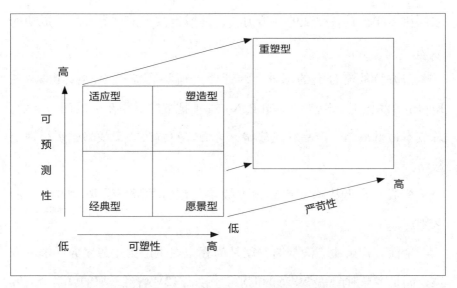

图4-2 战略调色板：五种战略商业环境以及战略方案

资料来源：《战略的本质：复杂商业环境中的最优竞争战略》。

马丁·里维斯把企业所在的商业环境大致分为三个维度：可预测性、可塑性以及环境的严苛性。可预测性是指企业所在的商业环境是可以或者能够被预测的。这是一种相对稳定的商业环境。可塑性是指企业可以单独或者联合其他组织，重新塑造企业所在的商业环境。环境的严苛性则是指企业是否能够在所在的商业环境中活下去。

根据上述三种商业环境的特征，企业战略分为以下几类：

经典型战略。采取经典型战略的企业所处商业环境是可以预测的，但是无法改变，只能适应。采取经典型战略的企业所处环境稳定但无法改变，通常在环境中通过企业的规模、差异性或者内在的能力寻找自己的最佳定位和战略行动方案。目前，绝大多数企业采取的就是经典型战略。万科、玛氏企业等就是实施经典型战略的成功案例。

适应型战略。采取适应型战略的企业所处商业环境无法预测，也无法改变。既然无法预测，就只能适应。在这种环境中的企业，只有通过发展自己的适应能力，才能在环境中生存和取胜。采取适应型战略的企业就像变色龙一样，不断根据环境的变化调整自己的战略，只要先人一步，就有取胜的把握。目前，多数中小型软件服务企业采取的就是这种适应型战略。

愿景型战略。采取愿景型战略的企业所处商业环境能够预测，也能够改变。采取愿景型战略的企业认为，自己就可以创造或者塑造某一个行业，并使这个行业在未来有一定的可塑性。苹果是第一家开发出智能手机的企业，看看它所采取的愿景型战略是多么成功。

塑造型战略。采取塑造型战略的企业所处商业环境，虽然不能预测，但是可以被改变。采取塑造型战略的企业认为自己有机会与其他企业一起，联合对行业做出塑造或者改变，特别是发展初期的行业。塑造型战略与愿景型战略的不同是，塑造型战略需要与其他企业合作共创，愿景型战略一般属于单枪匹马的行业塑造。塑造型战略成功的案例有淘宝、Facebook 的网络生态系统等。

重塑型战略。采取重塑型战略的企业所处环境及其本身的资源严重受限。采取重塑型战略的企业一般是在商业环境的冲击之下，陷入了困难境地。这种情况下的企业需要采取重塑型战略。严格意义上讲，重塑型战略具有暂时性，同时需要与经典型、适应型、愿景型和塑造型四种战略结合使用。美国运通、博士伦、福特等大型企业，都在某一个时期实施过重塑型战略。

不同的企业战略各不相同。HR 了解战略分类的目的是提升对企业战略框架性的认知，增加对战略概念的基本理解，提升战略管理的大局观。

战略规划工具

在了解战略的一些分类之后，HR 还应当对战略规划工具有所了解。有关战略规划的工具有很多种，例如，波特五力模型、PEST 分析、SWOT 分析、波士顿矩阵、3C 战略分析工具、波特价值链战略分析、GE 矩阵以及战略树等数十种工具。不同的战略规划和分析工具，关注的重点不同。HR 应该对这些工具有适当了解，以便更有能力参与到战略的规划和制定中来。

而能够把战略制定和战略执行很好地结合起来的战略管理工具，应该是战略地图，这也是 HR 最应当了解的一种战略管理工具。

战略地图这一战略管理工具，最初来源于平衡计分卡。需要特别说明的是，人们一谈到平衡计分卡，往往把它当作一个绩效管理工具，那真是大错特错。平衡计分卡首先是一个战略管理工具，其次才是一个绩效管理工具。如果把平衡计分卡仅仅看作一个绩效管理工具，将无法使其发挥最大效用。这是 HR 在实践中需要注意的。

起源于平衡计分卡的战略地图，也是一个很好的战略描述工具，这个工具不仅仅能够使用统一的语言描述战略，还可以通过管理因果关系的基本逻辑，把实施和执行战略的全过程都融入战略地图中，有利于各级管理者、HR 和员工从全局角度理解从战略制定到落地和执行过程的整体逻辑框架。

华为战略管理流程的最后一个阶段，就是使用平衡计分卡进行战略落地的。

在卡普兰和诺顿看来，无论企业采取哪种战略方针，都可以通过财务层面、客户层面、内部流程层面和学习与成长层面这四个具备因果关系的管理层面来描述、实施、执行和评估战略。

从平衡计分卡演化而来的战略地图是最值得 HR 学习和了解的战略制定和执行的工具。战略地图把战略从财务层面、客户层面、内部流程层面、学习与成长层面这四个有着紧密因果关系的层面放在同一个战略管理框架中，直观地描述从战略目标到财务目标，从财务目标到客户目标，从客户目标到运营目标，从运营目标到组织支持目标的各项指标体系的分解逻辑。战略地图还能与绩效管理系统配合，分解、跟踪和评估战略指标体系。可以说，战略地图既是战略制定和描述的工具，也是战略执行的工具。

因此，HR 有必要了解甚至能够融会贯通地使用战略地图，以统一企业的战略描述和战略的落地、执行。

一、财务层面

企业的使命、愿景、价值观以及战略等理想需要通过财务利润的最大化来实现。战略需要转化为财务目标和关键项目等非财务目标。企业在财务层面的战略目标就是要实现盈利。而企业实现盈利的方法无非就是两个：一是多销售自己的产品和服务；二是减少成本支出。因此，财务层面的目标相应地可以通过两种基本方式予以实现：一是提高销售收入；二是提升生产效率（降低成本）。

提高销售收入的战略称为增长战略，可以通过加深与现有客户的关系、开发新客户、销售新产品、开发新市场等战略措施予以实现。改善生产率的战略可以通过降低企业成本支出以及有效利用现有资产的方式予以实现。

生产率的提升可以在短期内实现，而增长可能是一个长期过程。财务层面实现股东价值的长期增长战略和生产率提升战略，受企业资源的限制，在实践中可能会出现相互矛盾和冲突，这需要企业在制定具体的战略时，结合自身的情况，予以平衡。

二、客户层面

企业只有在客户层面满足了客户的需要，才能实现财务层面的战略目标，因为客户是企业销售收入的源泉。

客户层面的战略，主要考虑的是采取哪一种方式为细分市场的客户提供有价值的产品和服务。

例如，沃尔玛、戴尔电脑、西南航空等企业，采取的是总成本最低战略。这些企业通过降低总成本为客户提供低价的产品和服务。当然，价格低廉并不意味着产品和服务品质的降低。这些企业需要在保证总成本最低的基础上，为客户提供高质量的产品和服务。

而宝马、奔驰、高通等公司采取的是产品差异化战略。这些企业通过投入人才、资金等，大力实施创新工程，为客户提供差异化的产品和服务，以吸引、保留和开发客户。

IBM 以及高盛等投资银行类企业，采取的则是全面客户解决方案战略。这类企业的产品和服务有时不是最好的，但是它们不仅仅提供一种产品和服务，而是提供一组产品或者服务包。对于一些客户来讲，这种服务可以量体裁衣，能获得较大的方便和相对降低成本。

最后一种客户战略是锁定战略。微软的 Windows 操作系统就是典型的锁定战略。客户使用了微软的操作系统，没有特殊情况一般都不会更换，因为转换的成本高且没有太大的必要。

从客户层面战略看，上述四种不同的客户战略实际上把卡普兰和诺顿定义的战略的四个类别都包含在其中了。无论哪一种客户战略，都是企业针对客户的不同需求，为客户提供满意的产品和服务。

三、内部流程层面

在财务层面描述了企业要达到的增长战略和生产率战略目标，以及客户层面确定所要采取的战略方式之后，企业就相当于确定了未来的目标和蓝图。而要达成这些目标和蓝图，需要考虑如何通过内部流程层面战略为客户提供满意的产品和服务。

实现生产率战略的内部运营管理流程主要聚焦于降低成本支出，最大化利用现有资产；增长战略的内部运营管理流程主要聚焦于如何保留老客户、吸引新客户，以增加销售收入（差异化产品、优秀的服务等）。

具体来说，能够为客户提供满意的产品和服务的主要流程有：一是运营管理流程；二是客户管理流程；三是创新流程；四是法规与社会流程。

上述四个流程基本上会同时存在于一家企业，但是企业所采用的客户战略不同，流程的重要程度也就不同。格兰仕等实行总成本最低战略的企业，运营管理流程应该是重点流程。谷歌等实行差异化战略的企业，创新流程是其主要的流程。IBM 等实行全面解决方案战略的企业，客户管理流程会成为主要的流程。也就是说，客户战略实际上决定着内部流程战略。

四、学习与成长（组织支持系统）层面

这个层面涉及的是人才和组织等资源对战略的贡献，主要是指企业的整个组织系统对内部流程层面、客户层面和财务层面的支持。企业是否能够建立优秀的运营管理流程，达到为客户提供优质的产品和服务的目标？从这个角度出发，主要以人才管理为主的组织支持战略成为关键。这是 HR 的传统工作阵地。

HR 通过企业的财务战略、客户战略和内部流程战略，定义和确定

企业所需要的组织支持战略，开展以人才管理为主的组织支持系统建设，支持企业通过优异的运营满足客户的需求，达成财务战略目标。

与平衡计分卡有着同样逻辑的战略地图，以因果关系的方式把财务、客户、内部流程和组织支持四个方面整合起来，形成了一个可视化的战略描述方法。这种表述方法给管理层、HR 和员工提供了一个了解和沟通战略的逻辑框架，使战略变得易于理解、沟通和执行，对战略的落地以及防止战略流于形式，有着重要的纠偏作用。进一步讲，如果

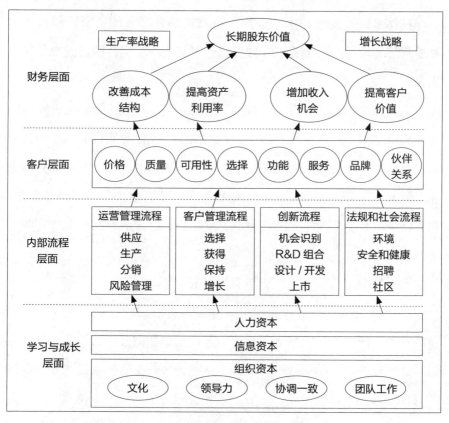

图 4-3 战略地图说明企业如何创造价值

资料来源：《战略地图：化无形资产为有形成果》。

HR 能把绩效管理系统与战略地图的逻辑结合在一起使用，将会在很大程度上促进组织能力的建设和再造工作。

　　HR 在了解了战略的分类以及通过战略地图等工具制定战略的方法以后，接下来就要考虑战略的落地和执行了。

第四节
HR 参与战略的实施和执行的方式

　　企业应当有自己的战略，战略是组织能力建设或者再造的前提和指导方针。一个没有战略或者战略不清晰的企业，其未来大概率是不可期的。有战略的企业，组织能力的建设和再造能够做到有的放矢。

　　但好的战略并不当然意味着一定成功。相比于战略制定，确保战略落地和执行的难度更大。事实上，大多数企业无法实现战略目标的主要原因不是战略制定有问题，而是战略执行出了问题。正如拉姆·查兰所说："在大多数情况下，估计有 70% 的情况是真正的问题不在于战略不好，而在于执行不到位。"

　　战略能够成功实施和落地的决定性因素是企业的组织能力。例如，如果企业实施产品差异化战略，却缺乏创新、敏捷、灵活的组织能力，战略落地基本不可能。HR 是组织能力的实际负责人，在战略落地和执行中必然要扮演一个主要角色。

简单来说，保障战略的成功落地和执行，HR 一是需要确保实现企业组织能力建设和再造的目标；二是要通过完善的绩效管理系统，协助企业把战略目标准确地分解到部门和个人，并对员工或团队指标的完成情况实施过程监控和结果评估，并运用相应的奖励机制，鼓励员工或团队落实和执行战略；三是通过文化、薪酬、人才、组织结构、创新、流程以及领导力等具体工作，为战略落地和执行提供制度保障。

需要说明的是，HR 在战略管理中所扮演的角色，不是说由 HR 来决定战略和战略执行，而是 HR 应当参与、组织或协调战略的落地和执行。企业整体战略的制定和落实的具体过程，还是要由 CEO 和业务部门负总责。

具体来说，做到战略的落地和执行，HR 需要做以下几个方面的工作：

1. 为业务部门提供战略主题方面的培训

战略培训应当既包括战略制定主题方面的培训，也包括战略执行主题方面的培训。

给业务部门提供有关战略方面的培训，主要是关于企业战略管理的目的和意义、如何制定有效的战略以及如何落地和执行战略等相关内容。从领导力的角度，就是要把战略管理深植于各级管理者的经验和知识体系中。实践中，多数管理者或业务骨干习惯于把精力放在业务上，不愿意把时间花在战略管理上，一些管理者压根就不认为战略是一个重要事项，认为没有战略照样可以干好自己的本职工作。这些管理者缺乏全局视野，需要 HR 通过组织战略方面的培训，提升这些管理者对战略的全局性认知，以帮助他们积极地参与到战略的制定和落实中来。

作为组织能力建设和再造者的 HR，组织和协同战略的落地和执行，为业务部门提供战略培训，就是要在业务部门负责人或骨干的知识体系中撒下战略制定和执行的种子。

业务部门的领导一旦重视战略管理，并理解战略制定的整个流程，战略落地和执行的效率和质量将是可以想象的。否则，有的管理者不清楚，有的管理者认为没必要，战略落地和执行的质量一定会出问题。

HR 利用培训、学习和沟通的力量，既能统一关键人员的思想，又提供制定和落实战略的技术和方法，是 HR 组织和协调战略落地和执行的重要一环。很多企业战略制定和执行失败，一个很重要的原因就是缺少这个环节。

2. 组织或协调战略共创会

战略制定和执行成功的一个关键要素就是群策群力来制定战略。那些存在于 CEO 大脑中的战略或者 CEO 一个人拍脑袋制定出来的战略，一般很难落实下去。只有主要骨干力量都参与制定的战略才有可能落地和执行。这里面有尊重的问题、认同的问题和参与感的问题等。

HR 是企业战略制定和执行的参与者、组织者和协调者，当然可以组织企业的战略共创会，或者积极参与战略规划部门组织的战略共创会。

战略共创会的参与者应该是企业的管理层、业务部门负责人和业务骨干。战略共创会可以由企业内部懂战略管理的人员主持，也可以由外部咨询顾问主持。

战略共创会的目标是在前期战略调研的基础上，通过讨论的方式，对于企业想做、可做和能做的事项进行分析和确定，最终形成企业的战略，并进行战略解码。

3. 战略执行

好的战略只是成功的一半，大量企业战略的失败，并不是因为缺乏清晰可行的战略，而是因为战略或被束之高阁，或在执行中出了问题。

拉姆·查兰曾经说过："战略的缺陷并不是决定性的，没有忠实地执行战略才是 CEO 下台的关键因素。"从实践来看，企业的战略制定和战略执行之间，往往横亘着一条巨大的鸿沟。是否能够贯彻执行已制定好的战略，是企业达成战略目标和绩效目标的关键。

对于 HR 来说，通过组织和协调各方良将，确保制定出高质量、高认同度和高清晰度的战略之后，更为重要的是保障制定好的战略能够在企业内部得到良好的贯彻和执行。

之所以说这是 HR 的关键角色，是因为战略的执行需要组织能力的强力支撑。

战略目标在分解为财务目标和非财务目标之后，需要通过企业的绩效管理系统，分解到部门和员工个人。绩效管理系统是战略落地和执行的主要保障系统。建立和维护适合战略分解的绩效管理系统，是 HR 的主要职责之一。

战略的执行最终是由人来完成的。HR 为企业提供合适的人才，是战略执行成功的关键资源要素之一。招聘、培养、保留、激励人才是 HR 职责的应有之义。HR 根据战略目标，确定好企业所需要的人才特征之后，就要通过一系列的人才管理措施保障人才资源的供应。

战略的执行与企业文化有着千丝万缕的联系。建设适合战略管理的企业文化是 HR 的主要责任。特别是战略变革较大的情况下，更需要文化变革先行。很多企业的战略变革之所以失败，是因为没有首先进行文化变革，而被固有的文化所影响。尤其是企业在试图开拓新业务，实施业务第二曲线战略变革的时候，更是需要摆脱之前根深蒂固的企业文化的影响。例如，线下企业试图转型线上的业务变革，文化变革先行是不得不的选择。

正常情形下，企业的流程管理、组织架构、薪酬管理体系、领导力发展体系、人才发展体系等组织能力的构成元素都要根据战略的变化做出相应调整。这是 HR 的本职工作。

HR 能否保障战略目标在绩效系统内的准确分解，并提供组织、人才、文化和系统等方面的支持，是战略能否落地和执行的关键。

战略不是高深的东西，但是对于多数 HR 来说，参与、组织和执行企业战略管理，以目前的知识体系和经验体系来说，离要求还有一段距离。这就要求 HR 加强自身学习，提高自己在战略管理中的参与度。

具体来说，HR 要做的就是：一是掌握战略管理的基本知识和工具；二是全面洞察企业的业务体系；三是不能再把大部分精力和时间放在狭窄的传统工作模块上，因为时代已经给 HR 提出了新的要求。

案例：华为战略管理

华为极为重视战略管理，连续 10 年完成战略目标，足见其战略管理的能力和水平。

经过多年的实践，华为创设了自己的战略流程管理工具 DSTE。

DSTE 通过战略规划、年度业务计划与预算、管理执行与监控以及战略评估，实现对战略的全流程管理。DSTE 战略管理流程把华为的战略部、产品线、财务、质量、研发等部门有机集成起来，产生了高效的协同效果。

1. 使用 BLM 实施战略规划

华为战略规划的主要工具和方法论是 BLM 模型。战略规划的起始点是寻找差距，主要从竞争视角、未来视角和客户视角看待和寻找差距。BLM 模型通过市场洞察、战略意图、创新焦点和业务设计这四步分析和确定华为的未来战略。

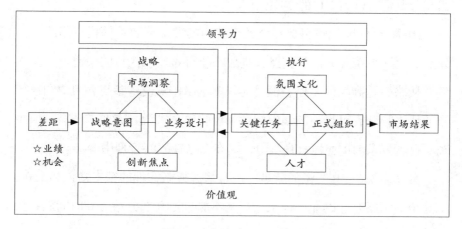

图 4-4　华为的 BLM 模型

2. 使用 BEM（业务执行力模型）实施战略解码

华为战略解码的主要工具和方法论是 BEM 模型。在完成战略规划后，通过战略解码导出关键考核指标体系。战略解码的质量和水平，决定着战略落地和执行的效果。

3. 使用平衡计分卡实现战略落地

华为战略落地和执行的主要工具和方法论是平衡计分卡。战略解码后，使用平衡计分卡从财务、客户、运营和人力资源四个维度导出具体的 KPI 指标以及行动方案。

另外，华为完善的人力资源管理、财务预算体系、高效的业务流程体系以及 IT 与变革能力，是实现战略落地的关键保障性要素。

从华为的 DSTE 战略管理流程，我们可以很容易厘清华为的战略管理过程。简单地说，华为通过 BLM 制定战略规划，使用 BEM 实施战略解码，然后利用平衡计分卡，把战略指标分解到各个业务单元、各部门，最后到员工个人，形成华为的指标责任体系。华为还通过其文化、人才激励、财务预算、流程、绩效管理和评估等方法和手段，保障其战略目标的实现。

华为的战略管理成功融入公司的运营管理之中。从华为的例子，我们可以看到达成战略目标最重要的方法就是实现战略和企业内部运营管理的有机结合。否则，战略管理就是一句空话。

★ 小贴士

　　从管理的因果关系角度，无论企业制定什么样的战略目标、财务指标、客户指标或者运营指标，落地和执行的质量都需要依靠企业的组织能力。因此，组织能力成为实现各项战略目标的基础。

　　反过来说，战略定义了组织能力。例如，实施总成本最低战略的企业，偏重于追求优异的运营管理的组织能力；实施差异化战略的企业，偏重于创新型的组织能力。

　　既然战略和组织能力决定着企业的成败，而且两者又有着密切的关系，HR积极参与到战略管理的流程中来，就成为应有之义。

　　HR参与企业战略的制定和执行，需要满足几个条件：一是要对企业业务有着深入的洞察；二是要掌握有关战略制定和执行的管理工具的知识和技能；三是不能再把所有的时间和精力放在传统工作模块上，需要把自己的视野和工作提升到战略层面上。思维模式的转变，对HR成功参与、协调和执行战略管理至关重要。

第五章

HR 与企业文化的直观化：
虚事实做

王华（化名）是一家拥有 1500 多名员工的汽车配件企业的人力资源总监。公司创始人在商学院进修后，认识到了文化对公司的重要性，要求人力资源部组织实施公司文化变革。但是让王华为难的是公司文化建设工作好像没有什么抓手，感觉 HR 能做的就是加强对公司的使命、愿景和价值观的宣传，但是这种形式上的东西是否能达到创始人要求的效果呢？王华对此持怀疑态度。到底如何才能成功建设像华为那种行之有效的企业文化呢？王华自己也有点摸不着头脑，找不到切实可行的方法。

文化建设和变革是组织能力建设和再造的八支柱之一。企业文化的重要性不言而喻。"文化能把战略当早餐"，足以说明管理者对企业文化的认知。成功的企业多有自己鲜明的文化特点，例如华为的企业文化、阿里的企业文化、谷歌的企业文化。企业文化对员工有着深刻的影响，潜移默化地引导着员工的价值观、思维方式以及行为方式。

任正非曾经有过一段关于企业文化的精彩讲话："企业领导者最重要的就是创造和管理文化，领导者最重要的才能就是影响文化的能力。人是受动机驱使的，如果完全利用这个动机去驱使他呢，就会把人变得斤斤计较，相互之间没有团结协作，没有追求了。那么，文化的作用就是在物质文明和物质利益的基础上，使他超越基本的生理需求，去追求更高层次的需要，追求自我实现的需要，把他的潜能充分调动起来，而在这种追求的过程中，他与人合作，赢得别人的尊重、别人的承认，这些需求就构成了整个团队运作的基础。"

任正非关于企业文化的另一段话，也非常精辟："资源是会枯竭的，唯有文化才会生生不息。一切工业产品都是人类智慧创造的。华为没有可以依存的自然资源，唯有在人的头脑中挖掘出大油田、大森林、大煤矿……精神是可以转化为物质的，物质文明有利于巩固精神文明。我们坚持以精神文明促进物质文明的方针。这里的文化，不仅包含了知识、技术、管理、情操……也包含了一切促进生产力发展的无形因素。"

华为正是充分利用了文化的力量，把二十多万知识工作者的积极性充分调动起来，成为当今世界一流的高科技企业。

负责组织能力建设和再造的 HR，大多数情况下负责企业文化的建设。但实践中，让 HR 苦恼的是，企业文化建设往往会流于形式。

当你试图问企业内部的员工"你所在企业的文化是什么"的时候，很少有人能够给予准确的回答。答案多数是企业贴在墙上的使命、愿景、价值观等，但大多数情况下，那些并不是真实的企业文化。

因此，负责企业文化建设的 HR 常常感到无从下手，只能大力宣传企业既定的使命、愿景、价值观以及书面上的文字表述。而这些东西往往会被员工扔到垃圾堆里。无法打动员工的文字表述，只会劳民伤财，增加企业成本。

但是企业文化建设真实关乎着组织能力建设的成败。HR 应该认识到，企业内部许多重大变革的失败，最主要的原因是没有配套实施组织文化变革，最终导致一些组织转型、体系改革、流程再造等重点项目变革的失败。

像华为这些成功企业的文化，与企业的战略、管理、市场和技术等优势结合在一起，为员工指明前进的方向、奋斗的目标，由此产生了企业的内在力量，能够直面不确定性的经济环境、塑造了员工的忠诚度和认同感，将员工有效凝聚在一起。

那些忽视了文化管理和变革的企业，往往无法实现自己的战略目标，尤其具有重大战略变革性质的目标。过去几十年，很多企业都实施像全面质量管理、组织再造等方面的变革，但是真正成功者寥寥无几。也有很多企业聘请咨询公司对企业的某一些方面实施改革，但是咨询公司离开了，这些改革措施慢慢地被放弃或者无人问津，因为没有配套的企业文化变革。也就是说，企业的价值观、行为模式、管理方式、思维方式以及处理问题的方式方法都没有改变。这些强大的文化要素潜移默化地抗拒着与其不相适应的任何变革，造成企业的很多改革昙花一现。

那么，什么是企业文化呢？卡梅隆和奎因把文化定义为企业"理所当然的价值观、潜在假设、期望、共同的记忆和对组织的定义"。这个定义比较抽象，因为人们对价值观、假设、期望等往往很难进行具体理解和定义。

因此，我们在此试图把企业文化具体化和可视化，以帮助 HR 有效把控企业文化类型和特点。文化的具体化和可视化，可以使 HR 在实施企业文化管理和变革的时候，能够做到有的放矢，而不再是起草一堆书面材料，或者进行空洞无味的文字说教，真正把企业文化管理和变革落到实处。

第一节
不同所有制性质对企业文化的影响

按照所有权的不同，国内企业主要分为三类：国有企业、民营企业和外资企业。当然还有混合所有制企业。总体上，以国有、民营和外资为主。这三类企业的所有者不同，其企业文化有着各自鲜明的特点。

国有企业，也称全民所有制企业，企业内部的员工以职业经理人的身份管理和运营企业。除了上市公司给予一定的股权激励，企业的管理者和运营者不太可能拥有企业的所有权。多数实行科层式组织的管理形式，追求企业运营和管理的稳定性和可预测性。也以市场竞争和财务盈利作为自己的重要目标，但是有时也会牺牲财务目标，追求更大的社会责任目标。企业与员工之间的关系相对稳定，一般情况下不会轻易与员工解除劳动合同。中国移动、中国石油等大型国有企业的文化多是如此，而且企业文化有很强的一致性。

国有企业的 HR 实施文化变革的难度是非常大的，这一点容易理解。对于国有企业的 HR 来说，实施文化变革一般是一些小修小补。国有企业的文化根深蒂固，除非实行适当的改制，彻底变革基本不太可能。

外资企业的企业文化受其集团总部文化的影响非常大，而且不同国家的外资企业也有着其所在国家的文化特点。例如，美资企业的文化与法国企业的文化差异性明显。从外资企业这个类别看外资企业的文化，其文化特征是典型的职业经理人运营和管理，比较尊重员工，员工关系处理不错。企业多数遵纪守法，合规性较高。企业运营管理的专业化程度较高，管理体系成熟度也较高。过去几十年，外资企业为我国培养了大量的职业经理人。

外资企业的 HR，以贯彻执行母公司所宣导的企业文化为主，虽然由中国员工为多数构成的外资企业有着我国企业文化的一些特征，但是对于 HR 来说，宣导和执行总部的企业文化，对现有企业文化进行适当的维护和适度的变革，是其主要职责。文化变革也是在总部的指导下实施和落实的。

民营企业的文化差异较大。企业文化与其创始人有着极为密切的关系。创始人的价值观、管理行为和决策质量对企业文化的形成起着决定性作用。同时，创始人影响下的企业文化格局，也在一定程度上决定着企业的命运。多数民营企业以绩效结果为导向，没有良好绩效结果的员工是不被认可的。多数企业与员工关系处于相对不稳定状态，员工离职率普遍高于国有企业和外资企业。

成功的民营企业都具备鲜明的文化特点。华为"以客户为中心，以奋斗者为本，长期保持艰苦奋斗"的文化帮助其成为世界一流的高科技公司；阿里巴巴的"六脉神剑""九阳真经"等文化特征，以及文化落地的考核方法体现其文化特点。

对民营企业的 HR 来说，组织能力建设和再造，以及企业文化建设或者变革充满无限可能。从文化建设角度，HR 可以做的事情非常多。应该讲，民营企业的 HR 可以在企业文化建设方面大显身手。

第二节
企业文化的层次

企业文化由浅入深可以划分为三个层次，较好地反映了企业文化的本质特征。

第一个层次反映的是企业文化的表面特征，沙因称之为企业文化人工饰物。企业文化的人工饰物主要指可视或者可以触及的结构、过程以及可以观察到的员工的行为等。例如，企业的组织结构、仪式和典礼、工作空间的设计、重要的事件和关键人物的故事以及企业的使命、愿景和价值观的陈述、说明等。这些企业文化人工饰物在一定程度上反映着企业的文化特征。

第二个层次是企业真正信奉的理念和价值观。这里所说的理念和价值观，不是企业挂在墙上的那些使命、愿景和价值观，而是通过较长期的具体实践、有效地帮助企业获得成功的那些理念和价值观。例如，谷歌坚持使用烦琐的招聘程序招募最聪明的员工。谷歌的成功，使很多人相信谷歌的招聘标准和方法对此起到很大的作用。招聘最聪明的人，就成为谷歌人认可和信奉的理念之一。

第三个层次是企业里那些潜在的被理所当然地认可的基本假设。这些理所应当的基本假设，深植于企业文化的底部，外部人士很难感触得到，大多数时候，企业员工也处于无意识的认知状态。例如，当一个管理者形成人是懒惰的认知的时候，当他看到员工坐在办公桌前啥也没干，就可能认为这个人在偷懒；相反，如果一个管理者认为人是勤劳的，当他看到这个人啥也没干的时候，就有可能认为这个人正在思考工作。

企业文化中这些理所当然的假设，是在长期中形成的，已经成为非常自然的现实，它存在于员工的潜意识中，很多时候不会浮出水面，成为多数员工潜意识的一个组成部分。

从企业文化的层次，我们可以理解企业文化就是人们在长期的实践中，通过解决企业的问题，有意识或者无意识地把那些成功解决问题的方式方法固定下来的一种升华了的意识集合。这对了解企业文化、建设企业文化和变革企业文化，至关重要。

企业文化人工饰物

人工饰物是企业文化相对表层的东西。人们第一次接触一家企业的时候，往往首先看到的就是代表企业文化的一些人工饰物。这些人工饰物在某种程度上，表达着一些表象的企业文化特征。

1. 办公大楼以及内部装修装饰

一些世界 500 强公司在一线城市最贵的 CBD 办公，表达的也许是一种自信和强大的组织文化特征。而美国数字设备公司喜欢租用废弃的厂房当办公楼，目的就是为了传达一种节约、解放思想以及创新的文化元素。

办公室的装修装饰也体现着企业的一些文化特征。一般来说，稳重是传统型公司的风格，而那些创新型的企业，例如广告公司、软件公司，可能追求色彩明快和随意。例如，谷歌的办公大楼里还给成年人设置了滑梯，其管理层认为，办公楼的风格一定程度上影响着公司员工的创新和创造的精气神。谷歌酷炫的办公室所表达的就是一种创新、快乐和宽松的文化理念。

对于 HR 来说，可以考虑根据企业的文化特点，在办公室风格上设计不同的元素，从而深化企业文化建设。

2. 企业的使命、愿景和价值观

很多企业都有自己的使命、愿景和价值观，并把这些内容形成文字，或者挂在办公室里，或者写入员工手册、规章制度。虽然这些内容有可能与企业真实的文化一致，也有可能与企业的文化不一致，但是这些以文字材料表达的内容，可能是管理层的真实想法或是要尽力达到的一些目标。这些内容对企业文化会有一定影响，其影响力的大小取决于管理层是否真正认可企业所宣称的使命、愿景和价值观，并且能在管理实践中言行一致。企业的使命、愿景和价值观表明的内容，代表了企业文化想要表达的一些东西。而得到企业管理层言行一致认可的使命、愿景和价值观，才是真正的企业文化的源泉。

对于 HR 来说，要注意观察管理层的行为、决定等是否坚持和遵循了企业声称的使命、愿景和价值观。同时，通过某种恰当的方式，与管理层沟通，努力说服管理层的言行与企业的使命、愿景和价值观保持一致。

3. 企业股东章程、合作协议等

企业的股东章程说明了企业生成的基本规则，也是产生企业文化的来源。不同性质的股东、股东的人数、股权的分配、合作的方式、企业运行的规则以及利润的分配、股东退出的方式等，都会对企业文化产生潜移默化的影响。通过了解企业的股东章程，可以对企业文化做一些基本的判断。

4.组织架构

企业的组织架构影响着企业文化的形成；企业文化反过来也影响着企业的组织架构的设置。

实施科层式组织结构的企业，竞争环境相对稳定，组织架构追求稳定环境下的运营、可预测的未来和严格流程下的管理。企业内部尊重权威，比如领导者或者有威望的专家。企业的决策需要层层向上汇报，决策后再向下传导。这类组织架构下，还有较强的监督和审计机制。

实行去中心化组织架构的企业，往往会赋予员工充分的授权，灵活而开放，利于企业创新。这类企业鼓励员工冒险和勇于承担风险，并追求为客户提供差异化的产品和服务。

不同的组织架构设计一定会形成不同的企业文化。因为组织架构决定了信息在组织中的传递方式和效率，也定义了人处理问题的方式，这些都会影响组织架构里的人的思想和行为，也影响着人们解决问题的方式和方法。

需要说明的是，企业文化的人工饰物，有时能够正确表达企业文化，有时可能与企业文化背道而驰。通过这些人工饰物解读企业文化，需要 HR 有着较高的文化认知力。反过来说，HR 在实施企业变革的时候，也可以考虑从人工饰物的改变做起，并给这些人工饰物标注出所代表的含义，真正使人工饰物正确表达企业文化。

企业创始人或者领导者对企业文化的影响

创始人或领导者对人的认知的底层逻辑，是企业文化形成或者变化的深度影响因素，在很大程度上决定着企业文化的关键特征。那些认为人需要通过制定严格的目标、必须通过监督才能努力工作的领导者，一定会建立严格的管理制度和流程，如实行严格的打卡制度、严格的过程控制等。而那些认为人可以自我激励和自我管理的领导者，一般会创设相对宽松的企业文化，如认可在家办公、充分授权等。

HR 应当通过影响创始人或领导者对人的看法，来达到建设优秀企业文化的目的。这项工作很难，但并不是不可以实现的。关键取决于HR 的向上管理能力、与创始人或领导者是否建立信任关系等因素。

企业文化是在企业长期实践中，固化各种解决问题的方式方法而积累起来的一种有意识和无意识的共识。企业创始人或者领导者是企业中解决各种问题的主要决策者。从这个角度讲，企业创始人或领导者对企业文化的形成和发展至关重要，影响深远。

创始人或者领导者依据自己对于事物的认知、个性以及背景，会在企业遇到问题和挑战的时候，提出自己的解决方案、观点和思路。如果这些方案、观点和思路促成了问题的解决，这些经验便逐渐在企业中沉淀下来。如果失败，之后则会摒弃，不再被认可。这些失败也将会成为企业文化的一部分。例如，如果创始人或领导者在采取行动前，喜欢听取员工的意见和建议，企业就可能形成一种决策前进行团队讨论的文化；如果创始人或领导者认为只有高层管理者能够提出真知灼见，企业内部自由讨论就不会是其企业文化的特点。

具体来说，创始人或领导者可以通过以下方面影响企业文化的形成和发展。

1. 创始人或领导者最关注的领域和问题

创始人或领导者花主要时间和精力关注的领域和问题，以及他们在这些领域和问题上的态度，所使用的评估、控制或者激励的方式方法等，都影响着企业文化的形成和发展。另外，如果创始人或领导者对这些领域和问题的看法与行动保持一致，则会强化企业文化。例如，任正非在华为创业初期就强调以客户为中心，直到华为成为世界级的高科技公司，任正非出差时仍然自己乘坐出租车，因为公司的车是用来接待客户的。任正非的言行一致，促进了华为以客户为中心的文化的形成和发展。真正走进企业员工的内心，创始人或领导者的亲自实践是文化落地的关键要素。那些把口号喊得震天响，行动上缺乏实践的公司，即使把企业文化的文案做得再漂亮，那也只是挂在墙上的东西，还会惹人笑话。

创始人或领导者的情绪也影响企业文化。例如，如果创始人或领导者因为员工迟到而经常大发雷霆，那么企业对类似考勤的管理就有可能收紧，逐渐形成管控型文化。如果是一家创新型公司，公司的未来就具有较大的不可预测性。

2. 创始人或领导者应对危机或重大事件的方式

任何企业都会遇到一些危机或者重大事件。管理者处理这些事件的方式尤其影响企业文化的形成和发展，因为企业成员都会密切关注管理者的决策和处理方式。例如，新冠肺炎疫情导致员工长时间无法正常出勤，那些照常发放工资的企业，对形成一种以人为本、关心员工的文化可能会有所助益。

3. 创始人或领导者分配资源的方式

创始人或领导者的资源分配方式，揭示管理者的理念。例如，华为由客户经理、销售经理和交付经理构成的"铁三角"，反映了华为把资源向最接近客户的员工分配的思路和实践，也体现了华为以客户为中心的文化理念。

4. 创始人或领导者的教导

创始人或领导者的价值观以及治理企业的思路，通过日常的讲话、与员工沟通等正式或非正式方式传达给员工。任正非历年来在华为各种场合的谈话、所写的关于解决华为问题的各种文章，清晰地向员工传达着自己治理华为的思路和想法，对华为文化的形成和发展起到了至关重要的作用。

5. 创始人或领导者对员工奖励的方式

领导者为什么奖励、奖励什么，都会对文化的形成产生影响。例如，华为的价值创造、价值评估和价值分配原则，反映了任正非对华为所创造的价值的态度。同时，华为的分配方式向奋斗者倾斜，也体现了华为"以奋斗者为本"的文化特征。

6. 创始人或领导者对员工的管理思路

创始人或领导者招聘员工的标准、晋升员工的标准以及辞退员工的标准，都对企业文化的形成有深刻的影响。例如，谷歌倾向于招聘"最聪明"的员工，3M 倾向于招聘创新型员工，华为喜欢奋斗型员工。这些管理思路和措施无不对企业文化的形成产生深刻影响。

案例：华为的企业文化

我国有两家特别值得 HR 研究和学习的公司。一家是海底捞，这家公司通过有效管理，激励了十几万普通劳动者的工作积极性。另一家就是华为，华为通过有效管理，调动了二十多万知识工作者的工作积极性。

华为的成功，其特别的企业文化可以说是功不可没。华为的战略、制度、政策、流程、研发、创新等所有运营和管理都是在企业文化的指导下进行的。

华为企业文化的核心就是"以客户为中心，以奋斗者为本，长期坚持艰苦奋斗，坚持自我批判"。任正非认为："以客户为中心，以奋斗者为本，长期艰苦奋斗，这是我们二十多年悟出的道理，是华为文化的真实体现。"

华为的企业文化是任正非亲自领导打造起来的。任正非是组织管理大师，所以华为的 HR 在文化建设方面只是扮演了执行和辅助的角色。在华为企业文化的建设实践中，有大量的知识和经验值得 HR 学习和借鉴。

1. 华为文化是创始人任正非亲自打造的

华为的企业文化有任正非深深的烙印。可以说，企业文化是任正非管理和领导华为的主要方式之一。

任正非亲自起草的文件以及在华为内部重要场合的讲话，都对企业文化起着关键的指导性作用。通过发文和讲话，任正非深深地影响着华为二十多万知识工作者的思想、情怀和做事的方式。所以说，研究华为的文化，最重要的一点就是要研究任正非的讲话。

对于以客户为中心，任正非有以下讲话：

"从企业活下去的根本看，企业要有利润，但利润只能从客户那里来。华为的生存本身就是靠满足客户需求，提供客户所需要的产品和服务获得合理的回报来支撑；员工是要给工资的，股东是要给回报的，天底下唯一给华为钱的，只有客户。我们不为客户服务，还能为谁服务？客户是我们生存的唯一理由。既然决定企业生死存亡的是客户，提供企业生存价值的是客户，企业就必须为客户服务。因此，企业发展之魂是客户需求，而不是某个企业领袖。"

"我们一定要真正明白客户需求导向，在客户需求导向上坚定不移。我们要真正认识到客户需求导向是一个企业生存发展的一条非常正确的道路。枪声就是命令，我们说，需求就是命令，我们一定要重视客户需求。"

对于以奋斗者为本，任正非有以下表述：

"公司的价值分配体系要向奋斗者、贡献者倾斜，给火车头加满油。我们还要敢于打破过去的陈规陋习，敢于向优秀的奋斗者、成功的实践者和有贡献者倾斜。"

"以奋斗者为本的文化可以传承的基础就是不让雷锋吃亏，对那些有使命感、自觉主动贡献的人，组织不要忘了他们。这也许就是华为文化，要使这个文化血脉相传。这个文化不是在大喊大叫中建立和传承下来的，它要落实到若干考核细节中。要春雨润物无声般地将文化溶解在血液中。"

关于长期艰苦奋斗，任正非也在很多次讲话中提道：

"华为没有任何可以依赖的外部资源，唯有靠全体员工勤奋努力与持续艰苦奋斗，不断清除影响我们内部保持活力和创新机制的东西，才能在激烈的国际化竞争中存活下去。……公司没法保证自己能长期生存下去，因此不可能承诺保证员工一辈子，也不可能容忍懒人，因为这样就是对奋斗者、贡献者的不公平，这样对奋斗者和贡献者就不是激励而是抑制。幸福不会从天而降，只能靠劳动来创造，唯有艰苦奋斗才可能让我们的未来有希望，除此之外，别无他途。从来就没有什么救世主，也不靠神仙皇帝，要创造幸福的生活，全靠我们自己。"

"我们永远强调在思想上艰苦奋斗。思想上艰苦奋斗与身体上艰苦奋斗的不同点在于：思想上艰苦奋斗是勤于动脑，身体上艰苦奋斗只是手脚勤快。"

"任何员工，无论你来自哪个国家，无论新老，只要坚持奋斗，绩效贡献大于成本，我们都将视为宝贵财富，不断激励你成长。"

关于自我批判，下面是任正非的部分讲话：

"二十多年的奋斗实践，使我们领悟了自我批判对一个公司的发展有多么重要。如果我们没有坚持这条原则，华为绝不会有今天。没有自我批判，我们就不会认真听清客户的需求，就不会密切关注并学习同行的优点，就将陷入以自我为中心，并将被快速多变、竞争激烈的市场环境所淘汰；没有自我批判，我们面对一次次的生存危机，就不能深刻反省，自我激励，用生命的微光点燃团队的士气，照亮前进的方向；没有自我批判，就会故步自封，不能虚心吸收外来的先进东西，就不能打破游击队、土八路的局限和习性，把自己提升到全球化大公司的管理境界……只有长期坚持自我批判的人，才有广阔的胸怀；只有长期坚持自我批判的公司，才有光明的未来。自我批判让我们走到了今天。我们还能向前走多远，取决于我们还能继续坚持自我批判多久。"

"两个问题要一票否决：第一个问题是你没有自我批判的能力，你总自以为是，这种人要一票否决，不能往上提。就是说你要知道自己错在哪，这样的人才能提拔成干部。第二个问题就是品德的考核，品德的考核也是一票否决。"

除了以客户为中心，以奋斗者为本，坚持长期奋斗，坚持自我批判的文化核心之外，任正非多次提到开放、妥协和灰度也是华为文化的精髓。

"开放、妥协、灰度是华为文化的精髓，也是一个领导者的风范。

一个不开放的文化，就不会努力地吸取别人的优点，逐渐就会被边缘化，是没有出路的。一个不开放的组织，迟早会成为一潭死水。我们前进的路上，随着时间、空间的变化，必要的妥协是必要的。没有宽容就没有妥协；没有妥协就没有灰度；不能依据不同的时间、空间，掌握一定的灰度，就难有合理审时度势的正确决策。开放、妥协的关键是如何掌握好灰度。"

"每一个将来有可能承担重任的干部，一定要具有对开放、妥协和灰度的理解，这是将来要成为领袖最重要的心态和工作方法，需要慢慢理解。"

对于以客户为中心、以奋斗者为本、坚持长期艰苦奋斗三者之间的关系，任正非有以下讲话：

"华为任何成功，其实就是以客户为中心，以奋斗者为本，长期持续艰苦奋斗。华为公司是以客户为中心，不以老板为中心，眼睛盯着客户干活；各级主管是以客户为中心，还是以领导为中心，这是两个不同的风格，两个不同的反应，两种不同的价值观。这是一个很重要的问题，以客户为中心，这肯定会使我们走向胜利。怎么以客户为中心？什么是以客户为中心？首先华为公司必须以奋斗者为本，以奋斗者为本的实质是什么？其实就是以客户为本。奋斗者为什么而奋斗？应该是为客户而奋斗。我们公司有惰怠者，惰怠者让客户支付他惰怠的钱，客户为什么会这么无私？所以要长期坚持艰苦奋斗。不管你赚了多少钱，你都得艰苦奋斗。艰苦奋斗是指思想上的，不是指物质上的，我们讲的是精神上的艰苦奋斗。如果我们公司舒舒服服地奋斗，慢慢可能就危险了，就没有希望了。"

2. 华为的制度管理体系有效地实现了与文化的相互支持和相互作用

任正非的讲话极具穿透力和影响力，可以说任正非在内部各种场合的讲话，对华为塑造其企业文化，起到了极为关键的作用。

但是，企业文化并不是仅仅依靠创始人的思想和讲话就能建立起来的。华为的组织文化建设紧紧围绕任正非的组织思想，在公司战略、制度、政策和流程等方面，都体现了核心文化精神。这些战略、制度、政策和流程等反过来也体现和强化了企业文化。

例如，华为的组织架构是典型的以客户为中心。其组织架构是一个倒装式组织架构。这种组织架构把能够"听得见炮火"的"铁三角"团队放在顶端，CEO 在整个组织架构的最下方。这种组织架构向员工和外界清晰地传达了以客户为中心的文化元素。

华为通过故事和典型事例的形式，强化以客户为中心的企业文化。例如，日本福岛地震期间，在日本人后撤避险的关键时刻，华为员工逆势而上，在危险的环境中，帮助日本客户修复通信设施。公司高级管理者也从中国飞到日本进行协调和管理。

70 多岁的任正非出差，自己排队等待出租车的画面也在互联网上传播，体现了以客户为中心的文化。"客户来了有奔驰，老板来了自己打车"展现的正是以客户为中心。同时，任正非身体力行，对强化以客户为中心的文化起到了推波助澜的作用。老板言行一致，对文化建设至关重要。

华为的激励制度也是向奋斗者倾斜的。薪酬制度、绩效制度、股票分配制度、干部晋升制度等管理政策，都是以奋斗者为主。这也是任正非所说"不能让雷锋吃亏"的具体体现。

企业管理制度、政策和流程对文化的影响

一般情形下，企业文化对制度、政策以及流程等有着很强的指导作用，同时制度、政策和流程不但表达着企业文化，也反过来对企业文化有强化的作用。

企业在制定任何制度、政策和流程的时候，都会有意无意地受到企业文化的影响。

华为的 IPD、LTC、ITR 三大关键业务流程，充分体现了华为以客户为中心的文化特征。

华为的价值分配系统，包括薪酬、职位、股票等，都是向华为奋斗者倾斜的，充分体现了华为"以奋斗者为本"的文化特征。

同时，企业的制度、政策和流程也影响着企业文化的形成、强化和发展。

例如，实行科层式组织结构的企业，如果实行新的扁平化或者去中心化的组织，将会形成新的企业文化特征。如果企业的绩效管理制度从 KPI 转为 OKR，也一定会形成新的企业文化特征。企业薪酬总体水平，如果从市场的 50 分位改为 90 分位，也会影响企业文化，导致企业文化某些方面的改变。企业的考勤制度也是如此，实施严格考勤的企业，一般是比较强调层级和管控的企业；没有考勤的企业，则是另一个极端，强调去中心化、平等和创新等文化特征。

我们要说的是，影响企业文化形成和发展的因素是错综复杂的，但并不是不可捉摸的。对于 HR 来说，实施企业文化的建设和再造，一定是有迹可循的。理解形成文化人工饰物、各种制度和流程，以及领导者的价值观和处事方式，都会找到企业文化建设和再造的抓手，从而有的

放矢地实施文化改造和变革。

案例：奈飞的企业文化

奈飞（Netflix）是一家美国流媒体播放平台，这家公司连续多年被评为美国顾客最满意的公司，其网络电影营收一度超越苹果，成为全美第一。

对于中国人来说，除了《纸牌屋》等优质美剧，对奈飞的了解就是其企业文化。其前首席人力资源官帕蒂·麦考德（Patty McCord）撰写的《奈飞文化手册》在我国也是一本畅销书。

奈飞从出租DVD光碟的小公司，发展为今天美国的流媒体巨头，其具有特色的企业文化贡献非凡。奈飞的企业文化本质上是围绕建设团队精神和创新型企业的角度展开的，正如麦考德所说："管理者的本职工作是建立伟大的团队，按时完成那些让人觉得不可思议的工作。"

奈飞的企业文化建设对于 HR 有很多值得学习和借鉴的地方。具体来说，奈飞的企业文化受管理哲学、管理思想、战略、制度等因素的影响深远。

1. 我们只招成年人

奈飞眼中的"成年人"是那些不需要靠绩效管理系统的管理和激励而努力工作的人，因为这些人知道自己前进的方向，尤其渴望取得成功。这些"成年人"喜欢与高绩效的同事合作和共事，并从成功中获得快乐和成就感。

奈飞的一个与众不同的地方就是在公司内部尽量减少规章制度，他们认为束缚这些高绩效员工工作积极性的规章制度越少越有利于员工为公司创造价值。例如，奈飞没有报销管理制度，也没有差旅管理政策，由员工自己做出相关决定。

2. 让每个人都理解公司业务

一般情形下，员工往往会陷在自己的岗位上，对企业的其他业务知之甚少或者根本没有兴趣了解，而奈飞要求每位员工都要了解业务。基层员工需要具备高层的视角，学会从全局的角度看待公司的业务。员工需要了解公司的商业模式，也就是公司是如何从客户那里获得收入的。对客户的充分理解，也是公司员工的必修课。在奈飞，如果只给员工讲授一门课，那这门课就应该是公司的业务运作模式以及客户服务的基本知识。

3. 绝对坦诚，才能获得真正高效的反馈

企业内部实现"绝对坦诚"的沟通是非常困难的，但是坦诚的沟通一定会创造一种"透明"的企业文化。这对于企业及时发现问题和解决问题有着极大的帮助作用。奈飞从 CEO 开始以身作则，言行一致地践行"绝对坦诚"的沟通。

如果奈飞的管理者犯了错误，也会坦诚地承认错误。麦考德就曾收到 CEO 哈斯廷斯的邮件，承认三年前的一个决定"你是对的，我是错的"。奈飞内部也建立了一套正式的反馈系统，以促进"绝对坦诚的沟通"机制的落实。

任何企业内部都会有矛盾和冲突，但是通过坦诚的沟通，大部分问题都是可以及时解决的。及时解决矛盾和冲突，对于企业发挥团队力量不可或缺。

4. 只有事实才能捍卫观点

奈飞内部鼓励通过辩论达成一致意见。如果任何员工对某个问题有不同意见，可以安排公开辩论，辩论强调以事实为依据，只谈论自己观点但没有事实依据的辩论意见是不被接受的。需要特别指出的是，奈飞认为数据并不是事实，人们已经把数据神化了。数据背后的事实才是说服他人的依据。

5. 现在就开始组建你未来需要的团队

在奈飞，组建团队的第一责任人是业务经理。HR 和业务经理在招聘的时候，既要考虑现在的业务需求，同时也要考虑至少未来六个月的业务变化产生的人才需求。奈飞认为团队需要"持续"地进化。整个公司都可以看作是一个团队，而不是把公司看作一个家庭。家庭需要稳定，但是团队需要不断地以绩效为基础进化。奈飞在不同的发展阶段需要不同的员工，而保持成长只能由员工自己负责。这也是对"成年人"的要求。

企业内会有一些员工，无论如何也成不了高绩效人才，奈飞认为自己没有责任帮助这些员工，而是主动让这些员工离开，这对公司和员工都有好处。奈飞 HR 和所有业务经理的责任就是不断地在市场上猎聘适合的人才。招聘和辞退都是以绩效为基础做出的决定。

6. 员工与岗位的关系，不是匹配而是高度匹配

奈飞认为公司保持灵活、创新和增长的很大原因就是积极引进新的人才。奈飞人才管理的第一任务就是为公司未来打造一支最佳团队。奈飞与谷歌、亚马逊这样的巨头争夺人才，但是保留人才不是奈飞团队建设的主要目标。

在奈飞，招聘高绩效的员工是业务经理的主要责任，以确保在奈飞每一个重要的工作岗位上，都有一位一流的人才。

令人惊讶的是，有时奈飞会让一位很出色的人离开，以便给更顶尖的人才提供岗位，这就是人才与岗位的高度匹配，而不仅仅是匹配。

7. 按照员工带来的价值付薪

奈飞认为按照市场薪酬调研的结果确定员工薪酬是不合适的，因为那是些过时或者有时失真的信息。奈飞认为按照市场定薪，员工的薪酬不应根据市场数据确定在市场薪酬范围内的某个固定水平上，而要根据员工给公司带来的整体市场价值确定薪酬。奈飞按照市场的顶级水平支付员工薪酬。如果无法做到按照市场最高水平向全部员工支付薪酬，那么应当优先考虑那些对公司增长最为重要的岗位，因为这些岗位为公司业务增长带来的价值大大超过他们的薪酬水平。

8. 离开时要好好说再见

奈飞没有员工绩效改进计划（PIP），因为奈飞认为不匹配的员工基本无法通过 PIP 获得公司所要求的提升。PIP 对公司是不公平的，对员工也是不公平的。员工与岗位不匹配，不意味着员工与其他公司的岗位不匹配，只是员工暂时没有找到与自己的能力相匹配的公司或者岗位。工作与岗位不匹配的员工不是失败者。当出现员工与岗位不匹配的现象时，公司不应该给员工无法兑现的承诺，而是应该积极地帮助员工在奈飞之外找到新的机会。

奈飞认为理想的公司就是那些离开之后还觉得伟大的公司。奈飞就在努力成为这样的公司。

第三节
组织文化评估量表：使企业文化直观化

在企业文化建设和变革中，反映企业文化的人工饰物，创始人或领导者的价值观、处理问题的方式方法，企业的各种制度、政策和流程等，都是看得见摸得着的一些文化影响元素。HR 可以通过对这些元素进行适度改变，实现对企业文化的变革和再造。

为了更好地让 HR 理解企业文化，能够从可视化和具体化的角度分析和观察企业文化，我们这里再给 HR 介绍一个能把企业文化可视化和直观化的文化评估和变革的工具。

这个工具就是组织文化评估量表（OCAI），由卡梅隆和奎因提出，可以说是当今世界使用最多也最方便的文化评估和变革的工具。

这个文化管理工具的最大好处就是能够把企业文化具体化，使企业文化具有可视性和直观性。对于 HR 来说，掌握这个企业文化评估和变革工具，对实行企业文化建设和管理有着很大的帮助。

对立价值观模型以及四种企业文化类型

OCAI 这个企业文化评估和变革的工具是建立在对立价值观模型基础上的。

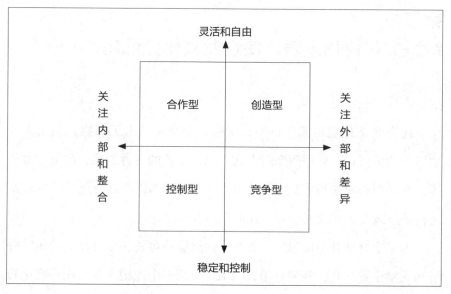

图 5-1 对立价值观模型

资料来源:《组织文化诊断与变革》。

对立价值观模型认为一些组织需要依靠灵活性、创新性和适应性才能在市场上有效竞争,例如,英特尔和谷歌特别重视创新对公司竞争力的关键作用,运营管理中也强调鼓励员工创新和创造出差异化的产品和服务。而另一些组织则需要通过保持稳定性和可预测性,确保它们的竞争地位,例如,波音公司作为大型集团公司,竞争环境相对稳定,采取有序和管控为主的管理模式。这两种组织所要求的文化特征就处于相互对立的地位。

对立价值观模型认为区分组织有效性的另一个维度是一些组织强调内部的整合性和一致性,例如,华为、IBM 等公司强调组织的凝聚力和行动的一致性,华为通过强大的凝聚力把 20 多万华为人团结起来,发展成为一流的高科技公司。IMB 也强调"IBM 方式"。另一些组织则更关注外部市场的变化和竞争性，强调组织的适应性和独立性，例如，日本的丰田公司在世界各地的分公司并不特别强调内部的统一性和一致性。这两种组织所要求的文化特征也是处于相互对立的地位。

OCAI 把这两组截然不同的企业价值观放在一起就形成了四个象限。如图 5-1 所示，象限的两端代表的是基本对立的价值观：稳定和控制与灵活和自由，内部和整合与外部和差异。每个象限也分别代表着一种不同的文化类型：创造型文化、合作型文化、控制型文化和竞争型文化。OCAI 认为这四种企业文化类型基本能够涵盖企业文化的全部类型，而处于同一对角线的两种文化类型可以说是迥然不同或者相互矛盾的。

需要特别说明的是，这四种文化类型代表了企业不同的主流文化，但并不是说一家企业只可能存在一种文化类型。实际上，大部分企业在一种主流文化类型下，一般还伴有其他一种或两种类型，也有的企业会存在全部四种文化类型。

大部分的成功企业基本上以一种主流文化为主，而且个性都很鲜明。例如，华为、阿里巴巴、谷歌和英特尔的企业文化都具有鲜明而独特的个性特征。

OCAI 四种文化类型的内涵

一、控制型文化

实施控制型文化的组织追求管理的有效、可靠、专业化分工、集中化决策和可预测性，这种文化类型的企业多是在相对稳定的环境中竞争的。实施控制型文化的企业一般会采取传统的科层式组织结构，企业领导者是优秀的协调者和组织者，并使用正式的规则和制度保障企业的正常运转。这种类型的企业有着清晰的权力层级以及相应的管理和控制职责。控制型文化的基本特征是员工的工作环境和工作状态受到较为严格的管控。

大部分传统制造业和大型集团的主流企业，例如格力、万达等公司都是以控制型文化为主。

二、竞争型文化

实施竞争型文化的企业关注更多的是外部市场而不是内部事务。这类企业是市场驱动型企业，强调在竞争中取胜和求生存。实施竞争型文化的企业以绩效结果为主要导向，把员工聚在一起就是为了在竞争中获胜，企业成功的定义是扩大的市场份额和较高的市场渗透率。竞争型组织内部强调从企业的外部视角对员工进行定位和管理，要求员工通过积极竞争和关注外部客户实现企业的价值。

京东就是属于这种文化类型的典型企业。

三、合作型文化

实施合作型文化的企业追求家庭型组织形式。这类企业强调团队合作、员工的忠诚度和参与度，并力争给予员工更多的授权。领导者主要通过塑造人性化的工作环境、鼓励团队协作和员工成长等保障组织的有效运营。这类企业成功的标准是内部氛围、员工关怀、团队参与以及充分的共识。

迪士尼主题公园就是属于这种文化类型的企业。

四、创造型文化

实施创造型文化的企业特别强调对创新环境的打造，通过不断研究和生产出差异化的产品获取竞争的胜利。这类文化类型的组织强调未来的发展愿景、实行有组织的无序状态的管理方式并鼓励有约束的想象力。这与控制型文化组织形成鲜明的对比。

谷歌、英特尔、3M 等就是典型的创造型文化企业。

使用组织文化评估量表诊断企业文化类型，画出企业文化类型图

在了解了对立价值观模型下四种不同的文化类型后，就可以利用OCAI 企业文化评估量表，诊断和勾画出企业文化的类型，使企业文化具备直观化和可视性，不再处于模糊无序的感知状态。

组织文化评估量表从主导特征、组织领导力、员工管理、组织凝聚力、战略要点和成功标准六个维度，对企业文化类型进行评估。每个维度有 ABCD 四个选项，这四个选项的分值合计是 100 分。在企业内部人员根据自己的判断给每一个维度打分后，把六个维度的 A 选项加总后除以 6，就得出 A 选项的分值；B、C、D 三个选项以此类推。

A 选项实际代表的是合作型文化类型；B 选项代表的是创造型文化类型；C 选项代表的是竞争型文化类型；D 选项代表的是控制型文化类型。ABCD 中得分最高的选项，代表了企业主流的企业文化类型。

假如 A=20，B=50，C=10，D=20，我们可以画出企业的文化类型图（见图 5-2）。

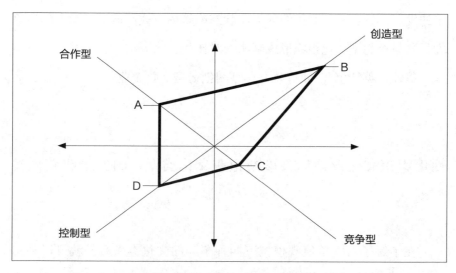

图 5-2 创造型企业文化类型图

根据 ABCD 的得分画出的组织文化图，可以直观地看出这家企业的文化类型是以创造型文化（B 项得分最高）为主流模式的文化类型。也就是说这家企业鼓励创新和创业精神，鼓励员工冒险和承担责任。企业努力通过研发和生产差异化提供创新性的产品给客户，以获得竞争优势。

表 5-1 组织文化评估量表（OCAI）

1. 主导特征	现在	期望
A. 组织是非常私人化的地方，就像一个大家庭。人们彼此之间分享大量个人话题。		
B. 组织充满活力和创业精神。人们乐于冒险,也愿意承担风险。		
C. 组织高度强调结果导向。人们主要关心工作完成情况，以成就为导向，富有竞争意识。		
D. 组织管控严格，组织结构清晰。人们的工作通常以正规程序为指导。		
合计	100	100

续表

2. 组织领导力	现在	期望
A. 大家普遍认为组织中的领导者树立的典型形象是：为下属提供指导和帮助，培养下属。		
B. 大家普遍认为组织中的领导者树立的典型形象是：富有创业精神和创新精神，敢于承担风险。		
C. 大家普遍认为组织中的领导者树立的典型形象是：没有人情味、强势、以结果为导向。		
D. 大家普遍认为组织中的领导者树立的典型形象是：将精力主要放在协调和组织上，通过各项工作的顺利开展实现工作效率。		
合计	100	100
3. 员工管理	现在	期望
A. 组织中管理风格的主要特征为：重视团队精神，强调共识和参与。		
B. 组织中管理风格的主要特征为：强调个体的风险承担、创新能力，重视自由和个体的独特性。		
C. 组织中管理风格的主要特征为：强调竞争，工作标准要求高，重视成就。		
D. 组织中管理风格的主要特征为：为员工提供职业安全感，重视规范性、工作预测性以及人际关系的稳定性。		
合计	100	100
4. 组织凝聚力	现在	期望
A. 组织通过忠诚和彼此信任将大家凝聚在一起。员工的组织忠诚度高。		
B. 组织通过致力于创新和发展将大家凝聚在一起。组织强调要始终处于时代的前端。		
C. 组织通过关注成就和目标将大家凝聚在一起。		
D. 组织通过正式的规则和政策将大家凝聚在一起。保证组织各项工作的顺利开展对于组织而言非常重要。		
合计	100	100
5. 战略要点	现在	期望
A. 组织强调人员发展、高度信任、开放包容和共同参与是组织一贯的坚持。		
B. 组织强调获取新资源、迎接新挑战。组织重视尝试新事物、捕捉新机遇。		
C. 组织强调竞争性措施和成就。实现更高的目标和赢得市场是第一要务。		
D. 组织强调绩效和稳定发展。效率、管控和顺畅运行至关重要。		
合计	100	100

续表

6.成功标准	现在	期望
A.组织对于成功的定义基于人力资源开发、团队精神、员工忠诚度和员工关怀。		
B.组织对于成功的定义基于拥有独特或者最新的产品。组织是产品的领先者和创新者。		
C.组织对成功的定义基于赢得市场、打败竞争对手。在竞争中占据市场领导地位是重中之重。		
D.组织对于成功的定义基于效率。稳妥地交付产品、顺畅地推进计划、低成本生产产品是关键。		
合计	100	100

资料来源：金·卡梅隆，罗伯特·奎因合著的《组织文化诊断与变革》。

使用说明：

1.每个评估项的 ABCD 总分 100 分。填写者根据对 ABCD 内容的判断，给 ABCD 赋分。无论 ABCD 分项具体赋分多少，ABCD 各项分值加起来一定要等于 100 分。

2.把六个评估项中 A 分值加总后除以 6，A 的平均得分就是合作型文化类型得分；以此类推，B 的平均分代表了创造型文化类型得分；C 的平均分代表了竞争型文化类型得分；D 的平均分代表了控制型文化类型得分。ABCD 中哪项得分最高，代表企业就属该项主流企业文化类型。

企业文化的演变和进化

卡梅隆和奎因认为，企业从小到大，在成长的过程中，文化是处于不断演变过程中的。这种演变与企业所在的环境有关，也与企业的发展阶段有关。

从阿里巴巴的文化发展历程，我们可以清楚地看到企业文化类型的演变过程。

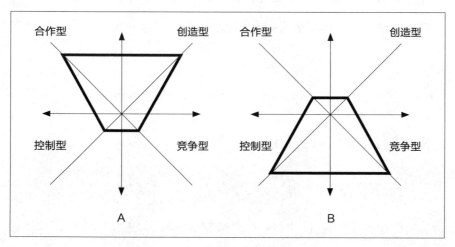

图 5-3　阿里巴巴文化演变过程图

图 5-3 清楚地说明了阿里巴巴文化类型的演变过程。阿里巴巴在创业初期，互联网刚刚发展，以互联网作为工具的电商等业务刚刚萌芽。阿里没有更多的模型参考，创新是阿里成功的关键要素。而创业初期，没有投资，马云带领的"18 罗汉"组成的创业团队只能依靠梦想、未来、团队、凝聚力以及让天下没有难做的生意的使命感坚持下去。创业初期的阿里基本没有制度、管理和层级，典型地反映了创新型和合作型的企业文化特征（A）。

随着阿里的成功，员工队伍不断壮大，马云发现必须要建立合适的管理层级、制度和流程，才能把越来越多的来自不同业态的员工组织起来。同时，随着投资业务越来越广泛，阿里面对的市场竞争也越来越激烈，京东、拼多多等对手也发展迅猛，虎视眈眈，因此阿里需要不断强化竞争型文化。随着企业业务的不断发展，阿里逐渐放弃了创新型和合作型主流文化特征，已经完成了向控制型和竞争型主流企业文化的转变。从 B 可以看出，阿里的合作型文化基因逐渐萎靡，创新型文化退化也比较严重，但是这两种文化类型并没有完全消失，而是仍据一席之地。

HR 利用 OCAI 进行文化变革

HR 可以借助组织文化评估量表，实施企业文化变革。组织文化评估量表实际包含了"现在""期望"两组衡量数据。"现在"就是对当前文化类型的数据评估；"期望"是对管理层和员工希望未来能够采取的企业文化类型的数据评估。如果两者一致，则无需文化变革；如果两者不一致，或者竞争环境出现变化，HR 就要开展企业文化变革或者转型了。

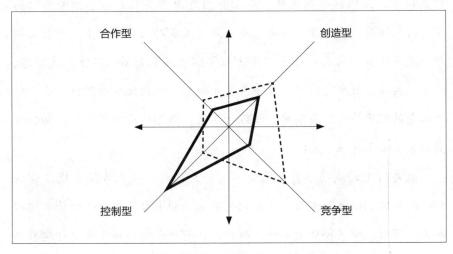

图 5-4　某家机械制造企业当前和期望的文化类型图

如图 5-4，实线代表当前的企业文化类型，虚线代表管理层与员工期望的未来企业文化类型。我们可以看出，企业当前的文化类型属于控制型，公司管理以制度、流程、政策以及层级等保障有序的运营状态。但是随着市场竞争的加剧，企业盈利处于下降状态。经过对企业管理层和员工的调研，他们期望企业文化向竞争型文化转变，以便企业能够适应新的竞争环境；同时，为适当增加企业内部的创新和创业精神，也需要适当地建设创新型企业文化。

对于 HR 来说，从控制型企业文化向竞争型企业文化和创新型企业文化的转变，将是一个巨大的管理挑战。因为控制型文化与创新型文化迥然不同，而竞争型文化虽然与控制型文化不是对立的文化类型，但是以严格控制环境为特征的控制型企业文化与竞争型企业文化也有较大的差异。因此，如此巨大差异的文化变革，要求 HR 具备较强的文化变革管理能力。

在明确了"现在""期望"的文化类型后，企业文化变革可以从不同文化类型的基本特点出发，考虑通过控制某些要素、增加某些要素和减弱某些要素的方式，来逐步实现文化变革的转型。

例如，控制型文化类型企业的特征之一就是组织的科层式管控。在向竞争型企业转型的时候，HR 首先就要考虑组织架构的变革，从严格的科层式向扁平化转型，以减少企业内部的管控，提升管理效率。HR 也可以通过减少烦琐的规则和程序，使员工聚焦于关键目标；HR 还可以促使企业减少指令性领导方式，通过持续有效的激励，达成工作目标；减少控制，实施有效授权等都是文化变革的重要行动。

因此，如果 HR 在实施文化变革的时候，首先评估出企业现有的文化类型，并清楚地了解目标企业文化类型的特征，将会有助于 HR 考虑采取不同的措施，以达成企业文化变革的目标。

戴维·尤里奇认为 HR 在组织中应当扮演战略合作伙伴、变革推动者、行政管理专家和员工关系推动者四种不同的角色。实务中，HR 这四种不同的角色，在不同的文化类型企业中，侧重点也有所不同。HR 工作的侧重点，可以反过来帮助企业形成、深化或者变革企业所要强调的企业文化类型。因此，对于负责组织能力建设和再造的 HR 来说，如果明确企业的文化类型或者企业期望的文化类型目标，就会有的放矢地开展工作，达到事半功倍的效果。

对于创造型文化类型的企业，HR 的主要角色应该是变革推动者。HR 应该通过组织变革推动组织不断革新，在企业内部建设创新和创业的氛围和机制。HR 通过吸引、保留和激励创新型人才，确保企业处于行业的前沿。

对于合作型文化类型的企业，HR 的主要角色应该是团队建设者和员工服务者，努力在企业内部创设协作和合作的氛围和机制，通过鼓励授权等方式增强员工的忠诚度、敬业度和提升员工士气。

对于控制型文化企业，HR 的主要角色应该是行政管理专家，通过设置科层式组织结构、高效的流程再造和设计等方法，保障企业可靠、有效和可预测地运营和管理。

对于竞争型文化企业，HR 的主要角色应该是企业的战略合作伙伴。通过帮助企业实现其竞争战略的方式，达到企业财务盈利的绩效目标。竞争型企业文化下的 HR 的所有活动或者行动都要考虑对企业盈利和竞争的影响。

不同的企业文化类型下，HR 所关注的重点不尽相同，但并不是说 HR 要完全服从和服务于现有企业文化类型。在特定情形下，当企业需要进行文化转型的时候，HR 需要跳出现有的企业文化类型，通过采取适当的措施，帮助企业文化实现转型。也就是说 HR 既需要服务于当前的企业文化，也要能够以更高的视野从战略高度掌握四种不同企业文化类型的特点，以在合适的时机，有能力帮助企业文化变革和转型。

案例：阿里巴巴企业文化的具体化：价值观考核

阿里巴巴在文化建设中的一个特色就是对企业文化实施考核。阿里的文化考核结果与 KPI 的业绩考核各占 50% 的权重。这个考核结果的权重分配足见阿里对企业文化的重视程度。

阿里巴巴的文化考核主要是对价值观的考核。

曾鸣曾说："许多公司都提公司使命感、价值观，但价值观很容易流于形式，最终企业文化成了墙上的文化。阿里巴巴企业文化生生不息的秘诀在于：虚事实做，实事虚做。"

阿里巴巴通过实施企业价值观考核，并把考核结果与员工的薪酬、奖励以及晋升等联系起来，加深了员工对阿里价值观的认知和理解。这对于当时迅速扩张的阿里巴巴来说，能够较快地统一来自五湖四海、具有不同经验和背景的员工的思想，对公司的快速发展起到了很大的支撑作用。

这个作用本质上就是通过灌输的方式，使员工迅速了解公司的价值观，并对员工的具体工作和行为提供原则性的指导。

在 2000 年左右，互联网企业经历寒冬的时候，阿里巴巴遇到了极大的困难。当时，马云发现阿里巴巴面临着生死存亡的时刻，员工人心浮躁，公司内部已经无法像之前人数较少的时候，通过口口相传、面对面沟通等方式持续复制一些好的想法、理念和思想。因此，马云开始考虑企业文化建设的问题。后续经过所谓的"延安整风运动""抗日军政大学""南泥湾大生产"等活动,阿里巴巴整顿了队伍,修炼了内功。在此期间,阿里巴巴形成了其企业价值观,就是阿里巴巴当时的"六脉神剑":客户第一、团队合作、拥抱变化、诚信、激情、敬业。

阿里巴巴的价值观考核,就是对这六项价值观实施的具体考核。

例如,客户第一的考核标准如下:

尊重他人,随时维护阿里巴巴形象:1分;

微笑面对投诉和受到的委屈,积极主动地在工作中为客户解决问题:2分;

与客户交流过程中,即使不是自己的责任,也不推诿:3分;

站在客户的立场思考问题,在坚持原则的基础上,最终达到客户和公司都满意:4分;

具有超前服务意识,防患于未然:5分;

其余的团队合作、拥抱变化、诚信、激情、敬业5项价值观,也各有5项考核标准。价值观考核的最高分是30分,最低分是0分。员工的上级需要依据具体事实做出客观的评价。

优秀标准:27—30分

良好标准:23—26分

合格标准:19—22分

不合格标准:0—18分

阿里巴巴价值观考核结果,与员工的奖励、晋升等联系起来,具体标准如下:

1.价值观考核得分在合格及以上,不影响员工的综合评分,但是要指出改进的方向;

2. 价值观考核得分为不合格的，没有资格参与绩效评定，奖金全额扣除；

3. 如果任意一项价值观得分在 1 分以下的，没有资格参与绩效评定，奖金全额扣除。

阿里巴巴通过考核的方式，使价值观的落地和执行成为可能，对员工的具体工作有着很强的指导作用，这也是企业文化具体化的一种重要方式。

2019 年，阿里巴巴已经修改了"六脉神剑"代表的价值观的部分内容，提出了新的价值观。需要指出的是，阿里的价值观并不是阿里文化的全部。"六脉神剑"所代表的价值观，仅仅是阿里文化的一部分，也可以说是核心部分。

阿里整体的企业文化，或者真正的企业文化，还需要依据其使命、愿景、价值观、战略、组织架构、制度、流程、政策、解决问题的方法，以及马云之后接班人的思想、行为和决策方式等，做出综合的判断。

我们说文化看上去是虚的，实则是实的。让文化变实的方法之一就是像阿里巴巴一样实施价值观考核。这是让文化变实的切实可行的方法。HR 可以从中学习和借鉴文化落地的方式。

★ 小贴士

很多 HR 或者管理者喜欢谈论文化，但文化看不见摸不着，有些虚无缥缈。当 HR 或者管理者试图考虑文化变革的时候，经常被认为是一种空谈。

文化看似虚，却是实实在在存在着的。组织的使命、愿景、价值观、办公室设计、组织架构形式、仪式和典礼、成员之间的故事、创始人对管理和人性的认知、各种管理制度和政策以及流程等，无不体现、反馈或强化着企业文化的特点。

而卡梅隆和奎因开发的 OCAI 评估工具，能够有效地把企业文化直观化和可视化。这对 HR 评估组织文化、实施文化变革，提供了有效的管理工具。

第六章

CHAPTER 6

给 HR 注入
创新的基因

李雄（化名）是某多元化大型民营集团的人力资源总经理。集团董事长认为，虽然公司属于传统行业，但在互联网时代，公司要重视和加强企业创新，因此集团成立了新的创新事业部。公司从外部聘用了创新事业部总经理。集团董事长要求人力资源部协助创新事业部做好集团的创新工作。在搭建具体的创新战略框架的过程中，李雄发现 HR 团队严重缺乏创新思路，难以提出有效的意见和建议。

数字经济时代，创新已经成为企业生存和发展的关键要素。那些缺乏创新的企业，要么苟延残喘地活着，沦为代工企业；要么逐渐被市场淘汰，走向消亡。这是活生生的现实，绝不是危言耸听。企业已经进入了一个不创新就无法持续生存的时代。由于缺乏创新或者不接受创新而衰败的企业比比皆是，诺基亚就是一个生动案例。

高科技企业的创新，例如华为、高通、英特尔产品的更新换代是我们理解的一般意义上的科技创新。我们这里所说的创新，不仅是科学技术的创新，而且包含了企业经营和管理的全部元素，例如商业模式的创新、战略创新、管理创新等。

腾讯通过模仿性创新成长为今天的超级企业；360 通过杀毒软件的全面免费，成长为今天网络安全领域里的巨头；美团通过互联网平台创新，连接了餐厅和消费者；滴滴出行通过互联网平台连接了乘客、司机以及闲置车辆资源。这些都是创新。

那些在竞争中生存下来的中小企业，要么通过创新降低了企业成本，要么产品和服务得到了客户的认可。这些企业在采购、研发、生产、营销、品牌和客户关系等某一个或几个方面大概率有其独到之处。

企业能否实施有效的创新，一定程度上取决于企业的组织能力，特别是创新能力。优异的组织能力是企业创新的前提和保障。遗憾的是，从 HR 的工作实践以及历史发展的角度来看，坦率地说，大多数 HR 并不具备创新的基因。

第一节
HR 在创新中的角色

我们说 HR 缺乏创新基因，是从 HR 过去的工作内容和工作实践来说的，并不是说 HR 没有能力参与创新。

真正的创新绝不是"灵光乍现"。虽然很多人以为创新充满浪漫主义色彩，是专家或者某个专业人士的"突发奇想"，但是纵观创新的历史，这种"缪斯的宠儿"式的创新并取得商业成功者并不多见。事实上，绝大多数创新都是辛苦努力，有组织、有目标，最终才得以成功。

既然如此，HR 就有了发挥自己能力的空间和理由。我们说绝大多数创新来源于有组织的创新，而 HR 的主要责任就是组织和协调企业组织能力建设和再造，为组织注入创新的动力。

企业中的每一位员工都可以或者可能成为创新的发起者或者发动者。企业需要在内部建立有效的创新管理机制。这种创新管理机制鼓励从下至上的创新，但创新机制应是自上而下建立起来的。创新需要在企业内部建立鼓励创新的氛围、激励创新的文化，还需要从组织、薪酬和激励方面予以配合，没有这些制度和政策的配合，创新将非常困难。这些都属于 HR 的工作范畴。

战略大师加里·哈默尔（Gary Hamel）认为，互联时代的公司面临最艰巨的三大挑战为：不论大型组织或小型组织，战略调整的步伐都将大幅加速；让创新成为每人每天的工作；为员工创造愿意全身心投入的工作环境，从而激发员工发掘自己的最大潜能。

参与战略制定和调整、让员工发自内心愿意创新、为员工打造创新的工作环境，正是 HR 能够发挥关键作用的主要工作领域。这些因素决定着 HR 在创新中需要而且能够发挥关键的作用。

管理创新对 HR 提出了极高的要求，最重要的一个要求就是 HR 要懂业务。不懂业务的 HR 是无法参与和管理创新的。如果 HR 还是把工作的关注点放在人才、激励、培训、薪酬等基本工作上，而不是关注和理解企业所在的环境、行业、战略、产品、市场、客户等更高的维度，是不可能参与或者管理创新的。

HR 既要做好传统日常工作，也就是做好招聘、薪酬、人才、绩效、劳动关系、培训等工作，也要把工作维度提升到战略层面上来。创新管理就是 HR 在战略层面的主要工作之一。

HR 是时候为自己的日常工作注入创新的基因了。

第二节
企业创新现状

对于大多数企业来说，真正能够保持持续创新，把创新作为重要工作来抓的并不多见。一般情形下，很多企业忙于现有业务和客户，无暇顾及创新。

一些企业虽然鼓励创新，但是只专注于研发、技术部门等专利性创新，对于企业的采购、生产、销售、市场、客户以及财务等部门来说，按部就班做好自己的工作即可。专利性科技创新一旦成功，可能会帮助企业占领某个细分市场。但是专利性科技创新失败的概率是所有创新中最高的。而且，如果仅仅关注科技创新，创新结果也未必能够顺利推向市场。因此，企业的创新应该包括企业运营管理各个方面的全方位创新。如果管理者对创新的理解过于狭隘，也会影响企业创新的效果。

数字经济时代，企业的产品和战略非常容易被竞争对手复制。企业只有保持持续创新，才能实现持续成功。例如，戴尔电脑通过其创新的直销渠道，降低了企业成本，曾经战胜了很多电脑公司。但是，当其他电脑公司的成本基本达到了戴尔电脑的成本的时候，戴尔的优势不再。缺乏持续的创新使戴尔公司经营受到严重的影响。

所以我们说创新是一个极难的事情，在企业内部建立创新的氛围和机制，更是面临重重挑战。这也是对 HR 提出的挑战。企业应当投入时间管理创新，使创新通过制度、政策和流程等管理机制在企业落地生根。

案例：谷歌公司的创新

一、创新文化。谷歌通过创设真正自由、平等、快乐的企业文化，最大限度地激发员工的创新热情。在谷歌，员工没有任何理由去取悦管理者；代码库、关键项目等在其他企业属于保密的信息，在谷歌对所有员工都是开放的；办公室的设计都是为了给员工创造一个快乐、自由、宽松的创新工作环境。

二、创新的基础是人才。谷歌的人才招聘流程以严格而缓慢著称，目的是为公司找到最聪明的创意精英。谷歌非常重视人才面试环节，建立了专门的面试官团队，并在综合所有面试官、高管的意见后，由拉里·佩奇做出最终的录用决定。谷歌坚持宁缺毋滥的人才招聘理念。

三、20% 的自由支配创新时间。员工每周可以利用 20% 的自由支配时间研究自己感兴趣的项目。谷歌地图、谷歌语音服务等都是 20% 的自由支配时间的产物。20% 的自由支配时间，其作用不仅仅是员工利用自己的时间开发感兴趣的产品，客观上还促进了员工之间的连接，提升了员工之间的协同效用，有效地打破了人与部门之间、人与人之间的各种传统壁垒。资源和信息的有效流动，极大地促进了谷歌的创新。

四、内部创新创业。如果员工有好的想法，提案经过谷歌内部委员会批准以后，员工可以利用六个月的时间，在内部寻找适合的团队实施创业。六个月之后，委员会再次对该项目的进展和未来进行评估，判断该项目是否需要停止或者重新给予六个月的时间。谷歌的人工智能电话机器人就是内部创业项目。

五、鼓励思考未来。在谷歌，员工经常被问到的问题是：会不会担心五年后的失败？谷歌的员工需要思考未来五年可能的样子，以及未来技术的可能变化。谷歌不鼓励员工只把时间和精力放在手头的工作上，而是要思考谷歌的未来、技术的未来等，也就是鼓励员工关注变化并参与变化。

六、资源共享。在谷歌，几乎所有的资源都是向员工开放的。除非涉及个人隐私，员工几乎可以参加所有的内部会议。资源的共享，极大地促进了谷歌的创新。

七、内部平等。谷歌从来不会根据一个人的职位高低或者权力大小判断事情的对错，而是通过数据说话。数据和用户体验是谷歌做出决策的基础。虽然很多企业也在寻求内部平等，但是鲜有企业达到谷歌这样的效果。真正的内部平等是创新的源泉。

八、极度扁平的组织架构。谷歌追求组织结构扁平的最大化，主要以小组或项目团队形式开展工作，就是为了方便沟通交流，从而激发创新。

第三节
HR 如何参与和管理创新

我们前面谈到创新是有组织、有目的和有计划的，那些灵光乍现的"点子"很难取得成功。例如，达·芬奇曾经在画稿上画出过潜水艇、直升机等，但在他那个时代根本没法成功造出来。有一些创业的"点子""商业模式"听上去非常美好，真正成功却是难于上青天。

德鲁克说过："目标明确的创新源于周密的分析、严密的系统以及辛勤的工作，这可以说是创新实践的全部内容。"对于 HR 来说，参与和管理创新，就是要建设鼓励创新的企业文化，建立有效创新的机制，招聘、激励和保留具备创新精神的员工以及激发人才的创新热情。

建设创新文化

谈到企业创新文化，人们感觉好像只有英特尔、谷歌、华为、IBM

这些高科技企业才应该重视。这些采取产品和服务差异化战略或者锁定战略的企业，需要通过不断地创新，保持企业的产品和服务处于领先地位、行业前沿，从而为客户提供优异的产品和服务，以此在竞争中取胜。因此，创新是这些企业文化中最重要的元素。

实际上，那些采取总成本最低战略的企业同样需要持续的创新，同样需要建设创新文化和创新氛围。这也是采取低成本战略的管理者容易忽视的一点。一些管理者试图通过把运营管理做到极致，达成总成本最低的目标，对于创新的支持力度却并不大。但是，实务中那些真正实现了最低成本战略的企业，例如格兰仕，创新是一个降低成本的非常重要的渠道和方式。因此，无论采取何种战略的企业，创新都是一个永恒的话题。

HR 在进行企业文化建设的时候，需要把创新的因素考虑进去。在企业文化建设中，具体可以考虑以下有关创新的文化元素：

● 管理层应该在战略上明确希望成为一个有前瞻性的组织；

● 鼓励员工以各种可行的方式完成工作目标，为业务注入活力元素；

● 鼓励员工提意见和建议，以及激励员工实施创造性方案解决问题；

● 奖励和激励愿意承担风险的员工，而不是惩罚；

● 管理层经常提出更大胆的创新项目；

● 减少不必要的制度和各种控制性规则；

● 不以指令性方式发布命令和各种政策制度；

● 建设鼓励创新的管理流程，而不是维护僵化的流程体系；

● 在可能的情况下，实施充分的授权；

- 宽容和奖励失败；

- 保持信息透明。

以上管理元素，对于建立鼓励创新的企业文化都是非常有价值的。HR 在企业文化建设中，只要把创新当作一个重要的元素予以考虑，就一定会找到可行的方案把这些与创新有关的元素考虑进去。

创新型的企业文化，或者说包含创新元素的企业文化，是企业有效实施创新的前提。在企业内部创设起鼓励创新的氛围，才有可能实施有效的创新。这是 HR 企业文化建设的使命之一。

设计利于创新的组织架构

传统组织架构，又称为科层式组织结构，其优势是部门内部效率高、各部门容易实现专业化分工；其最大的劣势就是对组织创新的阻碍。

创新成为企业生存和发展的关键力量时，对科层式组织结构进行变形、尽量减少科层式架构带来的不利因素，或者采取更利于创新的组织架构，成为 HR 在考虑组织架构设计时必须考虑的因素。

那些把创新机制和创新精神建立在组织结构和文化中的公司，如3M 公司、强生公司，几十年或者上百年过去了，无论时代如何变化，无论 CEO 是谁，其始终都是所在行业的创新者和领导者。

HR 在进行组织架构设计的时候，纵向上应该尽量减少组织的层级，组织的扁平化是非常有利于创新的。谷歌就一直致力于组织结构的扁平化。而在横向上打破部门和专业的壁垒也是实现创新活力组织架构设计的关键要点。

设计鼓励创新的组织架构，HR 关注的重点应该是"无边界组织"的建设。HR 需要通过尽量减少组织边界、设计有效的核心流程以及增强部门之间人员的有效协同等方式方法，建设和维护"无边界组织"形式。设计让信息、资源等在企业内部高效流转的组织架构是确保实现创新的前提。

另外，具有成熟业务或者成熟组织架构的企业，在考虑创新业务的时候，也可以把创新业务与原有的组织架构分开设计。这是保障现有业务不干扰新的创新业务的最佳方式。

目前，平台式组织架构可能是一种比较利于创新的组织架构形态。如手游公司 Supercell、阿里巴巴等互联网创新公司都采用了这种组织架构。

在人才管理中考虑创新因素

人才招聘是企业人才的入口。HR 在人才招聘时，应该把候选人的创新能力当作一个重要的考量因素。把候选人的创新能力考虑进去，是 HR 从源头上保障企业创新的前提。

HR 在实施招聘的时候，大多数情形下，考虑的是候选人对所需岗位的适配性。除了采取产品差异化战略的企业，较少 HR 会把创新能力作为录用的因素。数字经济时代，创新是保障企业获得持续生存和发展能力的重要方法。因此，HR 在考察候选人的时候，应该把创新当作一个关键的要素予以考虑，这样才能确保企业能够找到合适的创新型人才。

为了确保面试官在招聘的时候考虑候选人的创新能力，HR 需要把对创新能力的考察和打分设计进结构化面试表中，使候选人的创新能力在结构化面试表分值中占有一定的比重。这种做法的好处是，保证创新能力是所有面试官必须要考量的因素，否则，创新型人才招聘就可能停留在口头上，难以具体落实。

HR 在人才盘点上，也要把创新能力当作人才盘点的要素予以评估。人才盘点是企业考察人才的一个最主要的方法。人才盘点一般把员工的业绩和能力素质作为主要元素予以评估。业绩是硬指标，容易判断。但是对于员工的能力素质，不同的企业有不同的考察维度。HR 应当在员工能力素质模型中增加对创新能力或素质的考察，找出善于创新或者有能力创新的员工，予以重点激励、保留和培养。

另外，在实施后备干部培养以及晋升的时候，也要把员工的创新能力考虑进去。同样条件下，优先考虑创新能力强的员工作为后备干部培养或者予以晋升。

HR 需要明确的是，创新需要全体员工的参与，不仅仅是中高层的权力和责任。实务中，基于各种原因，企业的大部分创新权力掌握在企业的中高层手中。这种创新权力分配格局极易导致创新成为所谓企业精英的专利，导致创新中出现"精英隔离层"的现象。每个人的创新能力有所不同，任何人都有可能是某个领域的创新者。3M、谷歌的创新产品多是来自普通工程师的贡献。

丰田公司高度关注一线工人的创新，其"精益管理"包含着丰富的创新思想。丰田公司坚信，一线工人不是自动生产线上的被动接受者，而是有着丰富创新思想的执行者。如果能够给予这些工人相应的授权、提供足够的工具和知识培训，他们就能够有效地解决问题，也会是创新者和变革专家。多年来，一线工人为丰田汽车设计以及汽车生产线的创新和改进做出了巨大的贡献。聚沙成塔、积少成多，丰田工人的创新，为丰田汽车创造了极大价值。

企业的创新中，人的因素起着极为关键的作用。当 HR 把创新因素考虑进员工的招聘、培养、激励和淘汰管理流程的时候，就会逐渐使企业拥有越来越多的创新型员工，逐渐建立起企业创新的人才基础。

薪酬和激励政策需要考虑创新因素

企业的薪酬绩效方面的制度和政策，对创新起着至关重要的作用。可以说，如果薪酬和绩效管理制度没有考虑创新因素，不鼓励创新，企业的创新工作就是镜花水月。

如果企业内部有专门负责创新的员工，这些人的薪酬标准不但不应该低于同级别岗位的员工，反而应当略高于同级别其他岗位的员工或者至少持平。采取这种薪酬策略的目的，就是在企业内部建立起鼓励创新的环境或者氛围。

企业绩效管理系统也是鼓励创新的重要工具。企业在根据战略目标确定绩效指标的时候，除了正常生产经营类的各项 KPI 或者 OKR 指标之外，对于如何设置创新性指标是一个较大的挑战。因为管理者习惯于考核相对确定的指标，而创新具有极大的不确定性。因此，科学地设置创新性考核指标是 HR 与业务部门需要讨论的一个问题。

另外，在绩效管理系统中，要设计容忍创新失败的相关规则。如果所有的 KPI 或者 OKR 的设计都只有成功的考核指标，创新大概率不会发生。创新充满不确定性、复杂性和模糊性，对于创新项目或创新行为，绩效管理系统需要设计容忍失败的鼓励性政策。

即使创新最后没有达到设定的目标或者结果，只要参与创新的员工付出了努力，或者说虽然创新失败但获取了其他相关经验，从另一个角度说，也是一种成功。每一次的尝试，每一次的失败，都意味着离成功越来越近。所以，创新型企业的薪酬激励制度应该把失败视为成功之母。任正非在提到华为的创新时说："在我们公司的创新问题上，第一，一定要强调价值理论，不是为了创新而创新，一定是为了创造价值。第二，在创新问题上，我们要更多地宽容失败。"

通过薪酬和绩效政策，在企业内部创立一种鼓励创新的文化，使员工在创新过程中没有后顾之忧，才能给创新提供可靠的保障。

日本花王化妆品公司把创新作为公司最重要的战略。花王实施创新战略的一个很重要的方式就是把员工的薪酬激励与员工的创新能力和结果相结合。公司要求每一位员工都要参与公司的创新。员工的薪酬增长以及奖励措施，都把员工的创新作为一个重要的考量指标。公司专门设计了一套评价员工创新的评分制度，实施360度的创新考核，从员工的思维、行为和工作结果等角度，对员工的创新进行考核打分。这种与创新关联的薪酬激励制度，鼓励员工参与创新，使这家成立于1887年的化妆品公司，直到今天仍然是化妆品行业极具竞争力的公司。

薪酬制度和激励制度中把创新的因素考虑进去，是确保企业具备创新组织能力的关键要素。因此，HR 在制定、起草或者修改薪酬管理制度或者绩效管理制度的时候，需要根据战略、业务、客户、产品和服务、市场分销渠道、程序和技术等因素，把激励员工创新、容忍失败、创新目标设置等考虑进制度或政策中来，就一定会产生助力企业创新的效果。

与成熟业务分开，设立专门的创新架构

除了已经建立起优秀创新文化的公司，企业新的创新业务在组织架构上最好与已有业务分开管理，这是保障创新成功的组织结构上的重要设计。

任何创新都是起于青蘋之末，与企业已有业务相比，任何创新业务都显得微不足道，或者说前途未卜。一般情形下，现有业务一定会对创新业务形成压迫之势，无论是从时间分配上还是资源分配上，都是如此。因为尚没有创造价值的产品或项目一定会让位于现实的、强大的、正在带来可持续性现金流的产品或项目。如果创新业务不与现有业务分开，创新将显得极不重要，甚至被其他员工所鄙视。

另外，创新业务也需要更加灵活的机制来支持，而现有业务的成熟流程可能并不适用于创新业务。例如，如果按照现有业务的 KPI 考核方式，估计没有人愿意参与新业务的创新。

解决这个问题的方法就是把现有业务和创新业务分开，采取不同的管理机制，由专门的人负责。如果企业较小，也可以由内部人员兼职，

但是兼职人员应该是具备创业创新精神的高层管理者。

新希望集团在发展成为规模超千亿的集团后，董事长刘永好看到了规模给企业带来的创新上的障碍。因此，新希望集团成立了专门的草根知本集团，用以孵化小微企业。草根知本集团有自己的业务创新模式和创新制度。经过不到十年的发展，草根知本集团已经孵化出一些发展势头良好、有一定影响力的小微公司。草根知本集团正走在刘永好"再造一个新希望"的路上。如果新希望把创新业务放在集团成熟业务上，草根知本不可能取得今天的成绩。

实施创新，特别是成熟企业实施创新，最好的方式是把现有业务与创新业务分开。也就是说，在考虑资源分配时，应该给创新留有一席之地。如果把所有的资源都分配给现有业务，创新当然就是空谈。

将日常运营管理会议和创新会议分开

一般情形下，各级管理者多会把时间和精力放在企业现有业务的运营和管理上。基本上，大部分的会议都是针对现有业务召开的。企业的战略分析会、预算会、经营分析会、生产调度会等都是分析现有业务的具体情况，解决现有业务的问题。这是正常的运营和管理活动。

但是，企业分配给创新的时间，在现实中将被大大压缩。企业如果只顾低头赶路，不抬头看天，有可能随时被竞争对手超越或者击倒。这就要求企业分配一定的时间和精力研究和探索创新，探寻未来的机遇。

如果在现有业务的管理会议上探讨企业的未来和机遇，往往会受到现有业务数据和思维的影响，很难专注于创新探讨。因此，最好的方法是把现有业务运营会议和创新会议分开召开。当然，会议召开的时间安排和频率可以有所不同。

为了保证关于企业创新和未来的探讨不是昙花一现，HR 需要把创新讨论会议以制度化形式固定下来。

HR 在这里扮演的角色是创新探讨会议的组织者和协调者。但在具体的会议上，HR 最好不要成为会议的主角。如果 HR 有能力，可以成为会议的引导者；如果 HR 能力还不够，则可以请其他部门的人作为会议的引导者。

一旦这类会议安排相对固定下来，长期坚持，就一定会为企业找寻到更好的创新和机遇。对于负责组织能力建设和再造的 HR 来说，最好的方式就是把创新的思维、制度以及方式方法逐渐渗透到企业的日常管理中，使创新实现制度化和规范化。

注意 HR 活动对创新的影响

HR 在制定一些政策、流程和制度的时候，应当注意这些制度和政策对创新的影响和冲击。

HR 习惯从管控的角度考虑问题，而管控不当很可能会影响创新。例如，企业的考勤管理系统用于企业对员工工作时间的管理，如果设计不合理，会影响员工的情绪，并对员工创新或者工作的积极性造成负面冲击。

一家互联网独角兽企业，其考勤管理规定就给企业带来很大的负面影响。这家独角兽企业所在的赛道非常不错，获得了一些著名投资机构的青睐，企业创始人在行业里有一定的影响力以及资源整合能力。公司发展到一定规模后，开始通过制度实施管理。但是这家公司 HR 管理制度的出发点是管控，而不是授权和创新。

这家公司规定了早 9 晚 6 的正常工作时间，在正常工作时间之内，如果员工离开办公室 15 分钟，必须要刷脸打卡。员工离开超过 15 分钟，虽然不会有处罚，但创始人会不定期进行核查，搞得员工内心非常不爽。从员工到副总裁，都要打卡考勤。副总裁如果外出办事，要通过办公系统提前向创始人请假。公司员工多数来自其他知名互联网公司，很难接受这种严格的考勤制度。此种考勤制度之下，哪位员工还会有创新精神呢？

如果这家公司不在管理上实施变革，或者改变对待员工的底层逻辑，公司一定不会有未来。作为一家互联网创新公司，如果员工管理以管控为主，而不是以激活为主，哪会有创新的美好未来呢？

现在互联网公司推崇的 996 工作制也会扼杀创新，因为创新是需要时间的。员工忙于每天的日常工作，承受 KPI 的指标压力，应付领导的工作要求和监督以及无休止的加班，早已经筋疲力尽。这种状态下，这些企业的员工能够完成自己的本职工作就不错了，根本没有精力去创新。提倡 996 的企业，很多竟然是高举创新旗帜的互联网公司。这些公司管理层经常把创新挂在嘴边，但是，企业员工根本没有时间考虑创新。这些企业的创新，如果不是一句口号，那就只能发生在管理层内部。从这个角度说，当这些公司的互联网红利出尽，或者商业模式走到了尽头，如果它们仍然忽略创新的制度安排，走向衰败应该是大概率事件。

实施创新审计

HR 在为企业建立创新机制和创新文化时，可以在企业内部开展创新审计，并把审计结果在企业内部坦诚公布。

创新审计应该关注如下几个方面：

● 企业有没有创新的文化或者氛围？员工的感受如何？

● 企业有没有鼓励创新的政策和制度？具体内容是什么？

● 企业对创新失败是什么态度？

● 企业有没有成功的创新项目？如果有，这些创新项目成功的原因是什么？

● 员工有创新的热情吗？

● 企业管理流程，如预算、计划、人员招聘等是支持还是阻碍创新？

● 员工的岗位职责描述有关于创新的部分吗？

创新审计是全面评估企业是否具有创新能力和创新基因的一种非常好的方法。创新审计工作可以由 HR 组织和协调，与业务部门或者外部咨询顾问一起设计企业创新的问题和问卷。通过问卷调查、员工访谈、制度和流程审查等形式，进行调研和数据分析，就可以得出企业创新能力、创新文化和创新机制是否适应企业未来发展的结论。HR 可以根据审计结果实施创新要素的变革，提升企业的持续创新能力。

案例：3M 公司创新案例解构

3M 公司的全称是明尼苏达矿业和制造公司（Minnesota Mining and Manufacturing），是一家非常古老的公司，始建于 1902 年。

这家古老的公司充满了创新的活力。直到今天，3M 公司仍然是世界上最具创新力的公司之一。它在美国企业创新能力排名中，长期排在第一的位置。吉姆·柯林斯（Jim Collins）在《基业长青：企业永续经营的准则》一书中写道："如果拿生命做赌注，赌我们研究的哪一家公司会在未来 50—100 年继续成功和适应，我们会把赌注下在 3M（公司）上。"

100 多年来，3M 公司平均每两天开发 3 个新产品，并不断地对原有产品进行更新换代。直到今天，3M 公司平均每年都要推出 500 种不同的创新产品。3M 公司每年销售额的 30% 来自新产品。

3M 公司之所以能够长盛不衰，辉煌至今，主要的原因就是其创新机制和创新文化。

一、采取高度创新型企业战略

3M 公司的使命是"成为世界上最具创意的企业，并在所服务的市场里成为备受推崇的供应商"。3M 公司的所有政策、制度和流程都是围绕创新而设立的。在 3M，妨碍创新的任何制度、政策和流程基本没有容身之地。在实施具体的管理措施、建立某项具体的管理制度和政策的时候，创新永远是 3M 管理层考虑的出发点。如果一项管理措施不利于创新，或者说妨碍了创新，3M 的任何员工都有权利提出来，管理层必须慎重考虑员工的意见和建议。

也就是说，3M 的使命、愿景和战略都是以创新为出发点，并建立了鼓励创新的企业文化。

二、建立了加强公司内部横向交流和知识共享的内部信息网络

3M 公司非常重视技术、数据、知识和经验在公司内部的共享。这些技术、数据、知识和经验对于创新有着不可替代的作用。3M 公司建立了大型的知识共享、经验共享和技术共享平台，公司每一位员工都可以进入这个平台查询相关内容。这些技术、数据、关键知识、成功和失败的经验，成为员工和团队创新灵感的来源或者创新工作的支撑。对 3M 的员工和团队来说，创新成为"站在巨人肩膀上"的创新。

三、给予创新型员工丰厚的精神和物质激励

3M 公司员工既可以选择走管理路线职业通道，也可以选择走技术路线职业通道，技术路线和管理路线享有同样的待遇、荣誉、福利和竞争力。如果创新成功，产品销售达 500 万美元以上，技术人员还可以获得股票和利润分享。

3M 公司内部设有"科学院"，公司每年会把最优秀的创新员工吸收到科学院，既鼓舞了其他员工，又通过最高荣誉留住了关键人才。

3M 为创新技术人员设置了非常多的奖项。例如：3M 诺贝尔奖、季度优胜奖、专利奖等，用以激励在创新上做出杰出贡献的员工。荣获 3M 奥斯卡奖的员工可以和家人一起到 3M 的美国总部，在 3M 高层的陪同下到度假胜地度假。

在 3M，如果员工成功地开发了新产品、新市场或者新服务，公司就会任命该员工为该项目的总经理或者负责人，并享受该职位的所有待遇，包括相应的薪酬水平、利润分享和优先股权。一旦创新成功，3M 就帮助员工成立一家小微企业，由创新员工负主要的责任并配以相应的待遇。这对于员工来说是一个极大的激励。

3M "致力于尊重每一位员工的价值，并鼓励员工创新，为员工提

供具有挑战性的工作环境和平等的发展机会"。

四、15% 的自由支配创新时间

3M 创新措施中，最著名的就是员工在工作时间内有 15% 的自由支配时间。在这 15% 的自由支配时间内，员工可以做任何愿意做的事情。这充分满足了员工的创新激情。而且，员工在 15% 的自由支配时间内，可以为自己的创新技术或者创新计划申请研发经费。研发经费的审批，并不以创新是否能够带来直接的效益作为考评要素。

3M 公司并不对员工如何使用这 15% 的时间实施考核和任何监督，因为公司认为无需对员工实施任何监控，监控所产生的成本，要远远高于监控所能产生的效益。这与我们前面提到的那家互联网公司的考勤管理制度形成了鲜明的对比。

在 15% 自由支配时间的规则之下，让"创新成为公司每位员工的责任"成为可能。

五、创设了宽容失败的企业文化

创新是最艰难的事情，有创新就会有失败。而 3M 公司宽容失败的企业文化，极大地鼓励了员工的创新热情。对于创新失败的员工，工资、奖金、待遇甚至晋升都不会受到影响。创新失败没有伤害，创新成功则有极大奖励，谁不会为创新而努力呢？

3M 的前 CEO 麦克纳尼曾经说过，"我们容忍失败，只要他的动机是好的""为了发现王子，你必须与无数只青蛙接吻"。

六、实施以客户为中心的创新，从客户需求角度实施创新

3M 公司的创新并不是闭门造车式的创新，而是以客户需要为出发点的创新。3M 公司一直认为公司的存在就是为满足客户的需要，在一定程度上要超越客户的期望。3M 员工每年都与客户和消费者进行大量

沟通，走进市场、与客户和消费者交谈、真正倾听客户的声音等，来了解客户的需求。在客户真实需求的基础上实施有的放矢的创新。

从客户需求的角度考虑创新，说起来容易，但真正实施起来是非常困难的。虽然很多企业也明白这一点，但多数情况下会被现有事务占用大量时间，从而忽略了企业存在的初心：提供客户满意的产品和服务。3M 在 100 多年的时间里，都做到了这看似容易、实则极为困难的一点。

3M 的创新机制和创新文化，其实非常容易理解和学习。问题的关键是如何在实务中落实。当管理层忙于现有业务的时候，大部分人会忽略创新这一决定企业未来的关键要素。对于 HR 来说，理解 3M 的创新实践是一回事，而借鉴并在实务管理中予以落实才是最具有挑战性的工作。

数字经济时代，企业组织能力建设和再造绝对离不开对创新能力的建设。这也是 HR 的使命。

★ 小贴士

创新不仅是科技创新，还包含了战略、管理、生产、销售、渠道、品牌、市场、客户关系等方面的创新。负责组织能力建设和再造的 HR，应当参与和管理创新，成为创新的参与者、组织者和协调者。这是时代赋予 HR 的新使命。

创新不是"灵光乍现"，而是有计划、有目的的组织行为。实际上，创新既然是有组织的创新，而 3M、谷歌等公司已经通过实践证明了有组织创新的可行性，对 HR 来说，参与和管理创新就不是不能完成的使命。HR 的很多工作，例如薪酬、绩效等，都与鼓励和建设创新环境息息相关。HR 完全可以利用这些制度、政策在企业内部建立起鼓励创新的文化和氛围。

HR 只要把创新当作一项重要的组织能力，认可创新是 HR 的本职工作，做好创新的参与者、组织者和协调者，就完全没有问题。

第七章

HR 如何参与、组织或协调流程再造

赵权（化名）新加入一家互联网大数据企业不到 3 个月，担任 OD 总监。作为一家成立不到 6 年，员工约 900 人的公司，让赵权感到困惑的是公司的流程存在明显的问题，却迟迟得不到有效的改善。这些烦琐而缺乏效率的流程，有时让员工包括中层经理都苦不堪言，更不用说客户体验了。作为新到任的 OD 总监，赵权是想干出点成绩的，因此决定帮助公司进行适度的流程再造。但是让赵权感到无从下手的是公司流程管理的权限并不在人力资源部，而是在运营管理部。而运营管理部的总经理却无意实施流程再造。作为 HR 的赵权应该怎么办呢？

流程管理既是组织能力建设和再造的八支柱之一，也是 HR 需要懂的业务之一。

20 世纪 90 年代，企业再造风靡一时。当时很多人把企业再造当作解决企业问题的灵丹妙药。企业再造确实解决了一些问题，但是随着时间的推移，人们发现企业再造并不能完全解决企业的所有问题。就像六西格玛管理、质量管理一样，企业再造的风潮在热过一阵后逐渐冷却下来。

而企业再造的核心就是流程再造。

虽然流程再造的风潮已经过去，但并不意味着流程管理也已过时。迄今为止，流程管理仍然是企业需要面对和解决的主要问题。而且在数字经济时代，企业要建设高效、敏捷、创新力强、重视客户并持续盈利的组织能力，流程管理更是迈不过去的一道槛，只不过流程管理不是解决企业所有问题的唯一解药而已。

大多数企业的流程仍然缺乏有效的管理，仍然很少有企业从全局的角度专门研究过自己的流程，也很少有企业设置专门的流程管理职位。一些管理者也意识到了流程的重要性，但是照样对流程缺乏有效的重视和管理。这种矛盾，在企业管理和实践中是一件很有意思的事。

理解流程管理问题，还要从企业组织分工和组织设计开始谈起。

现代组织的设计原则，应该可以追溯到《国富论》一书的作者亚当·斯密。他的劳动分工原则应该是现代组织分工的起源。

亚当·斯密通过认真地观察，发现如果一家大头针工厂的工人独自制造大头针，一天最多能生产 20 枚。如果大头针的制造工序由不同的人负责，也就是说一位工人专门负责大头针制造工序中的抽丝、拉直、切断、削尖、装圆头、涂色以及包装等十几道工序中的一道工序，工人分工合作，每天可以生产 48000 枚大头针。

由此可见，劳动分工大幅度提高了企业的生产效率。

后来，福特汽车利用劳动分工的原理，发明了移动装配生产线，大大提升了福特汽车的产量，从而使流程管理正式走入企业管理者的视野。企业开始关注流程的设计和管理。

企业组织结构也凸显流程的重要性。由于工业经济时代环境相对稳定、产品易于销售和卖方市场等原因，多数企业采用的是科层式垂直组织结构。

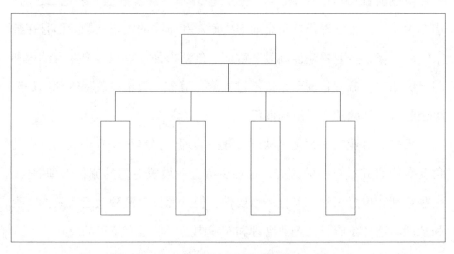

图 7-1 科层式组织结构图

科层式组织结构的好处是分工明确、垂直管理条线的职责清晰、易于管控、专业化和高效率等。但是缺点也多，一是过多管控的层级制度限制了企业的创新能力；二是整个组织被分割开来，容易出现各自为政的状态，会产生"部门墙"。

从流程管理的角度看，科层式组织结构的主要缺陷是：一是看不到企业的客户在哪儿，没有把企业最重要的客户放到组织里来，更多关注的是企业内部事务；二是看不到企业为客户提供的产品和服务的价值；三是更看不到企业为客户提供产品和服务时，从采购到研发、从研发到生产、从生产到销售，最后到客户的整个工作的价值链流转过程。

这些问题或缺陷会严重影响企业为客户创造价值的能力，而有效的流程管理是解决问题的关键。

第一节
HR 在流程管理中的角色

流程管理是 HR 组织能力建设和再造工作中绕不过去的一道槛。因为如果企业流程拖沓冗长、缺乏效率、不以客户为中心，那么文化、领导力、创新、绩效、薪酬等工作做得再好，也很难发挥应有的作用。

一家规模近 1000 人的互联网公司，其流程管理混乱且无效，给企业、员工带来了极大困扰。公司使用钉钉办公系统，看似能够高效处理一些内部管理事务。但员工离职就需要经历三个流程：离职员工首先要提出离职审批流程，各相关部门及公司领导批准后，离职流程结束；然后是工作交接流程，同样要通过一系列的签字批准，直至公司领导签字，交接流程结束；最后是离职手续办理流程，HR 需要提请公司公章使用流程，公司领导批准后，在离职证明上盖章，流程才最终结束。这家企业的组织能力水平是不难想象的。

科层式组织就像由"职能筒仓"构成的组织架构，使流程呈现出碎片化状态。员工如果有了好的创意或者发现了问题，都必须按层级向上汇报，由上级根据自己的判断做出决策。汇报层级越多，创意或者问题越失真。汇报层级中，一个人不同意，创意就会被扼杀，问题就会被忽略，既限制了创新，也导致企业的问题得不到及时解决，越积越多。数字经济时代，这种组织架构已经很难适应快速变化的外界环境了。因此，很多企业利用扁平化组织架构，减少了信息垂直传递的层级，从而提升效率。但是，实践中，无论什么样的组织架构，大都存在分工和部门的设置问题。企业内部只要有部门，就可能有"部门墙"的存在。一些企业也在尝试采取措施打破"部门墙"，构建无边界组织。流程再造和设计成为打破"部门墙"，建设无边界组织的关键方式。我们前面提到，流程再造需要重点关注部门与部门之间的接口，也就是穿透"部门墙"，打通墙体，通过流程使部门资源有效连接起来。

企业管理者多擅长制订和实施工作计划以及具体事务管理等工作，但具备流程思维的管理者较少。一些管理者遇到问题时，无意从流程角度考虑解决问题的方案。

因此，作为组织能力建设和再造的负责人，HR 更有必要参与到企业的流程管理中来。

少有管理者从全局角度研究管理流程，各个部门一般会根据自己的业务情况，设计自己所负责领域的流程。例如，销售有销售管理流程，研发有研发管理流程，财务有财务管理流程，HR 也有很多子流程。这些流程往往只关注部门自身的业务需求，缺乏对整体业务的考虑和全局视野，尤其缺乏以客户需求为导向的流程视角。

这些零散的企业流程，虽然可以支撑企业的运转，但是也导致了流程的碎片化，同时主流程没有以客户为中心，导致企业不能及时、有效地满足客户的需求。

流程的最终负责人应当是企业一把手，但是在企业没有设置专门的流程管理负责人的情况下，作为协助一把手负责组织能力建设和再造的 HR，就不得不承担起企业流程管理的重任，或者说成为流程管理的参与者、组织者和协调者。对于没有设置流程管理负责人的企业，HR 将不得不介入流程管理，因为流程与组织能力高度相关，业务部门习惯各负其责，而 HR 需要负责企业整体的能力建设和再造。

当然，如有必要，最好的方法是在企业设置流程管理负责人的职位，或者把流程管理的职责交给一个特定部门来管理。HR 要做的，就是配合流程管理负责人或者部门，积极参与到流程管理工作中来，成为流程管理的参与者和协调者。

我们说 HR 可以成为流程管理的参与者、组织者和协调者，并不是说 HR 直接领导和决定企业的各项流程，而是在发现或认知到流程存在的问题之后，主动发起或者组织相关业务团队一起解决或者再造流程。

负责组织能力建设和再造的 HR，在这一过程中，一定会对流程存在的问题有所认知。这些认知可以从企业是否重视流程、流程是否碎片化、业务部门对流程的反馈，以及客户对产品和服务的满意度等方面来做出判断。

企业是否重视流程管理，可以从管理层对待流程的态度、是否设置了流程管理的职位、解决问题的时候是否会考虑流程因素、组织架构之间是否存在"部门墙"等因素做出判断。

企业流程是否碎片化，主要从企业是否有主流程来做出判断。所谓主流程，就是从外部资源的输入，到企业内部的研发、生产、销售，直到产品和服务到达客户的手中，企业是否拥有关键的流程。如果企业内部没有主流程，而是有数十个各自为政的部门流程来支持企业运营，意味着企业流程处于碎片化状态。

企业运营管理的成效主要是通过解决运营中遇到的问题和挑战来实现的。如果企业在解决这些问题的时候，多从问题的本身出发考虑解决方案，很少从全局立场考虑流程问题，就表明各级管理者不太重视流程的作用。

　　具体应用流程的是企业的员工，若流程有问题，员工最有感知和发言权。实践中，很多员工被无效和繁杂的流程搞得怨声载道。HR 可以从与员工的沟通中，盘点和分析企业的流程问题。

　　企业所有的流程最终都要指向为客户提供高质量的产品和服务的目标。因此，客户对产品和服务的满意度，是企业流程问题的最终反应。当客户抱怨企业产品和服务的时候，就是流程出现了问题。当 HR 在组织能力建设和再造的过程中，发现这些问题，就是需要介入流程管理的时候。

　　发现企业流程问题的 HR，需要做的第一步就是分析现有流程问题以及问题的严重程度，获得企业一把手对流程管理再造和设计的支持。第二步就是要组建流程再造和设计团队。单凭自己是不可能实现流程管理的再造和重新设计的。这项工作一定是依靠各业务部门，组建流程再造和设计团队。流程再造团队需要任命一位有一定权威的高管作为流程再造和设计的领导者。同时，还要任命一位或者几位中层经理作为流程再造和设计的具体负责人。流程负责人可以领导来自供应链、生产、研发、销售、HR、财务、品牌等部门的人员组成的流程再造团队。

　　HR 需要参与设计流程再造团队的工作目标、工作周期及绩效激励措施。同时，对流程再造团队的成员提供流程设计方面的培训。设计团队掌握了流程管理的知识，并结合公司的具体业务，才有可能设计出适合企业的流程。

第二节
流程再造和设计中容易出现的问题

没有依据战略目标再造和设计流程

战略地图的四个管理层面之一是内部流程层面。内部流程层面关于运营管理流程的设计，应当以企业战略目标和客户需求为基准。不能有效解决战略目标和客户需求问题的流程，最终会沦为不痛不痒的无效流程。

再造和设计流程不应当闭门造车，而是要从企业全局和战略角度对待流程再造和设计工作。

流程再造和设计应该由企业的关键目标所驱动。这些目标可能是利润率、客户满意度、市场份额等。当从全局的角度，用流程的眼光看待这些目标，往往容易找到实现目标的路径和方法，也能帮助流程再造团队设计出适合企业的全新流程。

能够帮助管理层实施和执行战略的流程，才是企业真正需要的流程。那些设计了大量流程，最终被束之高阁的书面文字，最主要的问题就是没能帮助企业解决关键的问题和痛点。

不合适参与流程再造和设计的人员

不是所有人都可以参与流程再造和设计工作，HR 一定要认识到这一点。选对了流程再造的设计者，才能为企业设计出有效的流程。

企业的主流程一般会跨几个部门，甚至是所有部门，流程再造和设计团队的领导者一定是管理层之一。这个职位上的人往往有大局观，能够从全局的角度考虑流程设计。

另外，工作中应用流程的人要参与进来。流程执行者的参与至关重要。外部咨询顾问和非流程执行者当然可以制定出看似完美的流程，但未必可行。一般情况下，由非流程执行者和流程执行者一起合作再造和设计出来的流程，不但适合组织的具体情况，也能被很好地执行和落实。

没有认识到流程再造导致的变革给员工造成的冲击

我们不提倡流程再造对员工造成冲击，甚至大裁员。这样做毫无意义，也会给企业管理运营带来负面影响。

但是流程重新设计一定会影响某些岗位上的员工。这些影响可能是对岗位提出了新的工作职责等。HR 应当对此做好准备，对不胜任的员工提供培训或者调整工作岗位。实践中，流程的重新设计一般不会导致很多岗位的职责变化而致使员工不胜任。但流程的变化导致员工岗位的适当调整，是很可能会发生的。这需要 HR 在实施新流程的时候，提前做出计划和相关安排，确保流程的实施和落地。

HR 在参与流程重新设计的过程中，也应当把绩效系统考虑进去，对流程涉及岗位上的员工制定绩效目标，以及根据需求提供相关培训，力争把流程再造对员工的影响降到最低，以免引发不必要的矛盾和冲突，进而影响新流程的落地和实施。

流程再造的行动过于激进

20 世纪 90 年代，实施流程再造的企业，做法大多激进。我们强调流程再造的着眼点是改善绩效，而不是组织架构的大调整。实际上，企业越聚焦于流程，组织架构的重要性就越低。

一些企业在流程再造的时候，喜欢对组织架构做出重大调整，致使流程再造与裁员、重组挂钩，或者增加信息化系统，这实际上都没有把握流程管理的精髓。

流程再造的目标一定是绩效的改善，帮助企业建设灵活、有效率、敏捷的组织能力。

流程再造缺乏全局观

一些企业的专业流程是相当不错的，例如，一些生产制造企业的生产流程在实施了精益化管理之后，流程管理变得相当有效率。但是某些部门的流程出色，并不代表企业的整体流程优秀。多数企业的流程问题就是出在这里。部门内部的流程不错，整体的流程没效率，这就是我们常说的"组织次优"现象。

因此，流程再造需要从企业全局的视角分析和设计流程。

流程再造缺乏客户视角

流程的重新设计，除了全局视角，还要从客户的角度分析和设计流程，特别是产品和服务的主流程。这一点非常重要。

正确的流程设计方式是从客户的角度分析和设计流程。站在客户视角上看待企业的流程，会有不同的感受，也会有不同的设计。理论上，所有的流程都应该是以为客户提供优质的产品和服务为目标而设计的。在设计流程的时候，以客户视角制定出的流程，才能做到以客户为中心。这与从管理者角度审视流程的设计相比，会使流程产生完全不同的效果和作用。

第三节
HR 参与流程管理需要注意的几个关键点

HR 自己可以不参与某个具体流程的再造和设计工作，但不懂业务的 HR，是无论如何也不能组织和协调好企业流程管理工作的。不懂业务的 HR，很难发现流程中存在的具体问题。即使发现问题，也缺乏能力参与流程的改善和管理工作。从另一个角度讲，HR 懂流程是懂业务的一种主要方式。HR 对现有流程深入了解，就能尽快理解企业业务。

那么 HR 需要注意流程再造和设计中的哪些关键点呢？

学会用水平视角看待企业组织架构

虽然数字经济时代，组织架构不断地在实现扁平化，也出现了合弄制组织、变形虫组织等各种组织架构的新形态，但是实务中，无论多么扁平化的组织，绝大多数还是以层级制架构形式出现的。

人们已经习惯了以垂直的视角看待企业中的部门。虽然一些企业也采取了打破"部门墙"的具体实践，但总体来说并不尽如人意。

相比较而言，水平流程是打破企业"部门墙"的有效工具。从流程的视角来说，以水平视角来观察企业整体组织架构才能设计出有效的流程。因为很多情况下，流程的问题容易出现在部门和部门之间的接口处。部门之间的接口，往往会出现部门之间"踢皮球"和"部门墙"现象。流程再造中需要重视的节点之一就是部门之间的交接点。

对于 HR 来说，摆脱从垂直角度审视组织架构的习惯，以战略和全局视野，从水平角度审视组织，建立起系统的组织观和流程观是做好流程管理工作的前提。

另外，HR 还要摆脱只重视内部管理流程的工作习惯，不能仅仅把目光集中在 HR 内部的流程建设上，如招聘审批流程、员工离职流程、绩效评估流程等，而是要把视野放大，学会跳出这些固定的、传统的、狭窄的工作范围，以战略和全局视野，从组织能力建设的角度，从客户等多个角度审视组织以及流程。

HR 既要从内部看到外部，也要从组织外部客户和股东等其他利益相关者的角度再看到企业组织的内部。

需要特别说明的是，我们说从水平视角观察企业组织，并不是说垂直视角不重要。只是多数人忽略了水平视角，习惯于从垂直角度看待组织，从而给企业流程管理带来问题。

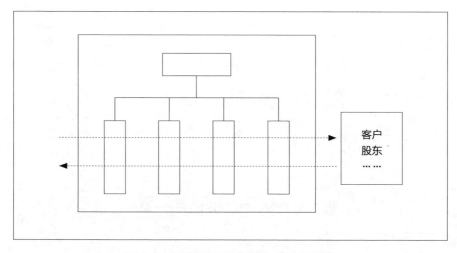

图 7-2 以水平视角审视企业组织架构

HR 在流程管理中需要处理好绩效、流程和员工岗位的关系

流程管理的目标是提升组织绩效。应该说企业所有的资源运用都是为了实现组织绩效，通过为客户创造价值达成盈利目标，这是企业存在的基本目标，也是组织能力建设的终极目标。因此，企业流程再造和设计的目标，也必须以提升组织绩效为出发点。

流程节点岗位的绩效目标最终要由员工来实现，在流程再造和设计的过程中，把员工岗位因素考虑进来，也是确保流程再造和设计成功的关键因素。

因此，对于流程再造和设计来说，实际上存在绩效目标、工作岗位与流程三个层面相互关联的关系。

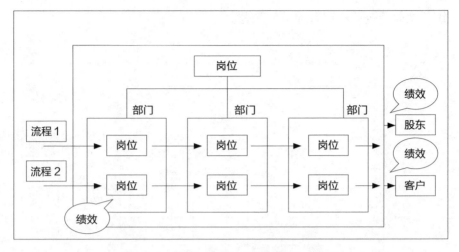

图 7-3　绩效、流程与岗位三位一体图

资料来源：《流程圣经》。

如果我们把组织架构看作一个整体，这个整体所要实现的就是组织的绩效目标。通过对组织架构的 X 光透视，我们可以清楚地看到组织流程以及流程所经过的每一个岗位节点。图 7-3 把绩效目标、流程和岗位三个层面的要素有效地结合在一起，非常利于 HR 在实现流程再造和设计的时候，从整体的角度了解需要在流程设计中考量的关键要素。

在实施流程再造和设计的时候，首先要考虑的不是流程本身，而是绩效目标。企业绩效目标是从战略转化而来的。战略转化为财务目标和非财务目标，以及客户关系目标，最终分解为部门的目标和员工的目标。除了战略目标的转化，还有因为流程问题产生的绩效目标。例如，客户满意度较低引起客户流失，可能是因为企业流程没有以客户为中心而设计。这个时候可以从客户的视角，向后倒推整个客户服务流程，分析和审查问题出在哪儿，从提升客户满意度的绩效目标出发去考虑流程再造。

因此，组织绩效目标是流程设计的前提，流程是为了解决问题或达成目标，不能为了设计流程而设计流程。

反过来说，人们在考虑绩效目标或者发现绩效没有达标的时候，往往很少考虑流程的问题，而是习惯于从人才、制度、资金、产品、营销等方面找原因。容易被管理者忽视的流程问题，有时会实实在在地影响绩效目标的达成。因此，管理者在解决绩效问题的时候，除了前面叙述的影响因素之外，还要把流程作为一个重要因素考虑进去。对于一些企业来说，也许人才、制度、资金、产品和营销都没有问题，问题恰好出在流程上。

如果说流程再造和设计以绩效目标为前提，那么员工的岗位就是确保流程能够成功落地的一个关键要素。

在实施流程再造和设计的时候，需要把岗位和员工的能力同时考虑进去。对于员工，多数企业有一套自己的人员评估系统。流程再造可能会导致一些岗位发生变化，这些变化可能是岗位被取消，或者岗位职责增加或者减少等。流程再造环节的人岗匹配，也是 HR 应当考虑的重点问题。

具体到每一个不同的流程，在流程再造时，可以画出详细的绩效、流程和岗位三位一体图，把每一个涉及的岗位作为流程的一个节点标画出来。同时，把岗位工作内容、工作责任等进行清晰描述，据此进行相应的员工调配。

信息化不会自动提升流程效率

现在的自动办公系统非常发达，像 ERP、OA 办公系统、钉钉、企业微信等确实大大提升了企业的管理效率。因此，很多管理者认为企业信息化改造就意味着流程的改善。

这其实是一个先有鸡还是先有蛋的问题。

企业信息化管理系统确实为管理带来了极大方便，但是信息化的实施，并不意味着流程效率的自动提升。关键要点还在于流程再造和设计本身。

有时候，信息化提供了管理的方便性，反而会降低流程效率。某家大数据医疗企业使用钉钉办公系统，其中财务付款流程设计得极为复杂，员工差旅报销要经过至少 4 位财务人员在钉钉系统中审核，效率非常低下。

信息化不会自动带来效率的提升。经过精心改造和设计的流程，并配合信息化改造，才会真正提升企业的流程效率。

处理好流程与授权的关系

流程节点处的员工，企业赋予的岗位权力有多大，决定了流程的质量和效率。流程再造和设计需要考虑授权的问题。

一些企业的授权是严重不足的。在科层式组织状态下，员工习惯于向领导汇报工作，听取领导指示后再进行操作。即使流程设计得再科学，也不会有效率。

流程再造的同时，把每一个岗位节点的员工授权程度考虑进去，也是流程再造和设计的关键要点。

授权是一个老生常谈的问题，也关系到管理者的领导力问题。授权实际上是在水平方向的流程节点上，对垂直管理流程的完善。也就是在垂直方向上减少员工向管理者请示汇报的次数，尽量由员工做出决定。这样做的好处是减少由于多次汇报和请示带来的流程延迟、降低企业管理成本、实现良好的客户体验以及提升员工的成就感。

流程不一定是线性串联的，更多地要考虑并联，才能提升效率

人们一谈到流程，往往认为流程是通过串联的方式组织起来的，一个流程节点完事后，再流向下一个节点。实际上，主流程总体上是水平方向的，大体上像一条直线。但是，在具体的流程设计中，能利用并联方式的要尽量利用并联的方式设计，因为并联可以大幅度提升流程的效率，节省大量的时间成本。

例如，一家机械制造企业，通常产品设计成型后才能开始模具设计。产品设计完成至少需要两个月的时间，模具设计者只能等待两个月的时间才能开始设计。这是典型的串联流程。如果这家企业把流程调整成并联式，可节约至少一半的时间。这个调整就是要求产品设计工程师在基本完成框架设计后，及时把设计图纸等设计方案和数据传输给模具工程师，模具工程师因此可提前介入模具的设计工作。

如果仅仅考虑串联式的流程设计而忽略了并联的作用，流程设计就很难达到效果最优。

流程节点要尽量减少检查和控制

实务中，一些管理者习惯于在流程中设计许多检查和控制节点，目的是确保人们不滥用自己的权限。而实际上，过多的检查和控制，不但不会创造价值，反而还有可能影响流程的价值创造。

一家民办学校的采购流程中，班级采购一把扫帚需要后勤主管、年级组组长、财务经理、学校副校长、学校校长的审批。学校制定这个流程，明显是为了防止采购中的腐败。但是，具体实行起来，节点审批人很少真正了解采购物品的价格，各节点流程审批人只是机械地在采购报告上签字同意。这样的流程控制，可以说毫无意义。学校在采购一把扫帚上的管理成本，远远高于流程控制想要节约的成本，可以说是得不偿失。

为了解决这个问题，学校管理者对流程进行了重新设计。按照每个班级每学期200元的标准，拨款到每个年级。同时，把审批权交给年级组组长。一年后，学校小额采购总支出反而降低了23%。管理层发现，各个班级更加节约了。每学期必采购的扫帚等零散物品采购金额大幅下降，因为班级管理者更加节约，之前买的物品没有损坏或丢失之前，能用则用，减少了浪费。

车辆保险公司在减少检查和控制环节也得到了实惠。很多保险公司把出险定损的工作，交给一些车辆修理厂处理。如果由自己员工定损，保险公司要雇佣大量的人员，人工成本将是一个负担。而且保险公司自己处理，理赔的效率也成问题。部分出险交由汽车修理厂处理，既节省了保险公司的人工成本开支，也提升了理赔的效率，提高了客户的满意度。

至于汽车修理厂试图提高修理费用的问题，可以通过个别案例检查的方式解决。如果发现修理厂的修理费明显高于市场价格，就取消合作。汽车修理厂为了能够与保险公司长期合作，也很少会做太出格的事情。

保险公司管理流程的改变，就是以减少检查和控制为出发点。这种流程再造提升了效率，降低了成本，提高了客户满意度。

第四节
HR 如何参与和协调流程建设和再造

我们常说"制度管人，流程管事"，企业实行流程再造和设计的目标，就是要尽量把大部分业务融合到流程中来。一个好的流程既能提升效率又能防止腐败。当然，这个腐败不仅仅是金钱上的腐败，还有工作上的拖沓、低效率等导致的腐败。

任正非在接受记者采访的时候说："我一点权力都没有，因为都是流程在管。我就是想要一瓶矿泉水，都要自己掏钱买。"可以说，华为是一家"建在流程上的公司"。华为的 IPD、ISC、DSTE 等关键业务流程是华为成功建设优异组织能力的基础性架构。

那么 HR 如何参与、组织和协调流程建设和再造呢？

组建流程再造团队

单凭 HR 或任何一个部门都无法完成流程再造的目标，流程再造的第一步就是组建团队。

流程再造团队的构成可以由流程再造领导者、流程再造负责人、流程再造团队成员（多人）等构成。流程再造领导者一定是有一定影响力的高层管理者。因为流程再造需要领导者有较强的组织和协调各个方面的领导能力，能够有效地帮助团队解决流程再造中遇到的困难和挑战，以及为流程再造团队获取资源。

事实上，很少有企业专门设置流程管理的岗位。流程再造领导者可以根据内部人才的具体情况，与 HR 沟通，任命流程负责人。HR 可以协助流程领导者和负责人组建流程再造团队。

流程再造涉及权力和资源的重新分配，可能会碰触一些人的利益。因此，有条件的企业最好能聘请流程咨询顾问参与到流程改造团队中。虽然流程咨询顾问没有内部员工更了解业务，但是咨询顾问在企业内部没有利益关系，不必像员工一样不得不考虑人际关系和利益关系问题，能够站在客观立场上考虑流程的再造和设计。

确定流程再造和设计的绩效目标

流程再造的目的是帮助组织实现绩效目标，流程再造的出发点一定是绩效目标。

流程再造的绩效目标是改造后的流程需要达到的目标，不是流程改造团队的目标。这一点要区分清楚。提升新产品交付效率10%、总成本下降10%等是流程再造的绩效目标，不是流程再造团队的目标。流程改造团队的目标是设计出能够使企业达成特定绩效目标的流程。

给流程命名

实践中，即使有特定的流程，也只是把流程环节确定下来落实即可，企业一般不会给流程命名。实际上，既然流程如此重要，HR 应该考虑像给组织机构和团队命名一样，至少要给主流程命名。

有了名称的流程，就会受到员工的重视。出现问题，也更能从流程角度找原因。因此 HR 在参与流程再造的时候，赋予流程特定的名称是提升组织能力和流程管理水平的一个很好的方法。华为的流程都有名称，如 IPD、ISC 等。

了解现有流程

流程再造和设计需要对现有流程进行洞察，主要包括流程中的断点（对流程绩效产生负面影响的因素）、冗余位置、流程的效能等关键问题。

流程再造团队最好能够画出现有流程的流程图，把流程断点、涉及的岗位、部门、问题等都标注出来。

需要特别说明的是，了解现有流程的目的不是要对现有流程在原有基础上进行小修小补，而是要尽量发现现有流程能够为流程再造提供什么样的资源或者信息。

研究标杆案例

流程再造团队最好找到行业中优秀企业的实践经验进行参考。这些经验如果适合企业现状，可以考虑融入流程再造中。如果不适合，也有可能激发流程再造和设计团队的灵感。

确定流程设计相关技术标准

相关技术规范主要包括流程输入技术标准、流程输出技术标准和流程本身的技术标准。输入技术标准应该是流程前端需要输入何种资源、输入资源的标准和关键维度、输入的目标等要素；输出技术标准应该是流程的产出结果是什么、产出结果的维度和目标等要素。

流程本身的技术标准的确定也非常重要。流程本身的技术标准一般从成本、时间、管理、质量等方面确定。成本一般指整个流程需要耗费的成本是多少（指标有人工成本、资产成本等）。时间是指流程的效率。整个流程周期有多长，流程反应有多快（指标有流程周期、及时发货率）等。管理一般指为完成流程绩效目标，流程在财务、人事、安全、健康管理等方面的指标或标准。质量则是指流程输出的最终产品的成功结果，一般使用出错率、废品率等指标予以衡量。

设计新流程

在设计好新流程的输入技术标准、输出技术标准和流程技术标准之后，就可以设计新流程了。

新流程的设计除了参照标杆企业的流程经验，最重要的是实现流程绩效目标。流程设计团队可以多设计几套方案，从中选取最优方案。可以通过团队讨论、专家论证或者实验验证等方法，最后通过相关数据得出最终结论。

设定流程目标、考核标准等流程管理要素

流程是为绩效目标或者解决绩效问题服务的，而流程具体是由节点岗位上的员工实施的。因此，为了确保新流程的落地和实施，HR 需要调整企业的绩效管理系统，通过绩效管理系统，为流程设定目标以及考核标准。

这些都是新流程落地或者执行的保障措施，很多企业的流程流于形

式，无法落地，就是因为缺乏保障流程落地的配套措施。

流程再造最后的步骤就是 HR 通过绩效管理系统保障流程的最终落地。同时，HR 还需要对流程节点岗位上的员工实行培训，把流程的意义、过程、优势与相关员工沟通到位，这也是确保流程能够顺利实施的重要环节。

另外，流程再造和设计不是一劳永逸的，而是要根据战略、绩效目标、客户等因素的变化，不断地调整和再造。

流程的本质是对企业拥有的资源分工后的整合。有效的流程管理也是克服企业层级制组织架构带来的负面因素的关键工具。可以说，如果企业的流程设计得越合理有效，组织的层级对组织造成的影响就越小，有的时候甚至可以忽略组织的架构层级问题。

对于 HR 来说，做好流程管理，是有效完成组织能力建设和再造的不可或缺的关键环节。

案例：华为的流程管理

华为的流程基本覆盖了所有业务。华为把流程分为运营流程和管理支持流程两部分。运营流程包括了战略管理流程、集成产品开发流程、客户关系管理流程、集成供应链流程等。管理支持流程包括了各职能部门的流程，主要为运营流程提供支持和服务。华为运营流程又分为执行类流程和使能类流程，管理支持流程又称为支撑类流程。

华为的执行类流程是为客户直接创造价值的流程，这些流程负责完成对客户的价值创造和价值交付，并对使能类和支撑类流程提出需求。华为的执行类流程有：IPD、MTL（从市场到线索流程）、LTC、ITR。

使能类流程是为了支持执行类流程实现其目标而建立的。华为使能类流程主要有：DSTE、CRM（客户关系管理流程）、ISC、SD（交付流程）。

支撑类流程是华为的基础性流程架构，为执行类和使能类流程提供基础性支持和服务。华为支撑类流程主要有：人力资源管理流程，IFC 财务管理流程，管理业务变革和信息技术流程，管理基础支撑流程。

IPD、LTC 和 ITR 可以称为华为的三大核心业务流程。这三大流程实际上对应着华为的产品开发、产品的销售（订单、发货、验收、安装、回款等）以及产品的售后服务三个关键阶段。华为实际上就是通过这三个主流程为客户创造价值的。可以说，其他所有的流程都是为这三个主流程提供支持和服务的。

> ## ★ 小贴士
>
> HR 在传统工作实践中很少与流程管理打交道。但是，作为组织能力建设和再造的参与者、组织者和实际负责人，流程是 HR 绕不过去的一道槛，因为流程对企业有效分配和使用资源，提升运营效率至关重要。
>
> HR 参与和协调流程管理的前提是对业务的洞察。
>
> 虽然许多管理者明白流程管理非常重要，但是却只有较少的管理者习惯从流程角度考虑问题，而几乎大多数企业中都没有设置流程管理的专门职位。很多情况下，HR 将不得不成为流程管理和再造的组织者或者协调者。
>
> HR 参与和协调流程再造，需要学会从水平视角审视企业组织结构，而不是习惯性的垂直视角。从本质上说，流程管理就是企业分工后的整合，通过有效的流程管理，把由于分工导致的分散资源整合成为一个整体，使其更有效率。
>
> HR 是流程再造的协调者或者组织者，并不是说 HR 要亲自实施流程再造，而是要组建流程再造团队，由各个业务部门组成的流程再造团队完成流程再造的目标。

第八章
CHAPTER 8

排兵布阵：HR 与
组织架构设计

周石（化名）是某中型电子产品制造企业的人力资源总监。公司董事长在一次会议上提出，随着公司战略的调整，需要重新设计公司组织架构。公司应该向阿里巴巴、海尔等公司学习，尽快从现行的职能制组织架构转型为平台式组织架构，以加强公司的创新能力和市场适应能力。公司成立了以 CEO 为组长的组织架构调整委员会，周石被任命为委员会副主任。但是，在整个组织架构调整的过程中，周石发现自己只能扮演参与者和协助者的角色。作为 HR，自己基本无力主导公司整体组织架构设计工作。

组织架构设计是组织能力建设和再造的八支柱之一。

在各级管理者的印象中，组织架构的设计是一件比较简单的事。多数管理者认为自己完全可以根据业务的具体情况和自己的思路，在草稿纸上画出企业的组织架构图，并能说出设计理由，而且听上去好像都有道理。新上任的企业一把手，最常干的一件事就是实施组织架构变革。

之所以说组织架构设计看上去容易，是因为大多数管理者都是从科层式组织内提拔和成长起来的，长期受层级制架构的影响。在一些管理者的眼中，组织架构设计就是企业部门间的分工而已。一旦成为一把手，这些管理者认为实施部门再设计或者架构重组是一件比较容易的事情。

实际上，组织架构设计是对企业所拥有的资源和要素的分工和整合，目的是整合和利用好企业所拥有的资源和要素。这其实是一项非常复杂的工作。

第一节
组织架构设计中 HR 的痛点

HR 名义上负责组织架构的设计和维护，但是实务中，很少有 HR 能够真正主导企业组织架构的设计和变革。大多数情况下，HR 在企业组织架构设计工作中只是协助管理层做一些基础性工作，或者提一些不痛不痒的意见。

HR 有组织架构设计的责任之名，但难以有效参与组织架构设计之实的原因有三：

一是企业领导者大多认为组织设计不是一件困难的事。领导者根据自己的思路和确定的业务战略，重新划分组织内部的分工，组织架构根本无需 HR 参与讨论和决策。

二是懂业务的 HR 稀缺。组织架构设计一定是建立在对业务深度了解的基础之上的。如果 HR 不懂业务或者仅仅略知皮毛，就很难有效参与到组织架构的设计中来，也就很难提出有效的组织架构设计方案。

三是一些 HR 没有深度了解业务，对于组织架构的设计技术也是一知半解。HR 很少有机会参与到组织架构的设计工作中，本身也没有太多的机会学习和实践组织架构的设计，对于组织架构的了解也就涉及一些直线制、职能制、事业部制等基本情况。至于组织架构设计中所蕴含的业务底层逻辑，多是一知半解。

组织架构的设计，要求设计者既要洞察业务又要掌握组织设计的理念和方法。HR 只有掌握了组织架构设计的知识和技能，并结合对业务的洞察，才能帮助企业设计出有效的组织架构。

第二节
组织架构设计：分工与整合

通俗来讲，组织架构设计就是把企业内部的工作分成不同的任务，然后再把这些不同的任务整合起来，利用企业整体的力量实现战略目标。因此，组织架构的设计就是对两个要素的管理：一是分工，二是整合。一些企业管理者往往把精力放在分工上，有时恰恰忘了分工后的整合对企业满足客户需求更加重要。

因此，组织架构的设计不仅仅是企业部门内部分工那么简单，还要考虑企业的战略、规模、产品和服务、技术体系、所在的环境以及权力因素等关键参数。把资源合理分工后再进行有效整合，充分调动这些资源要素的效率，使企业能够为客户提供满意的产品和服务，才是组织架构设计的核心要义。

组织架构的分工设计

自从亚当·斯密在《国富论》中以大头针生产为例，阐明了分工给企业带来的高效产出之后，企业内部通过分工的方式实施生产和管理的组织架构模式就一直沿用至今。

一般情形下，有五种常用的分工标准：

1. 按照内部职能进行分工，如人事部、财务部。

2. 按照产品或服务进行分工，如冰箱产品部、空调产品部。

3. 按照地区进行分工。

4. 按照客户或者市场进行分工，如保险公司的团体险部和个人险部。

5. 按照知识和技能进行分组，如律师事务所的刑事辩护部、金融证券部。

对于规模较大、业务复杂或多元化的企业来说，上述五种标准可能会混合使用。具体分工标准，要依据业务的具体情况来判断。

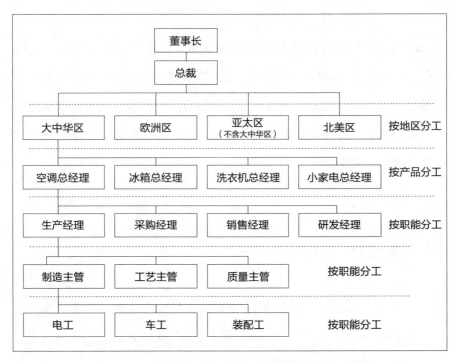

图 8-1　一家大型跨国家电企业集团的部分组织架构

组织架构的整合设计

完成对组织内部资源的分工之后，就要考虑如何把分工后的资源实施有效的整合了。具体来说，有以下几种组织内部资源的整合方式。

1. 直接沟通

直接沟通是指员工之间通过简单的口头沟通实现工作协调的一种整合机制。这种整合机制多适用于创业公司的初始阶段。公司刚创立，尚未建立也不需要正式的沟通协调机制。由于员工人数少，非正式口头沟通几乎就可以解决全部问题。

当然，这种机制也存在于所有组织当中，任何企业中的工作团队都可以使用这种简单的整合机制。在以创新为主的企业中，这种整合机制正发挥极为重要的作用。规模较大的公司建立创新小组或项目团队，如3M、谷歌，其目的就是要充分利用这种利于创新的沟通整合机制。

2. 直接监督

直接监督就是依靠某个管理者发布的工作指令开展工作，并由这个管理者对工作过程和工作结果实施管控的一种整合机制。大部分情形下，团队管理者通过直接监督的方式开展工作。例如，招聘团队的 HR经理，就是通过对招聘专员的招聘过程和结果直接进行管理监督来实现资源整合的。

3. 工作流程标准化

工作流程标准化就是针对能够程序化的工作内容制定出相应的工作标准，然后通过标准化的操作实现内部整合的一种整合机制。这是多数企业采取的组织结构整合方式。例如，丰田汽车生产线的汽车装配工作，就是通过工作流程标准化实现资源的整合调节。

4. 工作输出标准化

工作输出标准化是指把企业的产品或者服务的最终结果实施标准化，一般不太关注产品或者服务的生产过程。这种整合调节方式是对那些难以把生产或服务过程标准化的产品或服务而言的。例如，年度利润增加 10%，或者成本降低 10%，就属于工作输出标准化的范畴。

5. 工作技能标准化

工作技能标准化是指企业员工所需要掌握的技术和能力在一定程度上的标准化。如果企业的工作内容不容易实施工作流程标准化，也不易实施工作输出标准化，就要考虑工作技能标准化。例如，律师、会计师以及医生的工作技能，需要经过严格的学习和培训过程，所学内容包含了所在行业的各类标准，在开展业务的时候，遵守的就是工作技能标准化。

对于组织架构的整合来说，调节方式是最需要重点考虑的内容。不同的调节方式会形成不同的组织架构。对于 HR 和各级管理者来说，组织的分工能力应该不是问题。但是对于分工后的整合调节工作，大多数 HR 或者管理者并没有给予过多重视，这也是一些企业存在组织架构问题的一个主要原因。

企业最终是作为一个整体为客户提供产品和服务的。从这个角度讲，组织架构设计中的分工后的整合调节方式，才是组织架构设计成败的关键要素。对于 HR 来说，这是组织架构设计底层逻辑的一部分。因此，了解和掌握组织架构设计整合调节机制是做好组织架构设计工作的关键要素之一。

第三节
组织架构设计的影响因素

组织架构设计主要受到企业战略、所在环境、技术体系、权力因素、年限及规模的影响。

企业战略

战略决定组织能力，当然也决定着组织架构形式。例如，采取产品差异化战略的企业，一般会采用有机化组织结构，这种组织架构利于创新创造。采取总成本最低战略的企业，一般会采用科层式组织结构形态，这种组织架构利于提升管理效率。HR 在设计组织架构的时候，企业战略应该是首先要考虑的因素。

所在环境

任何企业都处于某种特定的环境并被所在环境深刻影响。企业要生存和发展，就不得不采取适应环境的各种措施。这些措施就包括企业的组织结构。

影响企业的社会环境因素非常复杂，主要是指企业所处环境的稳定性、复杂性和多样性。企业所处环境稳定性高、相对简单、市场单一化程度高时，灵活性和速度一般不是企业组织架构形态的重点。这种环境下，规范化和标准化的组织结构会使企业更有效率。如果所处环境模糊性、不确定性非常高，那么企业最好采取有机化组织结构，这种组织结构能够较好地适应环境变化。

工业经济时代，企业所处环境相对稳定、复杂化程度不高，市场也相对单一，企业多采用科层式组织结构。

数字经济时代，环境充满了易变性、不确定性、复杂性和模糊性。企业组织结构需要做出相应的调整和改变，或者至少要尽量减少科层式组织形式带来的问题。正如管理大师亨利·明茨伯格（Henry Mintzberg）所言："重要的不是环境本身，而是组织应对环境的能力——预测它、理解它，应对它的多样性，快速地对它做出反应。"

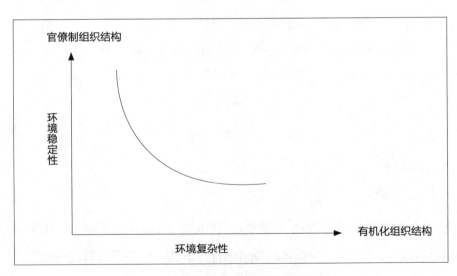

图 8-2 所处环境对组织结构的影响

技术体系

技术体系的复杂程度对组织结构有着很强的影响力。如果企业的技术体系可以标准化，能够分解成简单的专业分工形式，那么企业可能会偏向科层式组织结构。例如，美的、格力的技术含量较高，都采取了科层式为主的组织结构。

如果企业所用的技术复杂程度较高，很难标准化或难以分解成简单、专业形式的任务，那么可能会偏向实施有机化组织结构。例如，美国国家航空航天局发展历史长、规模大，实行的是以有机化结构为主的组织架构。

那些有着复杂的技术体系，并追求在复杂的技术体系上不断创新的企业，永远会尽量减少科层式组织形态的影响，提升组织有机化机制，以促进创新。3M、英特尔、谷歌等公司都是如此。

权力因素

权力因素对组织架构有着很大的影响，因为组织结构分工是组织内部权力资源再分配的一个过程。

一家企业实行集权机制还是分权机制组织结构，一个重要的因素是最高管理者对此的看法和做法。如果最高管理者喜欢权力，他们会尽量减少对下属分享权力或者不进行授权。相反，一个不太关注权力的领导者，大概率会给予企业内部团队相对充分的授权。

集权还是分权，同样受企业内外环境影响。如果环境处于动荡和变化之中，那么企业管理者为了达成战略目标，就不得不实行充分授权。因为处于动荡环境中的领导者会发现，如果不进行充分授权，把权力集中在企业高层，要实现战略目标就基本没有可行性。

集权和分权是一个复杂的问题，也是一个领导力的问题。集权和分权的状态，对组织结构的形态有着重要的影响。科层式组织结构下虽然也有分权，但是权力相对集中；有机化组织结构下的权力则相对分散。

年限及规模

通常情况下，随着企业不断成长，规模不断扩大，业务越来越成熟，工作内容也越来越标准化和规范化；另外，规模的扩张导致直接监督和直接沟通的整合机制成为不可能，也要求企业建立更加规范化和标准化的组织结构。因此，组织结构受企业年限及规模的影响。

年限越短，规模越小，有机化程度越高。创立初期的企业多数实行的是有机化组织结构。年限越长，规模越大，科层式组织的程度可能就越高。

当然，那些努力保持创新的企业，无论年限多长、规模多大，都会努力保持适于创新的组织结构。3M 已经有一百多年的历史，谷歌有超过六万名员工的规模，这两家公司依然保持着创新型有机化组织结构。

第四节
典型的组织结构

科层式（官僚制）组织结构和有机化（生态化）组织结构，是两种基本的组织结构。

科层式组织结构是由马克斯·韦伯（Max Weber）首先总结出来的，也称为官僚制组织结构。当然，这里的"官僚"二字，不带有任何贬义，而是一个纯粹的技术术语。

科层式组织结构主要有以下特点：

● 组织内部专业分工明确；

● 员工行为规范性、制度性强；

● 组织的大部分业务依靠标准化流程实现运营和管理；

● 组织内部有清晰的权力层级；

● 组织内部指挥链明确而清晰。

总体上，科层式组织结构的标准是：组织内部的行为是否事先决定、是否可以预测以及是否实行标准化。

有机化组织结构与科层式组织结构可以说是完全相反的一对组织结构。有机化的组织一般较少有标准化的流程和制度，而是强调组织的灵活性和创新性。有机化组织结构内部虽然也有分工，但是并不强调把人们限制在各自的分工领域。有机化组织强调内部的平等性，通过数据、事实决定应该采取什么行动，而不是依据职位赋予的权力。同时，有机化组织强调组织的开放性，注重外部环境给企业造成的影响。

有机化组织结构的主要调节机制多是通过直接沟通和直接监督实

现的；而科层式组织结构的主要调节机制多是通过流程或者标准化来实现的。

科层式组织结构和有机化组织结构之间，还存在着由这两种组织架构衍生的许多中间状态的组织结构。

我们说一家企业的组织架构是科层式组织结构或有机化组织结构，并不意味着这家企业的任何一个部分都是科层式或者有机化组织结构。应该说科层式组织结构中也可能存在有机化组织形式，有机化组织结构中也可能存在科层式组织形态。比如，一家汽车制造公司的生产流程可能是科层式组织结构；而其研发部门有可能采取的是有机化组织结构。从整体来看，这家公司的主要组织架构是以科层式组织结构为主。阿里巴巴的平台式组织结构，是一种典型的有机化组织结构，但是平台上的团队适用的则是科层式组织结构。

典型的科层式组织结构

科层式组织结构曾经为人类社会做出了巨大的贡献，正如亨利·明茨伯格所言："它们对我们的高标准物质生活居功甚伟。如果没有科层式组织结构，汽车将成为富人的专利，旅行者只能冒着风险满天飞。没有任何一种结构比科层式结构更适合于大规模生产、持续产出和更有效地调控工作。可以毫不夸张地说，如果没有这种结构，我们的社会将无法运转。"

总体上来说，典型的科层式组织结构是一种以管控为主的组织结构。管控的文化心态会弥漫于整个组织之中。

科层式组织结构的优点极为明确，而缺点也同样清晰。这种组织结构特别适合大规模生产和环境稳定的企业，但是对处于环境较快变化甚至动荡中的企业，却是一种致命的缺点。

科层式组织结构存在以下几方面的问题：

第一，科层式组织结构的调节机制多是通过工作流程标准化、工作输出标准化或者工作技能标准化来实现的。在运营管理的过程中，业务经理和员工的权限受到流程的很大限制。除了管理层之外，多数员工的工作自主权是有限的或者说是受控的。

第二，科层式组织结构的信息流是自上而下和自下而上的。也就是说，管理层通过命令或者指令的层层下达，以及有关信息的层层上报来实现对企业运营管理的控制。企业内部正式的权力在界限分明的内部管理层级中上下流动，同时这种组织结构还需要全面贯彻统一指挥的原则。基层或者中层员工基本没有权力自行做出相关决策。这也是这种组织结构受到重点火力攻击的主要原因。这种信息的传递方式，往往降低了企业的反应效率，有时甚至扭曲了信息的真实性。

第三，科层式组织结构造成企业内部的"部门墙"，使信息的横向流动受到极大阻碍。过于强调工作的专业化，容易使各个部门只考虑自身的利益，而忽略企业的整体利益，有时甚至对其他专业部门嗤之以鼻。例如，业务部门有可能认为人事部门除了设置障碍之外，一无是处。

第四，科层式组织结构的企业，其战略的制定是以管理层为主，中层、基层基本无法参与到战略的制定中来。高层制定战略，中层和基层被动地根据各自的分工去执行，是这种组织结构的特点。

无论如何，科层式组织结构仍然在现实中占据统治地位，绝大多数企业采用了科层式组织结构。只是很多企业在信息的流通、权力的下放（授权），特别是打破组织内部的"部门墙"等方面做了一些改善，试图在保留这种组织架构的优点的同时，尽量消除这种组织结构的缺点。

科层式组织结构的主要表现形式为直线职能制、事业部制以及矩阵式，还有直线制、职能制、控股公司（H 型结构）等其他形式。

一、直线职能制

直线职能制又称为 U 型组织。直线职能制组织架构是直线制和职能制两种简单组织结构的结合体，这种组织结构既有直线制下集中统一指挥的优点，也有职能制下分工和专业化管理的长处。

直线职能制最早是由 GE 提出并使用的。这种组织形式试图在经济规模的基础上，寻求一定的灵活性。职能部门提升了业务管理者的专业化水平以及放大了业务管理者的管理半径，同时业务部门仍然拥有对业务的决策权和直接指挥权。我国多数企业使用这种直线职能制组织结构。

直线职能制是典型的科层式组织结构，其优缺点与前面提到的科层式的优缺点基本一致。

二、事业部制

事业部制是一种以市场为基础的组织结构，又称为 M 型组织。事业部制组织结构主要关系到总部和事业部的分权机制。在这种组织结构下，总部让渡给事业部较大的权力。总部对事业部的管理是通过工作输出标准化来实现的。在事业部制下，很少使用工作内容标准化或者工作技能标准化的调节机制。

一般情形下，实施事业部制组织结构的企业，总部除了保留事业部管理层的人事管理权、财务管控权、绩效结果管理权、对外投资权之外，会把绝大部分经营管理权交给事业部管理层。

具体来说，总部和事业部之间的权力关系主要有以下几种：

1. 总部决定事业部的经营范围，事业部决定其所运营管理产品的市场战略和市场策略。

2. 事业部一把手的人事管理权由总部负责，有的企业还负责副总级的人事管理权。事业部管理层的招聘、任命、薪酬、激励、免职等几乎全部掌握在总部手中。

3. 总部一般不会直接参与事业部的具体财务管理工作，但是财务一把手的任命、免职和薪酬一般由总部直接负责；总部通过这种方式实现对财务的一体化管理。

4. 战略层面的重大项目投资权绝大多数归属总部。

5. 总部很少介入事业部的运营和管理，但是总部通过事业部的绩效结果，也就是工作输出标准化来评价事业部是否实现战略目标。例如，总部给事业部的工作输出标准是年度利润增加10%，年销售额增加15%等，都属于工作输出标准化。

事业部制组织结构本质是总部和事业部的一种权力再分配机制。事业部自身可以根据具体情况实施科层式组织结构或者有机化组织结构。

事业部制组织结构使多元化或多产品的企业集团能够通过对资金的有效配置、分散企业风险、提升战略反应能力等方式，针对不同的市场做出有效的反应。

三、矩阵式

矩阵式组织结构是为了解决直线职能制的"相对僵化"和事业部制"不够经济"的缺点而产生的一种组织结构。

矩阵式组织结构一般是把职能部门和产品（项目）部门结合在一

起，形成一个矩阵。矩阵式组织结构下，一个员工既要向职能部门经理汇报，也要向产品部门（项目）经理汇报，也就是说，一个员工有双重汇报关系。

在矩阵式组织结构下，职能部门和业务（项目）部门同时存在，既能发挥职能部门的纵向管理优势，也能发挥业务（项目）部门的横向管理优势。纵向和横向的结合使矩阵式组织结构呈现出网格状的形态。

矩阵式组织结构的问题主要是：如果职能经理和业务（项目）经理因为资源或者权力不平衡发生矛盾，将严重妨碍企业的运行效率和运行效果。同时，一位员工至少要向两位领导汇报，也会降低管理效率，在员工缺乏沟通和交流能力的情形下尤其如此。

矩阵式组织结构本质上是一种科层式组织结构，只是形式上做了一些变形。

科层式组织结构的未来

科层式组织结构要求规范化、标准化、专业化。这种组织结构在工业经济时代，大大提升了企业的生产效率，为社会的发展做出了巨大的贡献。但是，在长期的应用过程中，人们也清晰地看到了这种组织结构所带来的问题和挑战：科层式组织结构下，人们的行为容易趋于僵化、不愿意接受创新，也不容易开展创新，自我封闭下不懂得善待客户以及造成员工缺乏工作热情和激情等。

进入数字经济时代后，一些专家、学者开始批评科层式组织结构存在的各种弊端，认为科层式组织结构已经不再是企业需要的组织结构，不适应时代的发展，应该逐渐被淘汰，最好要建设"像水一样"的有机化组织。

理论上讲，如果企业组织能力达到"像水一样"既无形又有形，随时随地对所在的环境做出有效的反应，当然是一件极好的事情，但目前这只是一种"乌托邦"。

科层式组织形态在一定程度上还是适合现阶段的经济环境和企业发展状况的。只要企业所掌握的资源是有限的、人们对一个问题的认知和判断会有各种不同的看法，企业内部存在等级制就是一个固有需求，因为这种等级制对于合理调节企业内部资源、提升决策效率、统一团队思想和行为有着非常重要的作用。

以等级制为主要特征的科层式组织形态，还有一定的生物学基础。所有人都是在一个等级体系下成长的。父母和子女的关系，本质上是一个等级关系。人们与父母的关系、与兄弟姐妹的关系、与亲戚朋友的关系，像极了一个科层式组织结构。从生物学角度讲，人们对等级体系有着一种天然的适应性。

所以，科层式组织结构有其存在的必需、必然和令人满意的部分。HR 和管理者在设计组织架构的时候，不是说一定要消灭科层式组织形式，而是要根据业务需要，通过改善调节机制，合理使用科层式组织形式。

相比早期，现在多数企业的科层式组织结构在运营管理上有着很大区别。多数企业在层级、信息流转、授权等方面做出了适度的改变。对于当前的科层式组织，我们可以称之为"后科层式"组织结构。

有机化组织结构

处在变化快、行业不稳定、环境具不确定性的企业，以管控为主的科层式组织结构会出现环境适应性问题。动态环境下的企业必须要不断地发展出适应环境变化的新能力。因此，动态环境下的组织架构设计，首先需要考虑的是组织的灵活性或者说柔性，才能设计出更具环境适应能力的组织架构。

所谓灵活性或者柔性的组织架构，是一种高度有机化的组织结构。有机化组织结构不追求规范化和标准化，尽量减少不必要的规章制度、管理程序，通过充分的授权和分权，增加组织纵向和横向沟通的效率和效果，以达到适应性和创新性的目的。

需要说明的是，绝对柔性的组织是不存在的。一个组织往往体现出刚性和柔性并存的现象。对于需要适应高度变化环境的组织，或者说创新要求高的组织，更偏向于柔性，而对于环境相对稳定的企业，其组织可能会偏向于刚性。

有机化组织结构是一种以创新为主的组织结构。这种组织结构需要避免科层式组织结构下的一些组织管理原则，如严格的流程管理、行为的高度规范化和标准化、对规划和控制系统的重视等。

有机化组织结构最不看重的就是科层式组织结构的统一指挥原则。只要创新需要，企业内部的信息流和决策流可以非正式地灵活调整，也意味着企业内部的权力链有可能随时被打破或者重置。

有机化组织结构当然也需要专业化的人员。但与科层式不同的是，在一般情形下，有机化组织结构下的专业人员的工作领域不会严格限制在专业以内，也很少实施专业技能的标准化和规范化，而是通过促进这些专业人士之间的密切合作和协同产生创新的行为和绩效。因此，有机化组织结构只是把专业人士的专业知识和技能看作是实施创新、获取新知识、新产品和新服务的基础，而科层式组织结构下的专业人士的知识和技能需要在标准化下直接被用来对客户进行服务。

有机化组织的整合调节机制主要是直接沟通式调节，尽量避免通过规范化和标准化进行整合调节。由于有机化组织以灵活性、适应性和创新性为主，因此，人们在创新的时候，频繁的非正式的沟通和交流非常重要。人们必须通过紧密的相互协作，才有可能实现创新的目标。

在典型的有机化组织结构中，任何具有专业知识的人都有可能掌握决策权，只要员工有了创新性项目就有可能得到公司的支持。如果项目可行，该员工大概率会成为该项目的领导者，可以调动企业的资源以进一步开发和创新。

相比于科层式组织结构，有机化组织结构的一个典型缺点就是效率较低。这是因为有机化组织结构多使用直接沟通的资源整合方式。沟通和决策缺乏效率，同样会造成管理成本的增加。

平台型组织结构是一种典型的有机化组织结构，这是互联网时代发展起来的一种新型的有机化组织形式。平台型组织本质是一个资源提供平台，通过建立有效的共享机制，实现平台资源共享，同时赋予平台上的团队或者员工更大的人财物的权力，以实现资源充分有效的配置。

平台型组织与科层式组织结构的最大不同在于组织的动力不同。平台型组织是一种用户需求拉动的组织，企业的动力来自企业用户或者客户，前台团队根据用户或者客户的需求采取相应的行动。而科层式组织结构则是由各级管理者推动的组织架构，各级管理者依据企业战略目标，通过 KPI 等管理工具，推动组织前进，企业的动力主要来自不接触客户的后台职能部门。

目前，阿里巴巴、海尔等公司都实行了平台型组织架构。

平台型组织架构一般分为前台、中台和后台。前台是最接近企业用户或客户的，因此最了解客户的痛点和需求。前台可以根据了解到的客户需求，制订方案和计划，调动中后台的各类资源，生产相应的产品和服务，以满足客户需求。因此，前台是企业的利润中心，直接为客户和企业创造价值。

中台一般包含业务中台和组织中台两个方面。业务中台主要是为前台实施专业资源赋能，通过把所掌握的资源实现"模块化"，为前台提供即插即用的模块化资源。组织中台主要由人事、财务、战略、品牌等组成，也称为 BP（业务伙伴），主要对前台实施经营知识和管理方面的赋能。

后台可以看作是传统的职能部门，也是费用中心。但是后台传统的职能部门又与科层式下的职能部门有所不同。后台主要承担三个职能：一是平台交易规则设计，主要决定业务关键指标、资源配置方式以及相应的奖惩措施等；二是建设资源池，为前台和中台累积各种资源，方便中前台调用等；三是平台能力建设，主要通过使命、愿景、战略、文化、人才、创新等机制，管理和建设平台的组织能力。因此，后台相当于平台型组织架构的中枢，关系到整个组织的方向等宏观业务策略，并通过高水平的赋能和高效资源提供，实现组织的整体目标。

案例：Supercell 公司的平台型组织架构

Supercell 是一家手游公司，创立于 2010 年，市场估值达 100 多亿美元，其开发的"海岛骑兵""皇室战争""荒野乱斗"等游戏有超过一亿的用户。

Supercell 采取的就是平台型组织架构。开发游戏的小型团队相当于平台组织的前台。一个团队负责开发一款游戏。共享平台专门为游戏开发团队提供各类资源，包括运营规则、技术支持、战略方向、人才支持、财务资源等。平台的任务就是提供一切可以拥有和调动的资源，确保游戏团队的开发工作顺利实施。同时，各个游戏开发团队之间也可以进行信息、技术等方面的交流和合作。

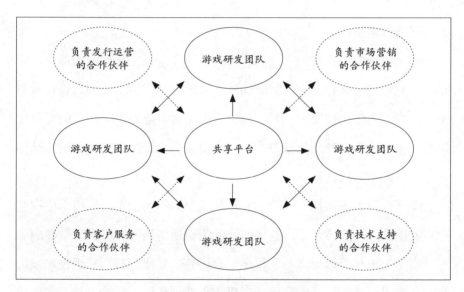

图 8-3 Supercell 组织架构

资料来源：《组织革新：构建市场化生态组织的路线图》。

第五节
打造无边界组织

我们前面介绍了科层式组织结构和有机化组织结构。这两种组织架构都有着自己鲜明的特点。虽然科层式组织结构的一些固有的缺陷会导致组织环境适应性问题，但是由于这种组织结构也有着鲜明的优点以及人们已经习惯于这种组织架构的管理模式，迄今为止，这种组织架构仍然占据统治地位。

有机化组织结构有利于创新，有利于对动荡和变化环境的适应，但是真正能够利用好有机化组织结构的企业还不是很多。大多数管理者对于"控制"还是比较痴迷。对于现实中的多数企业来讲，完全的有机化组织结构还处于一种理想状态，或者说很多企业还在向有机化组织结构前进，尚未达到目标。

在平台型组织架构中同样存在科层式组织结构。平台型组织中存在大量的团队，一般情形下，这些团队的组织架构是以科层式为基础的。

由于有机化组织形态对于很多人来讲难以驾驭，特别是规模较大的企业，把组织结构设计成完全的有机化创新型结构，现阶段对多数企业来说基本是不现实的。这是 HR 需要理解的地方。HR 既要追寻美好的理想，也要立足现实的基本情况。

既然企业很难取消层级，那么管理者要做的就是想办法解决因为层级导致的信息沟通不畅的问题以及部门之间存在的"部门墙""隔热层"问题，通过打破组织内部的各种不合理的边界来建设一个无边界的组织。因此，无边界组织成为企业组织结构设计中的考虑因素之一。

企业内部的边界主要有垂直边界、水平边界和外部边界。

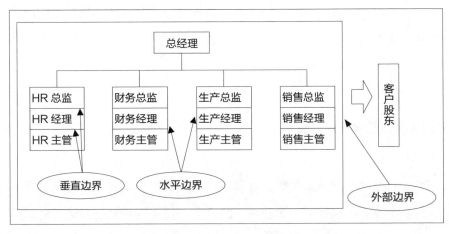

图 8-4　组织的边界图

组织结构的垂直边界产生在内部层级之间，就像房子的地板和天花板。

水平边界则是产生在不同部门或团队之间的界限。水平边界就像房子内部的墙壁。好的组织架构设计能够使创意、信息、资源更容易地穿越水平边界。

如果把企业看作一个整体，那么与客户、供应商、社区、股东等之间的界限，就是企业的外部边界。企业自己是无法独立生存的，必须融入社会环境中，与社会环境产生一定程度的交换才能生存和发展。

建设无边界组织，并不是说要消除组织的所有边界，这是不现实的。组织一直以来都是有边界的，而且在可预见的将来估计也不会改变。不同的分工、不同的资源以及不同的责任等注定了企业健康合理的边界存在的必要性。没有了边界，人们就很难保持专注和独特，很难协调资源和能力，甚至失去方向感。

因此，我们所说的无边界组织，并不是要消除企业内外所有的边界，而是要使信息、资源、创新和活力能够容易穿越和渗透企业的内外边界，从而确保企业作为一个整体高效运转。

穿越垂直边界

人们习惯于把决策缓慢、怠慢客户等问题归因于企业的等级管理体制。企业等级体制受到了无数炮火的攻击，迄今为止却仍岿然不动。对HR 来说，不是要跟风炮轰这种等级管理体制，而是应当发现改善等级体制问题的方法，尽力使等级管理体制摆脱固有的问题或缺陷。这就需要在设计组织结构的时候，尽量做到信息和资源等能够更容易穿越组织的垂直边界。

要使创意、信息、资源等有效地穿越垂直边界，第一个很好的方法就是组织的扁平化，也就是在设计组织结构的时候，尽量减少内部的层级安排。

第二个打破垂直边界的方法就是充分授权。科层式组织形态下，上下层级之间的授权普遍不足，导致下级很难及时有效地做出决定。如果员工授权充分，无需经过上级领导的首肯就可采取行动，当然会提高效率。因此合理授权是打破垂直边界的关键措施。

第三个打破垂直边界的方法是保障信息的快速流通。科层式组织结构下，大部分信息是被高层垄断的，层级越高，掌握的信息越多，只有高层管理者才能做出有效的决策。基层员工由于无法掌握更多的信息，很难做出有效的决策。无边界组织则需要尽量保证内部信息的透明化，并采取措施尽量保障信息能够共享。

第四个打破垂直边界的方法是提升员工的能力。在传统的科层式组织结构下，员工只要根据自己的工作规范进行工作就行了，而无边界组织则需要员工发挥自己的主观能动性和尽可能参与决策。因此，无边界组织需要通过培训、轮岗等方式提高员工的能力。

第五个打破垂直边界的方法是使用薪酬激励的工具。传统的科层式组织结构主要根据人们的级别确定薪酬水平，而无边界组织以员工的绩效和能力为基础确定薪酬激励标准。当人们发现提升能力和业绩同样会提高薪酬水平的时候，层级将不再是人们的唯一追求，员工就会努力提升和拓展自己的能力水平。

打破垂直边界最为关键的一点还是人们思维方式的改变。在科层式组织结构下，管理者和员工都习惯了权力的适度集中、流程的标准化、行为的规范化以及信息的单向流动。人们习惯于根据上级的指示开展工作。若没有明确的指令，很多人会变得无所适从。而打破垂直边界，建设无边界组织需要管理层和员工彻底转变这种观念和思维模式。如果仅对授权、信息、能力和薪酬等实施变革，而没有思维方式的转变，所有的改变就不可能成功。

数字经济时代，客户对于企业的反应速度和灵活性的要求越来越高，没人愿意等待企业缓慢的反应。因此我们说速度、灵活性和效率是新的成功要素。企业可通过组织的扁平化、信息的共享、充分授权、能力和绩效为基础的薪酬机制以及员工能力的提升等，对层级制中的一些缺陷做出改善，从而尽力打破组织的垂直边界，提升信息、资源等在组织内部的有效流动。

打破水平边界

只要企业内部有分工，就会产生正式群体和非正式群体，如 HR 群体、财务管理群体、生产部门群体等。有了群体，就会产生"你们""我们"的主观意识。这是"部门墙"产生的基础。"部门墙"的存在容易导致各部门从自己的利益出发看待问题，忽略企业的整体利益；每个部门或者团体都有自己的"势力范围"；部门或团体之间的信息、资源流转会受到严重的阻碍。

我们讲数字经济时代企业的成功要素是速度、灵活性、整合和创新，而如果企业内部存在很厚的"部门墙"，则基本上无法达成这些成功要素中的任何一项。因此，HR 在设计组织结构时，要考虑的非常关键的一点就是信息和资源在水平方向上的流动问题，而不仅仅是完成分组、分部门。只有打破部门或者团体之间的"部门墙"，使信息和资源能够在部门之间顺畅地流动，才有可能实现组织的速度、灵活性、整合以及创新。

打破组织僵化的水平边界的关键方法就是流程化管理。有效的流程能把企业串成一个整体，使组织形成整体力量。组织架构设计者首先需要站在客户角度，逆向审视组织内部的资源和部门。审视者的逆向目光所及之处是从企业的输出端（客户、产品和服务）透过内部各个部门直达企业的输入端（资金、技术和原材料）。同时，设计者还需要再从输入端穿透内部部门墙直达企业的输出端。这种双向审视让组织结构设计者清晰地洞察企业的价值链，从而设计出有效的主流程。

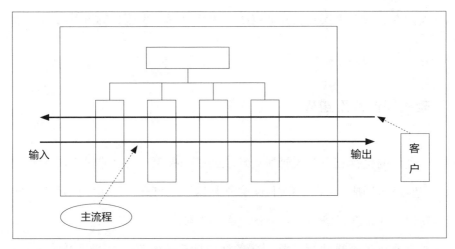

图 8-5　组织水平审视图

从一定程度说，流程要比职能更重要，因为流程是为解决客户的需求而设立的，企业的主流程与客户的需求是相连接的。流程的本质就是对分工后各项分散的资源进行有效的整合。

有效的流程设计能够使流程穿越组织水平边界，对内部的共享资源进行整合，从而使企业以一个整体面对客户、股东以及社区。打破水平边界的核心要点就是要围绕核心流程定位整个企业的工作。

HR 在实施组织结构设计时，同时把流程设计问题考虑进来，是实现速度、灵活性、创新和整合的关键一步。

总体上讲，打破组织的水平边界，建设无边界组织的要点要从客户需求视角看待组织结构设计。

需要特别说明的是，打破水平边界的另一个关键还是思维模式的改变。思维决定行动，有什么样的思维就有什么样的行动。人们已经习惯了科层式组织下以部门视角思考的方式，习惯了从组织的结构出发看待组织而不是从组织的整体出发看待组织，因此打破水平边界的前提还是要改变人们的思维模式，养成以水平视角审视组织流程的思维习惯。

穿越组织的外部边界

企业的生存和发展受到所处环境的影响极深远，数字经济时代，企业"躲进小楼成一统"的时代一去不复返了。打开自己，了解环境，拥抱变化，才是新经济时代企业的生存和发展之道。

企业打破外部边界，除了要关注政治事件、经济环境、技术进步、人口变化等外部关键环境因素对企业的影响之外，微观上还要重塑与供应商、客户以及其他外部利益相关者的关系。

企业与供应商的合作共赢是最好的关系状态，那种试图榨干供应商利润以降低自身成本的做法是不可持续的。供应商和客户都是企业价值链上的关键环节。只有价值链的最优化，才能实现企业价值的最大化。通过各方协同，把价值创造发挥到最大效用，同时实现自身利益的最大化，这应该是企业追求的目标。

一家大型汽车制造商的生产制造库存信息系统已经和其汽车零部件供应商整合在一起。当某种零部件需要增加订货的时候，供应商不需要汽车制造商下订单，因为供应商已经通过汽车制造商库存信息系统对组件消耗的监控而了解了需要供货的信息，一批货物随即发到汽车制造商生产制造车间。

沃尔玛与宝洁公司的合作也是企业穿越自身边界的一个很好的案例。宝洁公司生产的帮宝适，由于产量较大，占用库存空间较大。因此，沃尔玛把帮宝适库存管理的工作交给宝洁公司。宝洁公司通过沃尔玛的销售数据，判断补货和送货时间点，并直接发货给沃尔玛。沃尔玛把库存补货的工作交给了宝洁公司，自己无需再管理帮宝适的物流、库存、订货等工作。宝洁公司也可以根据沃尔玛的销售数据制订生产以及销售计划。

需要特别说明的是，除了我们本章提到的直线职能制组织、事业部制组织、矩阵式组织以及平台型组织，还出现了其他一些创新型的组织架构形式，如合弄制组织、阿米巴组织、指数型组织、网络线组织、敏捷性组织、二元性组织、格子型组织等。这些新的组织创新都在试图创建高效、灵活的组织形式。但是，这些组织也遇到了各自实际的问题和挑战。HR 有时间可以适当了解这些组织的基本特征以及应用条件，做到心中有数。

案例：海尔的组织架构

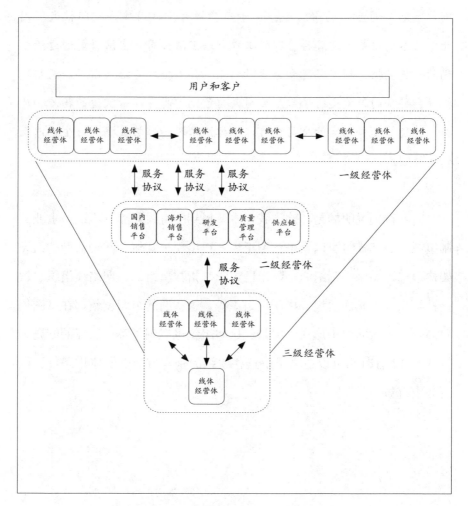

图 8-6 海尔的"倒三角"组织架构

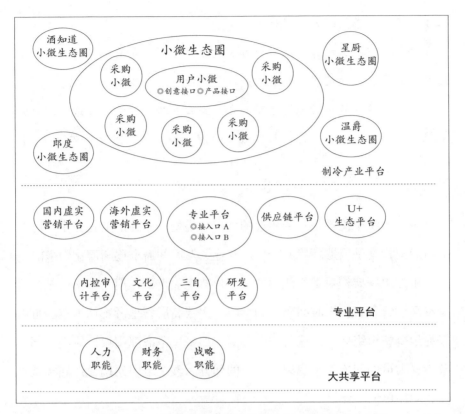

图 8-7 海尔小微生态圈组织结构图（以制冷产业为例）

资料来源：《重塑海尔：可复制的组织进化路径》。

海尔的发展和进化史，实际上就是一部组织架构调整的历史。

1984 到 1998 年，海尔采用的是直线职能制和事业部制的组织架构。

1999 到 2005 年，海尔实际上采用的是一种特殊的矩阵式组织架构，海尔称之为"市场链"组织。"市场链"与阿米巴有些类似，其与阿米巴模式的主要区别是定价原则不同和是否对员工予以物质激励等。

2006 到 2012 年，海尔进化到了"自主经营体"时代，实际上已经进化成为一个平台型组织（图 8-6）。

2012 年之后，海尔在"自主经营体"的基础上，进一步进化，进入了"小微生态圈时代"（图 8-7）。

海尔组织架构的每一次进化都有两个目的：一是更加接近客户，发现客户的需求，满足客户的需求；二是激活员工个体。

海尔从传统的由管理者推动的企业组织架构，逐步演化成为客户需求推动的组织架构，一定经历了极大的困难和挑战，因此非常值得 HR 做深入的研究。

企业组织架构不是一劳永逸的，一定是处于不断的变化之中。海尔的组织架构就是依据环境的变化以及业务发展的需求逐渐演化而来的。

虽然组织架构对组织能力建设和再造至关重要，但是不幸的是，很少有高层管理者投入时间研究和学习，多数高层管理者都认为自己可以轻易地调整组织架构。这是一个现实：如果仅考虑部门设计原则、部门分工、人员的配置等组织架构设计的部分因素，组织架构设计确实是一个相对简单的工作。

但是，组织架构设计是一项非常复杂的工作，不但要求设计者懂业务，还要求设计者懂组织架构设计的理论和技术，两项缺一不可。高层管理者依据经验或感觉设计出来的企业组织架构，大概率会存在问题。

HR 在组织架构的设计和调整中，应该扮演关键角色。一是要让管理层认识到组织架构设计是与业务和未来紧密相连的一项复杂和有难度的工作；二是要通过自己对业务的深度了解，参与或主导组织架构的设计和调整。

对于组织架构设计，业务部门虽然也会适当参与，但是业务部门的意见很多时候反映的是业务部门自身的利益，这是正常的现象。作为 HR，有责任让业务部门深度参与到组织架构的设计中来。HR 可以通过正式的培训和沟通，使业务部门掌握一定的组织架构设计的意义、知识和技能，并使业务部门能够站在组织全局的角度考虑组织架构的设置。

组织架构的每一次变革，都伴随组织内部权力和利益的重新分配，同时也需要业务部门去落实新组织架构的变革。业务部门积极参与，会对新的组织架构有着更深入的理解，有时即使面临利益和权力的流失，深度的参与也容易让业务部门接受新架构并积极落实。

★ 小贴士

组织架构设计的本质就是对组织内部资源的分工和整合，有效的分工和整合是提升企业效率和组织能力的关键。

HR 其实很难在组织架构设计中占主导地位。一个重要的原因是 HR 对业务的了解度不够。这让名义上负责组织结构设置的 HR 处于一个相对尴尬的境地。

多数情况下，组织架构是由管理层和业务部门主导设计的。虽然这些人懂业务，但是却不熟悉组织结构设计的理论和技术，导致多数企业组织结构设计成了组织内部的重新分工，忽略了分工后的整合，而整合在组织结构设计中至关重要。

科层式组织结构和有机化组织结构是两种基本的组织结构。科层式结构虽然广受诟病，但仍然在实践中占据主导地位。有机化组织结构是建设敏捷、灵活组织能力的基本要求，因此成为组织结构设计的一种趋势。平台型组织结构是一种典型的有机化组织结构。

对于组织结构设计，HR 需要明确以下几点：

● 组织架构设计事关企业的业务和发展，责任重大。

● 组织架构设计是一项非常复杂和困难的工作，每位管理者都有自己心目中的组织架构样式，但是组织结构设计并不像多数人认为的那样容易。

● HR 需要深度理解业务，才能主导或真正参与组织架构的设计工作。

● 让业务部门了解组织架构设计的知识和技能，并使业务部门站在全局的角度参与企业组织架构的设计是 HR 的职责。

第九章
CHAPTER 9

懂财务是 HR 的
必备技能

懂财务是 HR 的必备技能之一。财务数据所反映的是企业经营管理状况的基本业务逻辑。懂财务不但利于 HR 的本职工作，也会让 HR 加深对业务的了解。

对于 HR 来说，懂财务达到两个基本要求即可：一是能正确读懂企业资产负债表、利润表和现金流量表，并且能够厘清这三张报表中的数据关系；二是能理解财务比率指标反映出的相关问题以及这些财务指标背后的基本业务逻辑。

第一节
为什么很少有人抱怨财务人员不懂业务

作为职业经理人的财务人员和同为职业经理人的 HR，都会在不同的行业中寻找工作机会。我们观察到一个有趣的现象：当财务人员跳槽到自己不熟悉的行业中时，很少有人抱怨他们不懂业务。

实际上，跳槽到一个新行业，企业的财务人员和 HR 一样，都对新企业的业务缺乏了解，更不用说具体业务及其背后的业务逻辑。在踏入新企业的这个时间节点上，财务人员和 HR 一样，对业务的了解程度是在同一条起跑线上的。

但是一段时间之后，HR 经常会被抱怨不懂业务，却很少听到业务部门抱怨财务人员不懂业务。这是因为财务人员每天接触的财务数据，其背后就是业务逻辑和业务绩效。财务数据是财务人员的主要工作对象，财务数据与业务有着天然的紧密联系。工作一段时间后，财务人员自然就会对公司的业务逐步加深了解，并能够从财务角度发现和分析业务的问题和挑战。

这种现象也说明，财务数据是了解企业业务的一个非常重要的渠道。董事会或者管理层重视财务工作比人力资源工作要多一些，原因之一就是财务数据与业务结果紧密相联。

第二节
HR 如何理解财务报表

除了从事薪酬和绩效的 HR 月末或年底关注一下企业的销售收入或净利润等几个财务数字以便于薪酬绩效计算之外，HR 对财务的态度可能与其他人没有什么不同，最多也就是了解一下企业的盈亏状况。

即使 HR 有机会看到企业的资产负债表、利润表和现金流量表，也很少有人愿意花时间探究这三张关键报表中的数据关系和业务逻辑。而对于 HR 来说，这几张表中的数字是 HR 了解业务及组织能力的一个重要渠道。

资产负债表

资产负债表反映了企业的整体资产质量、负债风险和股东权益的全貌。资产负债表的英文为 "A Balance Sheet"，意思就是资产（资金的运用）必须要等于负债加上股东权益（即资金来源），也就是说它必须平衡。换句话说，股东权益就是资产减去负债。资产负债表的基本关系式是：资产 = 负债 + 股东权益。

表 9-1　内蒙古伊利实业集团股份有限公司 2021 年度的资产负债表

编制单位：伊利股份　　　　　　　　　2021 年 12 月 31 日　单位：万元

项目	2021/12/31	2020/12/31
资产		
流动资产		
货币资金	3174237	1169518
结算备付金	—	—
拆出资金	—	—
交易性金融资产	3721	12322
衍生金融资产	6062	26283
应收票据	14845	14288
应收账款	195898	161634
预付款项	151975	128973
应收保费	—	—
应收分保账款	—	—
应收分保合同准备金	—	—
应收利息	—	—
应收股利	—	—
其他应收款	12603	11549
应收出口退税	—	—
应收补贴款	—	—
应收保证金	—	—
内部应收款	—	—
买入返售金融资产	—	—
存货	891720	754503
待摊费用	—	—
待处理流动资产损益	—	—
一年内到期的非流动资产	222992	156221
其他流动资产	341443	402767
流动资产合计	5015496	2838058
非流动资产		
发放贷款及垫款	—	—
可供出售金融资产	—	—

项目	2021/12/31	2020/12/31
持有至到期投资	—	—
长期应收款	—	—
长期股权投资	420995	290282
其他长期投资	—	—
投资性房地产	50761	52045
固定资产原值	4538292	3652952
累计折旧	1590144	1309091
固定资产净值	2948148	2343861
固定资产减值准备	10280	9519
固定资产	2937868	2334341
在建工程	370979	541656
工程物资	2587	818
固定资产清理	—	—
生产性生物资产	177695	—
公益性生物资产	—	—
油气资产	—	—
无形资产	160913	153578
开发支出	—	—
商誉	30629	36155
长期待摊费用	40976	54468
股权分置流通权	—	—
递延所得税资产	118398	129439
其他非流动资产	351792	295154
非流动资产合计	5180738	4277369
资产总计	10196234	7115426
负债		
流动负债		
短期借款	1259637	695673
向中央银行借款	—	—
吸收存款及同业存放	—	—
拆入资金	—	—
交易性金融负债	3	—
衍生金融负债	2942	3222

续表

项目	2021/12/31	2020/12/31
应付票据	40215	25917
应付账款	1365952	1137647
预收账款	—	—
卖出回购金融资产款	—	—
应付手续费及佣金	—	—
应付职工薪酬	316818	271315
应交税费	40273	63236
应付利息	—	—
应付股利	16402	14294
其他应交款	—	—
应付保证金	—	—
内部应付款	—	—
其他应付款	335065	299390
预提费用	—	—
预计流动负债	—	—
应付分保账款	—	—
保险合同准备金	—	—
代理买卖证券款	—	—
代理承销证券款	—	—
国际票证结算	—	—
国内票证结算	—	—
递延收益	—	—
应付短期债券	—	—
一年内到期的非流动负债	66811	82324
其他流动负债	96374	278211
流动负债合计	4329624	3476818
非流动负债		
长期借款	538018	137503
应付债券	318785	376245
长期应付款	20824	7126
专项应付款	—	—
预计非流动负债	—	—
长期递延收益	30827	17912

续表

项目	2021/12/31	2020/12/31
递延所得税负债	37456	46558
其他非流动负债	——	——
非流动负债合计	987508	585344
负债合计	5317132	4062162
股东权益		
实收资本（或股本）	640013	608262
资本公积	1426857	141741
减：库存股	125107	177202
专项储备	——	——
盈余公积	320007	304819
一般风险准备	——	——
未确定的投资损失	——	——
未分配利润	2429766	2049274
拟分配现金股利	——	——
外币报表折算差额	——	——
归属于母公司股东权益合计	4770831	3038391
少数股东权益	108271	14873
所有者权益（或股东权益）合计	4879102	3053264
负债和所有者权益（或股东权益）总计	10196234	7115426

从伊利股份的资产负债表中，我们可以观察到，其负债和所有者权益 = 流动资产 + 非流动资产。

资产负债表反映的是企业在一个时点上的财务状况，表 9-1 反映的就是伊利股份在 2021 年 12 月 31 日那天的资产负债情况。

据表 9-1，伊利股份的资产分成了流动资产和非流动资产。流动资产是指一年内可以变现的资产，主要包括货币资金、应收账款和存货三大项内容。非流动资产是超过一年才能变现的资产，主要包括长期投资、固定资产以及无形资产三个大项。当然，资产在财务上还可以分为经营资产和投资资产。

资产的本质说明了企业资源的规模和结构问题，但是没有交代这些资产属于谁。资产负债表中的负债对此做了回答，也就是说企业有一部分资产来源于债权人。负债分为流动负债和非流动负债。伊利股份的总负债是 5317132 万元，表示债权人原则上拥有伊利股份 5317132 万元的资产。

股东是企业的所有者，所以股东权益也称为所有者权益。法律上，企业的全部股东拥有公司 100% 的所有权。但是财务上，多数情况下，因为企业有对外负债，所以企业的资产并不全部归股东所有。企业资产减去企业负债，才是股东权益。

股东权益主要包括实收资本（或股本）、资本公积、盈余公积以及未分配利润。

HR 可以从以下四个方面，理解和分析资产负债表的数据及其关系。

一是观察资产和负债的结构状况。如果负债相对于资产的比例偏低，说明企业当前的财务状况比较合理，企业相对是有活力的。一般情形下，如果负债占资产的比例偏高，说明企业的负担比较重，持续经营的能力可能会面临一定挑战。

二是观察企业资产的内部结构状况。如果资产中固定资产和长期资产所占比重偏高，说明企业正处于偏重资产运营状态，整体活力相对弱一些，企业可能以追求稳定、可预测的管理方式为主。如果固定资产和长期资产所占比重相对较低，则说明企业属于轻资产运营，相对比较有活力，可能会以创新型管理方式为主。如果 HR 能够结合企业的毛利率、现金流等指标做进一步分析，则更能相对准确地判断企业的活力状况。

三是观察企业流动资产的内部结构。如果企业货币资金占流动资产的比例较高且应收账款比较少，说明企业的产品和服务有较高的竞争力，因为如果客户不积极付款，可能就不容易购买到企业的产品和服务；如果货币资金占流动资产比例较高，存货也比较少，说明企业生产能力能够得到充分利用。这些数据都表明企业正处于一个比较有活力的阶段，可能在某一方面有较强的组织能力。但是如果这些数据处于相反状态，表明企业活力大概率存在一些问题。

四是关注企业的往来款项问题。如果企业的应付账款和预收账款比较多，说明产品和服务在市场上比较受客户的欢迎，企业在与客户和供应商的关系方面，有着较强的谈判能力。如果企业的应付账款和预收账款比较少，则说明企业产品在市场上可能不太具备竞争力，企业与供应商的谈判能力也较弱。HR 可以通过分析这些财务数据所反映出的问题，并结合对客户和供应商（其他利益相关者）的实际调查了解，做出对某项组织能力的判断。

企业的资产负债表是分析企业各项业务活动的基础报表。HR 应该理解表中各个数字之间的逻辑关系，学会分析这张报表，并能够根据表中数据分析了解企业存在的优势或者相关组织问题。

利润表

利润表本质上反映的是企业的收入、成本及盈亏情况。利润表的基本关系式是：利润 = 收入 – 成本。

表 9-2　内蒙古伊利实业集团股份有限公司 2021 年度的利润表

编制单位：伊利股份　　　　　　　　　　　　　2021 年度　单位：万元

报告日期	2021/12/31	2020/12/31
营业总收入	11059520	9688564
营业收入	11014399	9652396
利息收入	45122	36168
已赚保费	—	—
手续费及佣金收入	—	—
房地产销售收入	—	—
其他业务收入	—	—
营业总成本	10119403	8944110
营业成本	7641671	6180556
利息支出	—	—
手续费及佣金支出	—	—
房地产销售成本	—	—
研发费用	60102	48710
退保金	—	—
赔付支出净额	—	—
提取保险合同准备金净额	—	—
保单红利支出	—	—
分保费用	—	—
其他业务成本	—	—
营业税金及附加	66358	54650
销售费用	1931481	2153760
管理费用	422707	487624
财务费用	−2916	18809
资产减值损失		
公允价值变动收益	12059	17109
投资收益	46139	59973
对联营企业和合营企业的投资收益	33667	34227
汇兑收益	—	—
期货损益		
托管收益	—	—

续表

报告日期	2021/12/31	2020/12/31
补贴收入	—	—
其他业务利润	—	—
营业利润	1023031	855823
营业外收入	5825	4852
营业外支出	17621	45690
非流动资产处置损失	—	—
利润总额	1011235	814985
所得税费用	138033	105091
未确认投资损失	—	—
净利润	873203	709894
归属于母公司所有者的净利润	870492	707818
被合并方在合并前实现净利润	—	—
少数股东损益	2711	2076
基本每股收益	1.43	1.17
稀释每股收益	1.43	1.18

虽然利润表里的绝对数字能够反映出企业的经营状况，但是分析企业的利润表，最好还是与年度预算或者上年度的利润进行比较分析，才能准确了解企业的经营状况，看明白其中存在的问题和挑战。

HR 可以从四个方面分析企业的利润表：

一是通过比较企业的营业收入，理解企业的成长或衰退情况。如果企业的营业收入与上年度相比有所降低，就需要分析导致营业收入降低的原因。例如，从企业的产品、客户、销售、人员等方面分析问题、寻找原因。据表 9-2，2021 年的营业收入与 2020 年相比是增长的。企业当然也需要对增长的原因做出分析，总结经验以便再战。

二是通过比较营业毛利情况，分析企业产品和服务的竞争能力。如果产品和服务的毛利不断下降，则要么是某种原因导致生产成本提高，要么是产品和服务的竞争力出现了问题，背后反映的就可能是某种组织能力出了问题。

三是通过比较企业的营业费用，了解企业经营活动的有效性。如果企业的营业费用相比预算或者上年度有较大提升，那么企业经营管理活动的有效性可能存在问题，就应该认真查找和分析营业费用提升的具体原因，制订相关工作计划，解决相应问题。

四是关注企业的营业外收支的变化。营业外收支经常不在企业的年度预算范围之内，但这些收支状况有时对企业的盈利或亏损有着重大的影响。HR 应该密切关注这些数据的变化，了解企业营业外收支的实际情况。

利润表不只反映企业经营的结果，更是企业改善经营、提升利润的重要参考依据。HR 通过分析利润表，了解利润表里的数据所反映出的企业经营成果的业务逻辑以及数据背后所体现出的组织能力问题，从而能够在企业组织能力建设上有的放矢地做出调整或者变革，帮助提升企业的盈利能力。

现金流量表

现金流量表反映的是企业现金的流入和流出情况。简单来说，如果企业流入的现金比流出的现金多，说明企业的现金流状况好，流动性风险小，对企业当然是一件好事。如果相反，则企业有可能面临较为不利的流动性（如资金链断裂）风险。

表 9-3　内蒙古伊利实业集团股份有限公司 2021 年度的现金流量表

编制单位：伊利股份　　　　　　　　　　　　2021 年度　单位：万元

报告日期	2021/12/31	2020/12/31
经营活动产生的现金流量		
销售商品、提供劳务收到的现金	12196837	10602400
客户存款和同业存放款项净增加额	—	—
向中央银行借款净增加额	—	—
向其他金融机构拆入资金净增加额	—	—
收到原保险合同保费取得的现金	—	—
收到再保险业务现金净额	—	—
保户储金及投资款净增加额	—	—
处置交易性金融资产净增加额	—	—
收取利息、手续费及佣金的现金	8209	5512
拆入资金净增加额	—	—
回购业务资金净增加额	—	—
收到的税费返还	—	—
收到的其他与经营活动有关的现金	220135	201520
经营活动现金流入小计	12425182	10809433
购买商品、接受劳务支付的现金	9118246	8353750
客户贷款及垫款净增加额	—	—
存放中央银行和同业款项净增加额	—	—
支付原保险合同赔付款项的现金	—	—
支付利息、手续费及佣金的现金	—	—
支付保单红利的现金	—	—
支付给职工以及为职工支付的现金	1104435	934032
支付的各项税费	507540	403954
支付的其他与经营活动有关的现金	142209	132533
经营活动现金流出小计	10872430	9824269
经营活动产生的现金流量净额	1552752	985164
投资活动产生的现金流量		
收回投资所收到的现金	13383	61463
取得投资收益所收到的现金	18814	82408

续表

报告日期	2021/12/31	2020/12/31
处置固定资产、无形资产和其他长期资产所收回的现金净额	3878	2196
处置子公司及其他营业单位收到的现金净额	——	219
收到的其他与投资活动有关的现金	2333	——
减少质押和定期存款所收到的现金	——	——
投资活动现金流入小计	38408	146287
购建固定资产、无形资产和其他长期资产所支付的现金	668273	652220
投资所支付的现金	97930	396103
质押贷款净增加额	——	——
取得子公司及其他营业单位支付的现金净额	51809	——
支付的其他与投资活动有关的现金	93	2273
增加质押和定期存款所支付的现金	——	——
投资活动现金流出小计	818107	1050596
投资活动产生的现金流量净额	−779698	−904309
筹资活动产生的现金流量		
吸收投资收到的现金	1225515	24750
其中：子公司吸收少数股东投资收到的现金	20790	44
取得借款收到的现金	12693820	7455731
发行债券收到的现金	——	——
收到其他与筹资活动有关的现金	63594	——
筹资活动现金流入小计	13982929	7480481
偿还债务支付的现金	12195752	6943563
分配股利、利润或偿付利息所支付的现金	569281	530974
其中：子公司支付给少数股东的股利、利润	2109	1373
支付其他与筹资活动有关的现金	23376	10600
筹资活动现金流出小计	12788408	7485137
筹资活动产生的现金流量净额	1194521	−4656
汇率变动对现金及现金等价物的影响		
汇率变动对现金及现金等价物的影响	−2881	−39513
现金及现金等价物净增加额		
现金及现金等价物净增加额	1964693	36685
加：期初现金及现金等价物余额	1143357	1106671
期末现金及现金等价物余额	3108050	1143357

如果说利润表反映的是企业挣钱的能力，现金流量表则主要反映企业经营活动、投资及筹资活动的现金流情况，也是反映企业生存和发展可能性的重要财务报表。一些企业的失败，就是没有做好现金流管理，失去了偿付当期债务的能力，导致破产或者重整。

企业现金流主要包括经营活动产生的现金流、投资活动产生的现金流和筹资活动产生的现金流。

HR 应该从三个方面分析现金流量表：

一是要分析现金流的增减变化，了解企业的短期偿债能力。如果现金流增加，说明企业的短期偿债能力较强；现金流减少，则说明企业的短期偿债能力比较弱。也并不是说企业的现金流越多，就一定是越好的。企业手握很多现金，当然是好事，同时也说明企业可能没有利用好手中的现金，有时这也是一个问题。

二是要分析现金流的构成结构，从中了解企业生产经营的稳定性。企业的现金流应该以经营活动特别是主营业务产生的现金流为主。如果经营活动产生的现金流稳定增加，说明企业的生产经营活动是良性的。如果投资和筹资活动产生的现金流成为企业现金流的主要来源，而经营现金流却是下降的，则说明企业正常的生产经营活动有可能出现了问题。这个时候就需要对经营情况进行分析，以便找到下降的原因并做出相应改变。

三是分析企业投资、筹资活动的现金流状况，以了解企业的未来前景。大体上，如果企业主营业务的投资现金流增加，说明业务正在成长中，企业的未来前景较好；如果企业对外投资现金流增加，说明这一阶段企业拥有充裕的现金，正在利用富余资金增加收入，或者正在使用资金在企业外部寻找其他投资或者商业机会。

HR 分析现金流量表的主要目的是了解企业的经营能力、投资机会、未来前景以及组织能力现状等。

第三节
HR 如何理解财务比率

HR 在理解了企业资产负债表、利润表和现金流量表这三个重要报表的基础上，还要能够使用一些财务比率指标，分析和洞察企业的运营能力、盈利能力、竞争能力等各项组织能力。

分析企业的运营能力

企业的运营能力是指企业运用各项资产获得利润的能力。评价企业的运营能力的财务分析指标有存货周转率、总资产周转率、流动资产周转率、固定资产周转率和应收账款周转率等。

存货周转率 = 销货成本 / 平均存货余额。企业的存货周转率高，说明存货资产变现能力强，企业存货或者相应资金周转快，产品在市场上有较强的竞争力。如果存货周转率低，情况则正好相反。

总资产周转率 = 销售收入 / 平均资产总额。企业的总资产周转率高，说明企业资产管理和利用效率较高，有较强的盈利能力。

流动资产周转率 = 销售收入 / 平均流动资产。企业的流动资产周转率高，说明企业的流动资产利用率较高，同时表明企业具备较强的短期偿债能力。如果流动资产周转率低，则有可能需要补充流动资金。

固定资产周转率 = 销售收入 / 固定资产净值。企业固定资产周转率高，说明企业固定资产的利用率高。如果这个数值较低，则说明企业固定资产可能存在闲置问题，需要采取相应措施。

应收账款周转率 = 销售净收入 / 平均应收账款。资金只有收回来才能为企业创造价值。企业应收账款周转率高，说明企业产品具备较强的竞争力，资金使用效率高，短期偿债能力强。

分析企业的盈利能力

企业存在的前提就是赚钱，这是一个基本目标。企业的盈利能力对于企业的股东、员工、供应商、社区甚至客户等各利益相关方都是至关重要的。

关于企业的盈利能力，主要通过营业利润率、成本费用利润率、净资产收益率、资本收益率、总资产报酬率和盈余现金保障倍数等指标来分析和观察。

营业利润率 = 营业利润 / 营业收入 ×100%。营业利润率高，说明企业的产品在市场上具备较强的竞争力，企业有不错的盈利能力和未来前景。如果企业利润率降低，则表明产品的竞争力可能出现了问题，需要分析找出具体原因，并采取相应的措施。

成本费用利润率 = 利润总额 / 成本费用总额 ×100%。成本费用利润率高，说明企业投入的单位成本的盈利能力较强。

净资产收益率 = 净利润 / 平均净资产 ×100%。企业净资产收益率高，说明自有资本有较强的挣钱能力。这个指标是企业股东和投资人比较喜欢关注的一个指标。

资本收益率 = 净利润 / 平均资本 ×100%。这个指标反映了投资人投资所产生的回报情况。资本收益率高，意味着企业具备较强的运营能力，投资人投资风险低，获得的投资回报高。

总资产报酬率 = 息税前利润总额 / 平均资产总额 ×100%。企业总资产报酬率高，说明企业总资产利用率良好，企业具备较强的盈利能力。

盈余现金保障倍数 = 经营现金净流量 / 净利润。这个指标反映了企业当期净利润中有多少是有现金保障的，真实地反映了企业的实际收益质量。这是企业能否持续生存的一个关键指标。

通过这些财务指标，HR 还能了解企业盈利能力的稳定性和持久性。企业的主营业务利润占企业各项利润收入的百分比比较高，说明企业的盈利能力在这个时期内是较为稳定的。通过这些财务指标分析比较连续两个或三个财务年度的数据，HR 基本可以分析出企业的可持续性情况。

分析企业的竞争能力

企业的竞争能力当然是反映企业竞争力的指标之一。反映企业竞争能力的财务指标还有：营业收入增长率、资本保值增值率、总资产增长率、营业利润增长率、研发创新能力、经济增加值等。

营业收入增长率=本年营业收入增长额/上年营业收入 ×100%。营业收入增长率大于零,表示企业本年营业收入是增长的,数值越大表明企业营业收入增长越好。如果营业收入增长率小于零,则需要引起重视,分析原因并采取行动。

资本保值增值率=扣除客观因素后的年末所有者权益总额/年初所有者权益总额 ×100%。资本保值增值率的数值越高,说明资本保值增值情况越好,企业也就越能保障股东和债权人的利益。

总资产增长率=本年总资产增长额/年初资产总额 ×100%。指标数值越高,表明在一定时期内企业资产规模扩张的速度越快。需要说明的是,资产规模扩张时,不但要关注扩张的量,还要关注扩张的质,以及企业的持续性发展能力,避免出现盲目扩张的问题。

营业利润增长率=本年营业利润增长额/上年营业利润总额 ×100%。利润增长,当然意味着企业竞争力的提升。

研发创新能力=研发投入/营业收入。这个指标反映了企业在财务上对创新的投入。指标越高,说明企业在创新上的投入越高,创新能力当然也越强。华为每年至少投入销售额的 10% 作为创新研发资金,当然可以相信其研发创新能力指标是相当不错的。

经济增加值是税后净利润减去企业所有成本(包括股权和债务的所有投入成本)后的剩余收入。经济增加值比传统的财务指标更能反映企业资本的使用效率和价值创造能力。

对于 HR 来说,需要特别关注的是主要服务对象——人力资源的财务数据。一般情形下,财务报表中的人力资源数据是以人工成本数据表现出来的。财务报表并没有完全反映出人力资源的真正价值。而作为企业中最具活力的资源，人力资源是组织能力建设和再造的核心资源，对企业的生存和发展起着至关重要的作用。因此，HR 和各级管理者在关注财务报表中关于人力资源的数据时，绝对不应当把人力资源仅仅看作企业的成本，而是要从组织能力建设和再造的角度来看待人力资源的价值创造。

HR 读懂了企业的财务报表和主要数据就大致上能够判断出企业的整体组织能力了，同时也能了解企业正在关注的业务重点以及主营业务的健康状况等。如果财务数据显示企业主营业务正在健康增长，则 HR 应当知道自己如何帮助企业保持可持续成长；如果财务数据显示增长出现了停滞，则 HR 需要在自己的专业领域特别是组织能力方面做出反应或相应变革。

HR 应该理解企业的运营本质就是有效地管理现金，明智地使用资产，持续地改进产品，尽最大努力为客户创造价值。理解这些关键财务运营数据，能让 HR 深度了解企业的经营管理情况以及资产使用效率。理解了财务指标背后的业务逻辑，HR 才能更好地牵头组织能力建设和再造的任务和工作。

总之，HR 不但要有能力分析企业的资产负债表、利润表和现金流量表，还要能够通过这些财务报表提供的数据，分析企业的运营能力、盈利能力和竞争能力，以及从财务角度正确理解企业的优势和劣势、组织能力的现状和问题等。对这些数据和信息的分析和判断是 HR 参与战略制定和执行，建设企业文化，调整薪酬绩效政策，实施人才和领导力培养等组织能力建设和再造的基础。

★ 小贴士

HR 懂财务是一个必选项。HR 懂财务能提升 HR 懂业务的水平，但是 HR 懂财务并不是要求 HR 成为财务专家。

HR 懂财务达到以下两个标准即可：

一是能读懂企业资产负债表、利润表和现金流量表。所谓的读懂，就是能够理解这三张报表中各类数据之间的关系，并能够分析这些数据所代表的企业运营管理的业务逻辑，从财务数据中发现组织问题并有能力提出相应的解决方案。

二是能通过常用的财务指标，分析和了解企业的运营能力、盈利能力、竞争能力等各项组织能力，并有能力从 HR 的角度提出相关解决方案。

第十章

HR 懂客户及其他外部利益相关者

德鲁克在《为成果而管理》一书中提道：从经济意义上说，市场和客户应当是企业的一部分。即使企业的产品不存在，市场和客户仍然是存在的。企业可以"修改"某个产品，却无法"修改"市场和客户。对企业来说，市场和客户是主要的，而产品和服务处于次要地位。

但是，企业运营和管理有时就是如此玄妙。即使所有人都知道企业的生存和发展依赖于客户，但并不是所有人都关注客户。

实际工作中，特别是企业内部各个职能部门的员工，非常容易陷入各自职能部门的"业务深井"之中，只关注自己的工作职责，缺乏对于公司最重要的客户关系的考察和了解。财务、采购、品牌甚至研发部门的一些人，多认为客户关系是市场部门和销售部门的事情，与自己的工作职责没有多大关系，无意投入时间了解客户。

出现这个问题的主要原因有两个：一是企业内部一些职能部门的工作并不与客户直接打交道，日常工作离客户较远，会想当然地认为自己的工作与客户没有多大关系；二是企业沟通和强调不到位，一些员工确实没有认识到客户的重要性。像华为这样的企业也是经历了一个长期的过程，通过强化文化、制度、政策和流程建设，才真正使自己的大部分员工认识到"以客户为中心"的重要性。

长期以来，HR 多把组织内部的其他部门和员工看作自己的客户。HR 们认为自己的责任就是要服务好组织内部的其他部门和员工，对于最为重要的外部客户，缺乏了解的兴趣和意愿。

工业经济时代，HR 不去了解客户需求，还可以勉强完成本职工作。而新经济环境下，HR 懂业务已经成为必须的标准和要求。如果 HR 还停留在之前的状态中，不去深入了解客户，就很难做好本职工作。

根据德鲁克的观点，客户实际上应当被视为企业的一个组成部分。

从这个角度讲，HR 当然需要洞察客户这个企业组成部分。企业组织能力建设和再造的最终目标就是为客户创造价值，使企业具备为客户提供满意的产品和服务的能力。HR 作为组织能力建设的负责人，了解客户也就成为应有之义。

第一节
HR 了解客户需要厘清的几个关键问题

HR 了解客户，首先需要回答与客户有关的几个关键问题。

谁是我们的客户？我们的客户在哪里？

德鲁克说过，企业通常不知道顾客是谁，所以必须要去发现他们。顾客不是"付钱的人"，而是"做出购买决定的人"。

一家大数据医疗公司的客户可能是医院和政府卫生主管部门。对于这家公司的 HR 来说，不能仅仅知道客户的大致情形，还需要进一步了解详情。并不是医院和政府卫生机构所有部门都直接与公司打交道，而是某几个特定的部门。这些部门的工作人员是公司经常接触的主管人员，大概率决定着对公司产品和服务的判断以及拥有是否合作的决定权。这样，谁是公司的真实客户，一目了然。

对于处方药来说，虽然最终消费者是病人，但是能够做出购买决定的人却是医生。

光明、伊利以及蒙牛等快消公司的客户是经销商以及消费者。经销商以及消费者都是这些公司必须了解的客户，因为渠道和消费者都是能够"做出购买决定的人"。

进入互联网时代，德鲁克关于顾客的观点可能需要适当修改。

对于软件安全公司 360 来说，它的客户是谁呢？广大用户免费使用 360 杀毒软件，360 公司无法从用户处获取收入。企业的收入主要来自在线营销服务、搜索引擎转介服务等销售收入。360 公司的收入主要是 to B 业务，那么使用杀毒软件的免费用户是不是 360 的客户呢？免费用户当然也是 360 的客户，因为如果没有杀毒软件的使用者，360 公司也无法取得 to B 业务的收入。用户是帮助广告客户"做出购买决定的人"。360 公司必须服务好两类不同的客户：免费使用 360 软件的用户以及委托 360 公司进行在线营销的企业和搜索引擎转介服务企业。

精准地定义谁是企业的客户，他们在哪里，是 HR 了解客户的第一步。

客户为什么购买我们的产品或者服务？

市场上的产品和服务大都存在竞争。客户为什么愿意购买本企业的产品和服务，而不是购买其他企业的产品和服务，对于企业来说是一个必须洞察的问题。

虽然理论上讲同质化的产品拼价格，差异化的产品拼质量，但是现实中客户真正购买本企业的产品和服务，没有购买其他企业的产品和服务的理由可能有很多种。企业只有洞察其中的原因，才能有的放矢地实施生产或者变革，最大限度地满足客户的需求。

洞察客户购买的理由或者拒绝购买的理由是保持企业产品和服务竞争力的关键所在。对于 HR 来说，了解产品和服务被购买或者被拒绝购买的理由，是了解客户和产品的关键环节，也是有的放矢地开展组织能力建设和再造的知识和经验点。

我们的客户都是最终消费者吗？如果不是，我们的最终消费者是谁？

主要使用经销商渠道进行产品和服务销售的企业拥有两种不同的客户，即经销商和最终消费者。经销商和最终消费者的诉求是不同的。这两者都是企业的客户，企业既要了解经销商，更要了解最终消费者。

例如，汽车 4S 店是汽车经销商。4S 店是企业，追求的是利润。而最终消费者是购买汽车的人，看重的可能是汽车的价格、品牌、外观等。这两者的利益和诉求完全不同。

客户是如何细分的？谁是最优质的客户？

企业的产品和服务大多数情况下不会满足所有人群的消费需求。因此，市场细分是企业对客户的基本判断。企业的营销部门、研发部门以及销售部门会根据产品等具体情况，对企业服务的客户进行恰当的市场细分，并依据细分市场开展产品和服务的研发以及从事具体的营销和销售。

市场细分是企业实现精准营销、找到高质量的潜在客户、降低营销成本的一种重要的营销方法。例如，可口可乐公司推出的"酷儿"饮料品牌，就是针对中国儿童消费者的一次极好的市场细分行为。

HR 需要与企业内部的营销部门、销售部门以及研发部门进行具体的沟通，了解企业产品和服务的市场细分情况。通过了解市场细分的原则和具体情况，就能进一步了解企业的优质客户是谁。

对于 HR 来说，明白了企业产品和服务的市场细分原则及具体情况，还要走出企业，去接触细分市场的客户或者购买力较强的客户群体，亲身观察市场和客户，真实地洞察市场和客户需求。

客户的价值主张是什么？

客户的价值主张简单来说就是客户购买产品和服务最真实的原因和动机。HR 需要了解企业的产品和服务的哪些特点满足了客户的价值主张，使得客户愿意付钱购买。例如，客户在购买耐用消费品的时候，可能更关注产品的质量、售后服务、价格、品牌等因素。这些促使客户购买的因素，可能就是客户的价值主张。

HR 洞察了客户购买的真正动机，就能以客户需求为起点开展工作，有针对性地进行组织能力建设，使企业有能力进一步根据客户的价值主张，强化产品和服务的原本优势、改善不符合客户价值主张的地方或者满足客户新的价值主张。

客户的痛点是什么？

客户的痛点是指客户对产品和服务的期望与企业所提供的现实的产品和服务之间的差距。有时候，客户可能并没有感觉到真实的痛点，例如，苹果手机问世之前，鲜有客户明确地知道自己需要一部智能手机。

客户的痛点就是企业提供产品和服务的出发点。明晰客户痛点的企业，能够为客户解决其痛点，一般会比较容易获得某个市场的成功。

就某种特定的产品和服务来说，消费者的痛点可能存在于价格、性能、质量、服务、体验、安全、形象等方面。这需要企业接触客户、了解客户以及洞悉客户的真实需求，分析和找到客户的真实痛点。

就牙膏行业来说，云南白药牙膏解决的是消费者刷牙容易出血的痛点；高露洁牙膏更关注消费者的蛀牙痛点；两面针牙膏以中草药成分为主，关注的是消费者牙根容易发炎的痛点。

了解和洞悉客户的痛点，不是一件容易的事情，需要企业密切地接触客户，保持与客户的沟通，通过向客户提问、倾听客户的声音、与客户讨论产品和服务以及确认客户的需求等方式来获取客户的第一手信息。

第二节
HR 了解客户的方式

德鲁克曾说："企业内部的人以为自己很了解顾客和市场，这种想法实在是谬以千里。真正了解顾客的唯有一人，即顾客自己。我们只有询问顾客、观察顾客、试图理解顾客的行为，才能看清楚他是谁，他做什么，他怎么买东西，买来东西怎么用，他想要什么，他看重的价值是什么，等等。"

因此，纸上谈兵是无法真正了解客户的。HR 需要从繁忙的日常工作中抬起头来，投入一定的时间，走近客户，才能做到真实了解客户。

拜访客户

HR 必须亲自拜访客户，与企业真实的客户沟通，并倾听客户的声音。从某个角度来说，从没有拜访过客户的 HR，大概率就是那些陷在传统日常工作中的 HR。理论上，所有的 HR 都应当有过拜访客户的经历。亲自拜访客户、与客户交谈一定会让 HR 产生不同的感受，也会加深 HR 对业务的理解深度。

IBM 的郭士纳在上任初期对 IBM 高管做出的第一个重要的决定就是，要求高管每周必须拜访一定数量的客户，而且这是一个必须完成的任务，不能以任何理由推诿。这也是郭士纳领导下的 IBM 从关注内部向关注外部转型的第一步。

郭士纳在他的《谁说大象不能跳舞》一书中提到，他在 IBM 的九年，飞行里程达到了 100 万英里，会见了无数 IBM 的客户和商业伙伴。在 IBM，所有的决策都是基于客户的需要做出的。郭士纳成功地把当时封闭、关注内部的企业文化，彻底地改变为客户导向的企业文化。关注客户，了解客户，以客户的需求为导向，是郭士纳成功拯救 IBM 的关键措施之一。

邀请客户到组织内部

HR 与客户产生互动的另外一种形式，就是主动邀请客户到公司交流、参观或者就某一个问题展开讨论。多数营销、研发和销售部门会主动邀请客户到公司访问，但很少有 HR 主动邀请客户到企业参观或者交流。对于负责组织能力建设和再造的 HR 来说，主动邀请客户到企业参观、访问和讨论问题，可以说是了解客户的创新之举。

杰克·韦尔奇时代的 GE，HR 会邀请客户参观其领导力开发中心，并为客户提供专门的领导力培训和开发服务。HR 这些行动不但提升了对客户的了解，也提高了客户的黏性。

和客户一起工作一段时间

对于 to B 企业的 HR，与客户工作一段时间，可能是最好的了解客户的方式。与客户一起工作能更容易了解企业的产品和服务给客户带来的价值，产品和服务在客户的生产流程中发挥的具体作用，客户平时对产品和服务可能不易察觉的问题。

这种方式可能会占用一定的时间。如果时间上存在可能性，HR 参与客户具体的生产和服务工作，是一个很好的学习和锻炼的机会。

参加客户沟通会

HR 参加企业组织的客户沟通会，是了解客户需求和未来变化的绝佳机会。

HR 可以自己组织与客户的沟通会，但这种机会对于 HR 来说并不容易，所以当营销、销售或者研发部门组织客户的沟通会或者论坛的时候，HR 应当积极参加，而不是采取事不关己、高高挂起的态度。HR 应该关注企业中任何与客户有关的事情，并对与客户有关的事情保持敏感。

HR 可以通过这些会议了解客户的体验。奈飞前首席人力资源官帕蒂·麦考德认为："78% 的消费者会因为一次糟糕的客服体验而无法完成购买或其他交易，美国企业每年因此受到的损失总计高达 620 亿美元。研究显示，一次糟糕的客服体验通过口耳相传造成的影响是一次良好的客服体验的影响的两倍。这是一个要依靠人来解决的问题。"关系到人的问题，HR 当然要了解问题的所在，才能采取有效的措施。

与市场和销售部门一起工作一段时间

HR 要了解客户，还可以从企业内部直接与客户打交道的部门获得帮助。营销和销售部门是企业管理和接触客户的主要部门，HR 可以从这些部门学习企业是如何进行市场细分、产品和服务是如何触达客户、企业是如何建设和经营客户关系、企业是如何了解客户痛点以及企业如何持续保持与客户的关系等有关客户需求和客户服务的具体情况。

与市场营销和销售部门工作一段时间是 HR 快速和深入了解企业营销策略以及客户关系的最佳方法。如果时间允许，HR 一定会获益匪浅。

当然，HR 了解客户，还有其他方式方法，例如，自己购买和使用企业的产品服务，让自己成为企业的客户、参与市场营销部的客户调研等，都对 HR 了解和洞悉客户有着很大的帮助。HR 还可以从客户角度出发，就工作结果进行客户关系审计，查看 HR 对于客户关注和了解的程度。

需要说明的是，我们讲 HR 要关注客户，了解客户，既不是要求 HR 把工作的重点放到客户关系上，也不是要求 HR 只是在某一个时点上花一点时间了解客户，然后就万事大吉了。当 HR 第一次投入自己的宝贵时间去了解客户的时候，可以大体上把我们前面提到的方法过一遍，就能对客户有一些基本的理解。之后，还要在工作中对客户予以持续关注，并继续投入适度的时间关注和了解客户。HR 应该每隔一段时间（这个时间没有定数，也许是一个月，也许是三个月，但最长不要超过六个月）就要安排一定的时间接触客户，因为客户的需求在不断地变化。

要想真正深度了解客户，HR 需要把客户关系当作一项做好组织能

力建设和打造的重要资源。当 HR 内心真正认可了解客户是自己做好
HR 工作的重要支撑时，HR 对于客户的认知和了解就不是一个很大的
问题了。怕就怕 HR 内心没有真正认为了解客户对于自己来讲是一件重
要的任务，反而认为即使不了解客户，也不会对自己的工作构成较大挑
战，因而敷衍了事。所以，HR 内心对客户关系的认知程度非常重要。

只要 HR 的思维中建立起客户关系的概念，并真正认识到了解客户
对做好 HR 工作的重要性，多数 HR 就能够做到对客户的了解和洞察。

第三节
HR 了解其他外部利益相关者

为什么要了解外部利益相关者

企业的外部利益相关者，除了客户之外，还有投资者、社区和监管
机构以及合作伙伴。

企业与外部利益相关者的联系越来越密切，受外部利益相关者的影
响也越来越大。可以说，企业的命运在很大程度上取决于这些利益相关
者对企业的态度、判断和行动。滴滴出行违规到美国上市，违反我国数
据安全方面的法律法规，教训不可谓不深刻。作为组织能力的构建者，
HR 不得不分配一些时间和精力去了解这些利益相关者。如果没有了解

这些利益相关者，HR 在构建企业组织能力的时候，思维可能会相对狭隘，也可能在定义和建设组织能力的时候出现偏差。

戴维·尤里奇在《高绩效的 HR：未来的 HR 转型》一书中提道，HR 发展到今天，应该成为"由外向内的 HR"。所谓的"由外向内的 HR"，就是要求 HR 能够关注和理解企业的外部环境和经营条件上的变化，并能及时做出回应。利益相关者是影响企业的主要外部力量，应该是 HR 主要关注的对象。但是，HR 很少投入时间关注企业的外部利益相关者。这是 HR 必须改善和提高的一个方面。事实是，当 HR 站在外部利益相关者的角度，从外而内地审视组织的时候，HR 一定会对企业的战略、流程、运营和技术等内部业务产生不同的理解和认知。

HR 了解外部利益相关者的期望和诉求

要理解这些外部利益相关者，HR 首先要明白这些利益相关者对企业的诉求和利益。

一是投资者。投资者所关注的是企业的市场价值，主要体现在企业的财务绩效、无形资产、未来前景以及市场风险等方面。投资者的主要利益诉求当然是通过对企业的投资，尽可能地获得较大的投资收益。

二是社区与监管机构。社区与监管机构所关注的是，企业是否有效地履行了社会责任、是否接受所在社区的监管监督、企业的行为是否符合所在社区的文化意识。互联网时代，社区不再是一个小概念。全球可以被看作是一个大社区。一家企业的某种错误行为，有可能迅速在全球造成不良影响。

　　HR 习惯上关注企业的内部利益相关者（如员工、业务部门）。实际上，HR 的一些内部决定或者行为，有可能对企业的外部利益相关者造成冲击，进而影响企业自身的利益。如果劳动争议的案件过多，或者某一个案例的负面信息在社区迅速传播，就可能会对企业的社会形象和品牌造成不良影响。

　　三是合作伙伴。每家企业都有自己的价值链，价值链上的合作伙伴对企业的生产经营以及组织能力有着至关重要的作用。良好的合作伙伴能够给企业带来资金资源、先进技术、管理经验以及企业所需的其他资源。合作伙伴当然也需要通过与企业的合作获得一定回报。合作伙伴最不希望的就是被企业以"零和游戏"的态度对待。实现双赢应该是企业和合作伙伴的最佳定位关系。

　　HR 了解企业合作伙伴的诉求，需要弄清楚几个问题：企业的合作伙伴是谁？这些合作伙伴在企业的运营中发挥着什么样的作用？企业是如何对待自己价值链上的合作伙伴的？这些合作伙伴是如何看待双方的合作的？

　　HR 是企业内部制度、政策和相关流程的主要制定者和参与者，但是 HR 在制定相关政策的时候，习惯以内部需求为主。当前，企业与外部环境的交流日益频繁，利益相关者错综复杂，有时甚至可能决定企业的命运。因此，HR 在制定企业的相关政策的时候，不能只从企业内部的视角考虑问题，也要站在外部的视角考虑制度和政策可能对企业外部环境造成的影响。

　　所谓的企业外部视角，大多数情形下，就是企业外部利益相关者的视角。HR 站在企业外部利益相关者的视角考虑企业内部的制度、政策和流程的时候，能够制定出平衡企业与外部利益相关者利益的制度、政策和流程。如果 HR 仅考虑企业的利益，效果往往适得其反。

例如，如果企业劳动纠纷案件过多，HR 大概率将会遇到人才招聘的困境，难以为企业找到合适的人才。比如，软件开发人才多数是互联网的原住民，这些人在入职之前，一般会在网上查看企业的情况。如果某家互联网企业存在过多的劳动争议案件，很多候选人最后会放弃入职。这是一个典型的企业内部制度在社区造成不良影响而反噬企业的案例。

HR 应该如何影响利益相关者

HR 在制定企业的制度、政策和流程的时候，若考虑其他利益相关者的利益，需要做到以下几个方面：

1. 与利益相关者保持交流和沟通

HR 需要保持与合作伙伴和投资者的接触，并定期进行面对面的沟通和交流。对于社区来说，HR 更多的是要关注社区和监管机构发布的相关政策、法律，以及企业内部的决定可能对社区造成的影响等。

2. 投入一定的时间和精力讨论企业的外部利益相关者

HR 可以专门召开关于外部利益相关者的会议，这样既可以加深自己对外部利益相关者的了解，也能在 HR 内部形成一种关注业务的氛围。HR 既可邀请企业其他部门的相关人员参加这类会议，也可以单独邀请企业外部的利益相关者与会。这样 HR 可以从多个角度了解利益相关者的利益和视角。

另外，在企业内部的一些重要会议上，HR 应当有能力从利益相关者的角度，提出自己的意见和建议，供与会者参考。这也是 HR 懂业务的一种体现。尤其是在战略方面的讨论会上，把外部利益相关者的利益考虑进来是保障战略方向不跑偏的一个重要措施。

3. 考虑企业内部的政策是否会对外部利益相关者形成负面的冲击和影响

企业的内部制度、政策和流程会对外部利益相关者造成影响。如果影响是负面的，就有可能反噬企业的利益。因此，企业在制定内部的相关制度时，需要把外部利益相关者的利益考虑在内。例如，企业的污染物管理，如果不考虑外部利益，只考虑企业的成本等，可能会对企业造成冲击，甚至会被要求关闭或停产。

HR 是内部制度、政策和流程制定的主要参与者和决策者，在参与或者主导企业政策和制度的制定和落实时，需要把外部利益相关者的利益考虑进去。

4. 推动企业内部其他部门关注利益相关者

作为组织能力建设和再造的主要组织者和协调者，HR 自身要关注和了解企业的外部利益相关者，还要推动其他业务部门关注和了解外部利益相关者。也就是说，HR 要推动企业整体的对外开放性，这是组织能力建设的一个重要方面。企业内部的一些职能部门，如财务、生产等，有时也会像 HR 一样，习惯于向内，忽略企业外部的力量。因此，HR 读懂外部利益相关者的时候，也要在内部形成关注企业外部利益相关者的氛围，可以通过制度、政策和流程督促一些职能部门关注外部利益相关者的利益，学习从外部利益相关者的角度考虑问题，以达成企业利益和外部利益的平衡。

当前企业所面临的营商环境是一个变化极快的环境。企业整体如果不能保持自身的开放性，有可能随时陷入被动甚至失败的境地。保持与外界的交流以及物质、知识的交换是企业能够适应不断变化的环境，并做出合适反应的前提。

很多企业失败，原因之一就是忽视了时代、环境、技术、客户以及外部利益相关者需求的变化，出现战略定位的错误，最终导致失败。只有与时俱进的企业，才能立于不败之地。企业与时俱进，需要打造保持开放的组织能力，并能根据环境的变化做出适合组织自身的调整和安排。

任正非曾说："现代企业竞争已经不是单个企业与单个企业的竞争，而是一条供应链与其他供应链的竞争。企业的供应链就是一个生态链，客户、合作者、供应商、制造商在同一条船上。只有加强合作，关注客户、合作者的利益，追求多赢，企业才能活得长久。""一个不开放的文化，就不会努力地吸收别人的优点，就会逐渐被边缘化，是没有出路的。一个不开放的组织，迟早会成为一潭死水。我们无论在产品开发上，还是在销售服务、供应链管理、财务管理上……都要开放地吸收别人的好东西。不要故步自封，不要过多强调自我。创新是站在别人的肩膀上前进，同时像海绵一样不断吸收别人的优秀成果，而非封闭起来的自主创新。华为开放就能永存，不开放就会昙花一现。"

作为组织能力建设和再造的 HR，必须抬起头来，从自己相对封闭的工作环境中走出来，这就包括对外部利益相关者的了解和洞察。

⭐ **小贴士**

客户关系是企业最重要的一种关系。没有客户，企业就失去存在的意义。因此，企业中的所有人员都应当真诚地对待客户关系。不幸的是，包括 HR 在内的一些职能部门，很少真正地关注客户、了解客户。

数字经济时代，环境持续变化，信息透明度增加，客户变得更有力量。因此，实施企业组织能力建设和再造，了解和洞察客户是 HR 绕不过去的一道槛。

HR 需要了解客户并尝试以客户视角审视企业的组织能力。

HR 了解和洞察客户的方式方法有很多，最重要的是思维方式的转变。只要能够跳出自己设置的"专业陷阱"，内心真正认可了解客户是做好本职工作的关键因素之一；只要愿意分配一定的时间和精力去了解客户，HR 就一定能够真正地了解和洞察客户。

数字经济时代，外部利益相关者对企业的影响越来越大，也越来越直接。企业在运营管理做决策时，一定不能忽略外部利益相关者的利益，否则可能会面临巨大的挑战。

HR 作为制定企业内部制度政策的主要参与者，把外部利益相关者的利益考虑进去，或者从外部利益相关者的角度考虑组织能力建设的一些措施和方法，对企业的整体利益至关重要。

第十一章
CHAPTER 11

让人才形成组织的
力量

人才管理是组织能力建设和再造的八支柱之一。人才对于企业的重要性，已经无须再提。没有人才，任何企业都谈不上组织能力的建设和再造。

人才招聘和人才管理是 HR 的本职工作。企业需要能够吸引和招聘合适的人才，同时还要对人才进行保留、培养、激励以及适度淘汰。也就是说，人才是企业最宝贵的资源，但是还要通过高水平的人才管理把人才资源有效地组织起来，以充分发挥人才团队和组织的力量。正如任正非所言：华为的核心竞争力不是人才，而是华为的人才管理水平。

HR 负责的组织能力建设和再造工作，有很大一部分是围绕人才展开的。为企业找到合适的人才并使之形成组织的力量，是 HR 的核心工作之一。

第一节
为企业找到合适的人才

人才招聘的主要问题和挑战

　　HR 首先是要为企业找到合适的人才。这个说起来容易，做起来却非常困难。

　　多数企业的 HR 承担了招聘的主要责任，迫于考核的压力，一些 HR 不得不把完成 KPI 当成主要工作目标，招聘工作满足业务部门的用人需求即可，很少有余力从战略和组织能力角度考虑招聘事宜。

　　通常情形下，HR 通过网络、猎头、招聘广告等渠道吸引和筛选简历，经过简单面试后，再推给业务部门。只要业务部门同意，候选人很快会被录用。有一家公司的员工离职率高，业务又在飞速发展，招聘 KPI 压得 HR 喘不过气来，招聘工作就成了简单的搜索和筛选简历。只要简历看着合适，HR 就直接推给业务部门。业务部门认为可以面试，HR 就赶紧安排面试。只要业务部门认可，就万事大吉发 offer。而业务部门也经常因为绩效目标的压力做出妥协。这种招聘方式导致一些不合适的人进入公司，反过来又造成了高离职率。几年下来，周而复始。这种方式无论如何也无法为公司建立起真正的人才团队和人才储备，公司深受其害。

　　不恰当的人才招聘方式使企业的人才趋向一致化和平庸化，在人才上体现不出企业的竞争力，是很多企业最终陷于平庸的原因之一。

　　实务中，很少有 HR 会评估这两个问题：招聘进企业的新员工是企业真正需要的人才吗？他们是否给企业带来了期望的价值？

人才招聘的另一个关键问题是一些企业的管理层没有真正把吸引和寻找合适的人才作为一项重要的工作来看待。这也是企业人才供应链出问题的根源所在。

我们观察到一些成功企业，例如谷歌、3M 的领导者都把寻找适合自己企业的人才当作一件极为重要的策略来对待。最典型的就是谷歌的拉里·佩奇，他长期以来一直是谷歌人才入口的最后把关者，谷歌的招聘程序漫长而严格，目的就是确保能够选拔到"最聪明的人"。100 多年历史的 3M 迄今仍然是世界上最具创新性的企业，一个很重要的原因就是 3M 的选人之道。

从根源上说，企业是否真正重视人才招聘和选拔，关键取决于管理层特别是一把手对待人才的真实态度。谷歌如此，3M 如此，华为也是如此。但实务中，真正重视人才的管理层却并不多见，口头上重视的可能很多，这对 HR 来说，既是问题更是挑战。

校园招聘为主还是社会招聘为主

很多企业喜欢社会招聘，人才空缺，多数企业的第一反应往往是实施社会招聘。当然，也有些企业，如宝洁、中石油偏重于校园招聘。

对于企业来说，哪种招聘方式最有利于企业的未来呢？

我们先说社会招聘。通过社会招聘，寻找有工作经验或者已经在岗位上做出一些成绩的人才，来了就可以用，企业省去了艰难的人才培养过程，何乐而不为。但通过社会招聘进企业的人才，存在难以融入公司的问题，离职率远超校园招聘来的离职率，这大大增加了企业的人工成本，也给企业造成了品牌受损等伤害。

从长期来看，社会招聘对企业的发展未必有利，处理不好，还有某种程度的伤害。由于这种伤害是隐性的，一些企业的管理层看上去并不在意，仍然乐此不疲。

当然，如果企业能够采取必要的措施，比如有强大的同化外来职业经理人的能力，想办法把招聘进企业的人才留得长一些，帮助这些已经有工作经验的人才融入企业，则对企业是有利的。中小企业处于发展状态，尚无力自己培养人才，采取以社会招聘为主的招聘模式是相对有效的人才获取方式。另外，企业短期内无法培养的关键人才，社会招聘也是主要的解决之道，但从长远来看，其并不是最佳解决方案。

我们观察到绝大部分国有企业是以校园招聘为主。多数国有企业的人才梯队非常厚实，这些企业不缺 CEO、总经理、CFO 和 HRVP。虽然一些国有企业并没有做后备人才梯队建设，但是几乎每一个管理岗位或者技术岗位都有合适的后备干部，这与国有企业进行校园招聘和人才培养是分不开的。

中海地产每年从高校招聘大量的人才，并实施人才培养计划。迄今为止，中海地产为地产行业培养了大量的人才。虽然一些人离开，但是很多骨干人才留下来。中海地产的稳健经营有其特点，这与中海地产自己着手培养人才有很大关系。

作为世界级的高科技公司，华为的人才招聘也是以校园招聘为主。华为也有社会招聘，但是占比非常低。目前华为的管理层基本上都是从毕业开始就进入华为并成长起来的。至今华为每年要招聘万余名高校毕业生进入华为。虽然也有一些人选择离开，但是大量的骨干人才留下来，成就了今天的华为。

　　吉姆·柯林斯在《从优秀到卓越》一书中，介绍了 11 家跨越了从优秀到卓越鸿沟的企业。这 11 家企业中，有 10 家企业的 CEO 是从企业内部培养和提拔的。

　　因此，我们基本可以得出结论，保持企业基业长青的人才获取方式，校园招聘应该是第一选择。那些立志于长远发展的中小企业，短期内仍需要招聘社会人才来维持企业的生存和发展，但长远来看，做一些校园招聘工作，培养自己的人才梯队，是确保企业长远发展的一个重要措施。随着企业的发展，当生存不再是一个紧迫问题的时候，应当适时从以社会招聘为主转为以校园招聘为主。

　　德至锐泽咨询的总经理李祖滨在《精准选人：提升企业利润的关键》一书中提出一个"稳健的人才供应链"模型，按照基层、中层以及高层的层级给出了不同的校园招聘和社会招聘的人员数量的建议比例。这个模型并没有经过严格的数据验证，但从成功与失败的企业实践来看，该模型所指的方向大致是对的。

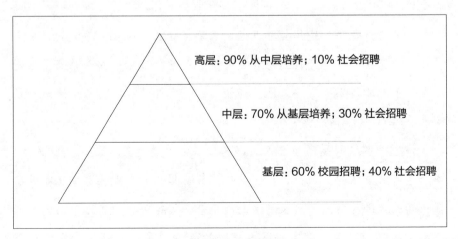

图 11-1　企业人才供应链模型

做到主动选人

当前，HR 的人才招聘方式实际上是一种被动选人方式。HR 一般是通过网络、猎头等渠道筛选简历，然后接触候选人。在搜索到这些候选人的简历之前，HR 对候选人并不了解。而且只有那些愿意把简历放到网上的候选人，HR 才能接触得到。没有把简历放到网上，或者虽然在网上但状态不活跃的简历，HR 或者猎头也不容易搜索到。

采取这种招聘方式的企业面对的市场潜在人才库，实际上是那些想换工作的或者已经暂时没有工作的候选人。大量的人才数据由于处于不活跃状态，HR 很难接触到。对于企业非关键岗位来说，通过这种招聘方式寻找合适的人选是可行的。对于关键岗位来说，这种方式可能会使企业面临一定风险。

精准把握行业关键人才数据，是 HR 做好招聘工作的基础。但根据我们的观察，很少有 HR 能做到这一点。这既有 HR 受 KPI 压力所致的原因，也有大多数企业没有对此提出特定要求的原因，更有 HR 得过且过思维的影响。

专业的 HR 应当通过行业会议、行业协会、同事介绍以及其他合适的渠道或方式，主动接触行业的精英人才，建立行业精英人才数据库，并在合作机会出现之前，保持与这些人的联系或者进行跟踪管理。

企业需要把被动选人与主动选人结合起来，以便找到真正合适的人才。

人才招聘的责任分工

我们前面提到，HR 面临招聘 KPI 的压力，有时会导致招聘工作变形。这里隐含的一个逻辑是 HR 是招聘工作的第一责任人，HR 当然应该对招聘结果负全责。但实际上，这个逻辑是有问题的。

实务中，各级管理者是团队建设的负责人，有责任把团队打造成一支能打胜仗的高绩效团队。团队建设当然要从招聘和选拔团队成员开始。正常情形下，各级管理者最了解自己的团队需要的人才，而 HR 是缺乏这个能力的。合适的成员对团队高质高效地达成绩效目标至关重要。新员工要在管理者的领导下工作，而管理者也需要为员工设定目标、评估绩效、进行训练和辅导等。这些都是 HR 没有能力做到的。从这个角度讲，人才招聘的第一责任主体当然应该是业务管理者而不是 HR。

HR 在招聘过程中的主要责任应该是通过建立和维护科学的招聘流程，保证人才招聘的效率和质量。具体来说，HR 的主要工作是招聘流程、招聘渠道的建设和管理、雇主品牌建设、候选人筛选和推荐、面试方法的选择、面试官团队的组建和培养等。

如果 HR 作为招聘的第一责任人，大概率会给业务团队建设和绩效带来一定的负面影响，这也是一些企业人才趋向平庸化的主要原因之一。并不是说 HR 在招聘中不需要负责任。正如我们前面所述，HR 的主要 KPI 应该是确保企业具备正确选人的能力。

分清责任、明确权责，是 HR 和业务部门做好人才招聘和选拔工作的前提和基础。

还需要特别说明的是，作为企业的最高业务领导人，企业一把手的一项主要责任就是选人、识人、用人。一把手不善识人用人，企业大概率会走向衰败。对于一把手来说，最重要的工作应该有三项：一是定战略；二是建设组织能力；三是识人用人，特别是建好经营管理团队。要做好第一项和第二项，与第三项有着极其密切的关系。像谷歌、华为、3M等企业的一把手，每年都会投入大量时间在选人、识人、用人上。

从责任分工角度讲，企业成功选人的关键有三点：一是企业一把手真正重视人才，而不是停留在口头上；二是HR要建立和维护好使企业正确选人的制度、流程和机制；三是企业的各级管理者要担起选人的责任并掌握正确选人的能力。

用人的决策权

一般情形下，多数企业招聘录用的最终决定权在招聘岗位的直接上级或间接上级。一些高级别岗位的候选人或者关键岗位的候选人，由CEO做出最后的决定。

这种决策的方式实际上是把大部分用人决策权交给了一个人。虽然这个人在决策的时候可能咨询一下其他利益相关者的意见，但决策权本质上掌握在一人手中。另外，虽然HR做过第一轮面试，但是HR面试的重点与业务部门面试的重点有所不同，而且大部分情形下HR是抱着一种由业务部门做决定的心理。这对企业寻找合适的候选人并不是一种好的决策方式。

从谷歌、3M等公司的实践来看，以团队的形式做出录用决定应该是一种最佳决策方式。录取标准可以根据不同面试官对候选人客观打分的数据来决定。另外，对候选人的每一轮面试，建议由三位面试官组成面试团队进行面试，而不是仅仅由一位面试官面试。候选人的每一轮面试实际得分可以取三位面试官打分的平均值。

德至锐泽咨询提出面试决策的"333制"原则，其有可以借鉴之处，应该是面试决策的最佳安排。

一轮面试由 3 位面试官组成面试团队；

一位候选人以安排 3 轮面试为宜；

一位面试官的连续面试场次不超过 3 场。

谷歌员工招聘一直采用团队决策的机制：面试官团队、公司高管以及创始人拉里·佩奇三层决策机制。用人部门管理者有一票否决权，但没有用人决策权。虽然一些企业家或者专家对拉里·佩奇坚持参与普通工程师招聘不置可否，但是谷歌严格的招聘决策机制，确实保证了谷歌人才供应的高质量。

候选人考察环节的质量控制

一、结构化面试

考察一个候选人，既要考察其知识和技能，还要考察其价值观、动机、文化适配性、领导力、创新能力等素质能力。候选人的专业性不应当成为 HR 面试的重点，他们的专业能力主要留给业务部门去判断。候选人的素质能力应当是 HR 面试考察的重点。

对 HR 来说，最重要的是设计好结构化面试的流程和具体评价标准。结构化面试是提升面试准确率的有效工具，能够避免面试的随意性，尽量使面试官的评价标准化，而不是面试官根据自己的喜好和主观经验判断候选人。虽然结构化面试设计是一个耗时耗力的工作，但 HR 不应当怕麻烦，关键岗位候选人的面试一定要采用结构化面试。

二、面试官

对企业来说，用人标准应当具有一致性，人才评价也应当具有一致性。HR 需要在企业内部建立和培养面试官团队，谷歌等公司有专门的面试官队伍。面试官团队由不同职能、不同级别的员工构成。HR 需要定期为面试官团队提供识人技术、面试技术等培训，以提升面试官的面试水平，更要对面试成果进行跟踪管理。如果面试官同意录用的人员在一年内离职率较高或者能力与岗位不匹配率较高等问题较多，要及时把不合格的面试官淘汰出面试官团队。企业可以专门制定一些面试官选拔、激励和淘汰的制度和政策。

三、其他人才考察工具

除了面试，人才考察的工具还有性格心理测试、命题考试、无小组讨论、文件筐等，这些工具可以在某种条件下被使用。但大多数情形下，面试还是主要的选人方式。

还有一种重要的人才考察工具就是试用期管理。试用期是人才考察最有效的一种工具，但在实践中却容易被忽视。企业用好试用期考察工具是找到合适人才的重要方法和手段。

对于任何企业来说，找到合适的人才是企业长远发展的基础。只要企业一把手、业务部门管理者和 HR 抱有为企业寻才的决心，不以将就或应付的心态做招聘，就一定能为企业找到合适的人才。因此，寻才取决于企业管理者的心态和决心，这是保证人才质量的至关重要的因素。

人才招聘应当宁缺毋滥

实务中，业务部门实现绩效目标的压力以及 HR 的指标压力，常常使各级管理者在招聘员工的时候不得已而妥协，导致招聘运作变形。有些时候，虽然管理者认为候选人并不是合适的人选，但仍然向其发放了录用通知。

实务中，因为妥协而录用的员工，业务部门很少有不后悔的。

这种因为妥协而招进企业的人，虽然可以暂时分担一些工作上的压力，但是长期来看，远比不上合适的人才所创造的价值。而且，大部分情形下，这些人由于各种原因，较短的时间内就可能会主动或者被动离职，从另一个角度给企业造成了伤害。

谷歌管理层极为重视招聘，采取的是宁缺毋滥的招聘原则。而拥有基业长青理想的企业，坚持宁缺毋滥的招聘原则是其应有之义。

案例：谷歌的人才招聘

谷歌成为今天的谷歌，人才招聘在其中发挥了关键作用。谷歌利用极为严谨和科学的招聘方式，找到了谷歌需要的最优秀人才。谷歌的战略、文化、创新等一系列管理行为和措施，都是建立在这些"最聪明的人"基础之上的。如果不是因为拥有这些最优秀的人，谷歌一系列标新立异的管理措施，会是无根之木、无源之水，其也不可能取得今天的成就。

很多公司学习谷歌而不得其法的主要原因，是这些公司没有像谷歌那样在人才招聘上下功夫。员工素质和能力如果达不到谷歌员工的标准，照抄照搬谷歌的管理方式，大概率是行不通的。

谷歌原人力资源副总裁拉斯洛·博克曾说谷歌在招聘上投入的资金占人力资源预算的比例是硅谷其他公司平均水平的 2 倍。谷歌把人力资源资金投入前置，在人力资源上投入的大部分资金都用在人才招聘上。谷歌员工数量达到 2 万人之前，仅谷歌高管每年花在招聘上的时间加起来为 8 万至 20 万小时，足见谷歌的招聘成本以及公司对找到优秀人才的重视程度。

谷歌较少从招聘网站或者通过猎头公司招聘人才，因为谷歌发现从投递简历的应聘者中找到顶尖人才的概率非常低，而猎头公司通常很难理解谷歌对人才的要求。另外，谷歌招聘流程烦琐，猎头公司实际上也不太愿意与谷歌合作。

谷歌在发展早期，候选人需要参加 15 至 25 次面试才有可能入职谷歌，而谷歌人为此要投入 150 至 500 小时的时间。全员参与招聘是谷歌招聘的一个主要特点。谷歌一度有 45% 的员工是由公司员工推荐而来的。并购以及招聘人员主动出击，也是谷歌招聘人才的重要渠道。

谷歌建立了由来自各个部门的员工组成的面试官团队，也建立了面试官的培养、评估和淘汰机制，以保持高水平的面试。针对特定的空缺岗位，应聘者未来的下属以及与职位没有任何关联的"跨职能面试官"也会被安排到面试官团队来对应聘者进行面试。

谷歌所有的面试都是结合行为和情景的结构化面试。与其他公司最大的不同在于，谷歌的面试官需要及时而且详细地记录每一位应聘者的面试信息。这些详细数据将会成为后续评价候选人的关键数据，当然也会成为评价面试官面试质量的关键数据。

在谷歌，团队管理者在招聘上没有决定权，只有说"不"的权力，没有说"是"的权力，就是为了防止管理者在招聘中可能的妥协以及可能的腐败。谷歌对应聘者的录用决定，依靠的是"群体智慧"。招聘委员会如果通过了应聘者的面试，相关详细的材料将会由高管委员会进一步审核，高管委员会通过，最后还需要拉里·佩奇的"一人委员会"审核批准。这一系列的招聘流程，有效地避免了招聘中的妥协、腐败等问题，确保了谷歌长期以来能招来高质量人才。

为达到获取高质量人才的目标，谷歌一直以来坚持的一个招聘原则就是宁缺毋滥。这个目标说起来容易，做起来却极难，因为多数情形下，大部分企业管理者在业务和目标的压力下，大概率会在招聘过程中出现变形或者妥协。

谷歌的招聘机制说明，要把招聘工作真正落实到实处，拥有一个懂人才、重视人才的 CEO 对企业来说至关重要。迄今为止，拉里·佩奇几乎审核过每一位进入谷歌的人才。

第二节
人才盘点的痛点

人才盘点是人才管理的一个关键环节。企业按时进行人才盘点，对自己最主要的智力资本做到心中有数，并依据人才盘点的结果采取合适的人才管理行动，是企业有效运用智力资本的主要方法之一。

人才进入企业后，企业需要利用有效的人才机制发展、培养、保留、激励人才以及淘汰不合适的人才。通过人才管理系统，激活人才并把人才团结起来，发挥出组织的力量，企业才能真正地打造出优异的组织能力。

人才管理和激励的前提，首先当然是要确定谁是企业的人才。人才盘点是人才管理的基础性制度和方法，是企业用来找出和区分人才的主要管理工具。

人才盘点的技术和方法万变不离其宗。我们这里不讲解人才盘点的具体方法，而是着重分析容易被忽略的影响企业人才盘点有效性的关键因素。

只有确定了人才标准，才能有效地进行人才盘点

企业的人才标准与战略密切相关。企业采取的战略不同，人才标准就会有所不同。例如，采取产品差异化战略的企业，会将人才的创新性作为人才的主要标准之一。而采取总成本最低战略的企业，会把人才的运营管理水平作为人才的主要标准。因此，在确定谁是企业人才的时候，首先考虑的当然是企业的使命、愿景和战略。

在战略方向的指导之下，人才评价的一个主要标准就是员工的业绩。企业可以通过绩效管理系统获得员工的绩效评价结果。在人才评价上，员工的绩效结果可以说是一个硬指标，也是一个不可或缺的评价维度。

人才评价的另一个维度就是员工的能力素质，这是一个软指标。现实中，对一个人的能力和素质进行评价是非常困难的。因此，企业能否

对员工的能力素质进行有效的评价决定着人才盘点的质量和成败。

有效进行能力素质评价的前提是建立人才能力素质模型。建立能力素质模型有战略推导法、专家讨论法、访谈法、标杆导入法以及问卷调研法等。这些方法也可以结合起来使用。

这里需要强调的是，很多企业的能力素质模型被开发出来以后，往往直接被束之高阁。这既浪费了企业的资源，又使人才盘点陷入尴尬无依的境地。HR 应当避免此类事故，或者说应当为企业建立起一种可持续的机制，以管理、使用和及时更新企业的能力素质模型。

1. 在开发企业能力素质模型之前，要通过宣传、培训和沟通，让员工尤其是各级管理者明白开发能力素质模型的意义所在。在面临质疑的时候，需要耐心解释。全体员工尤其是各级管理者理解了能力素质模型构建的意义和实际作用之后，绝大多数人都会发自内心地支持能力素质模型的构建。

意义沟通是确保能力素质模型能够有效应用的关键一环。

2. 开发企业能力素质模型，不是 HR 自己闭门造车，而应当有各级管理者和部分员工的参与。开发企业能力素质模型的整个过程，往往由 HR 主导。这个阶段 HR 容易犯的一个错误就是忽略其他管理者和员工的参与。确保能力素质模型得到企业内部认可的一个主要方法就是在开发过程中，尽可能多地保障各级管理者和员工参与其中，并赋予他们一定的职责，而不是仅仅让他们填写问卷或者成为访谈对象。员工被动参与开发能力素质模型，很大可能得不到员工真正的支持。这是 HR 在能力素质模型开发中需要注意的一点。

赋予各级管理者和部门员工一定的责任是能力素质模型有效应用的关键一环。

总体上，企业的人才标准，一般通过员工的绩效结果以及能力素质评价结果两个维度来定义。

人才盘点九宫格

人才盘点的结论最终会被绘制成人才九宫格地图。这张地图把企业内部的人才根据其业绩评价结果和能力素质进行了较为精准的定位。

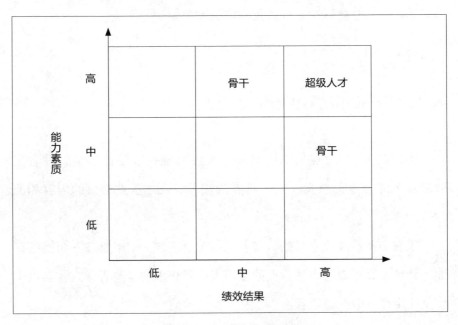

图 11-2　人才九宫格地图

如图 11-2 所示，横轴维度的绩效结果是根据企业的绩效管理规则和员工的个人绩效贡献得出的一个结论或者说绩效评价数据。纵轴维度的能力素质是根据企业的能力素质模型对能力素质的定义，并结合对员工的能力素质评价得出的结论或数据。这个能力素质的评价应当以事实为依据，而不是依据人的直观感觉。没有以事实为依据的员工能力素质评价缺乏信度和效度，不应当成为人才评价的依据。

当然，不同的企业对能力素质模型的侧重点有所不同。例如，有的企业把潜力当作一个重要的评价标准，有的企业把领导力当作一个主要的评价标准，等等。

对于 HR 来说，确保人才盘点数据有效的一个重要方法是保障能力素质模型数据的效度和信度。应坚持主要以定量、客观事实为主进行能力素质评价，尽量减少定性评价对能力素质模型的影响。

人才盘点一定不是 HR 的独角戏

HR 保障人才盘点成功的另一个关键措施就是要让各级管理者充分理解人才盘点的意义、人才盘点的技术、人才盘点会议的内容和流程等。

仅有 HR 重视或主导的人才盘点，毫无意义。HR 如果不能使各级业务管理者真正成为人才盘点的主导者或者积极的参与者，人才盘点工作是注定要失败的，或者说不会有太大的价值。

无论是人才的绩效评价，还是人才的能力素质评价，都需要各级管理者实际操作并得出相关结论和数据。人才盘点中的战略分析、SWOT分析、对某个人才的优劣势和未来发展的讨论、人才盘点会议，甚至人力发展预算的分配，等等，都需要各级管理者真正认可和主动参与到人才盘点的所有流程中。如果只有 HR 明白人才盘点的意义和方法，其他各级管理者都是被动参与，或者是为了团队成员的奖励和晋升而参与，这种人才盘点就一定会失去其本来的意义。

因此，对于 HR 来说，确保企业人才盘点能够真正起到应有的作用，必须要对各级管理者进行有效的宣导、沟通和培训，确保各级管理者真正理解人才盘点的意义、技术和方法。

人才盘点本身的方法和技术并不难，最难的是如何保证企业能力素质模型的信度和效度，同时确保各级管理者内心真正理解人才盘点的意义和方法并主动参加到人才盘点的工作中来。这是 HR 在人才盘点工作中经常忽略的一点，也是人才盘点成败的关键。

第三节
人才培养的权责界定

员工应该是人才成长的第一责任人，但从企业端来看，帮助员工成长为企业所需要的人才也是企业的责任和义务。

企业应当根据使命、愿景和战略方向，按照企业的实际和未来业务需求培养合适的人才。

人才培养已经是老生常谈。一个专业的 HR 可能会说出很多种不同的工具和方法，但是，企业人才培养的首要任务是界定权责。

分清权责的目的是更好地实施人才培养，而不是推卸责任。实践中，一些业务管理者认为 HR 是人才培养的责任人。业务部门有人员需求了，会要求 HR 招人；团队成员在岗不匹配，会要求 HR 辞退或者安排培训；一些管理者还认为员工绩效目标的设定、评估以及对员工的辅导占用了其太多的业务时间，影响了部门业务绩效指标的达成，等等。一些业务部门管理者习惯把大部分时间和精力聚焦于业务，从而忽略对团队人才的培养和开发。这些问题都是人才培养的权责不清造成的。

HR 既没有能力也不可能完全负责企业人才的培养。把人才培养理解为属于 HR 责任的人，可能是认为人才培养就是组织一些培训而已。HR 负责培训，所以人才培养就是 HR 的责任。持这种观点的人，错误地理解了人才培养的复杂性。

根据人才成长的 721 原则，人才成长 70% 是在工作中实现的。员工的直接上级和间接上级对员工在工作中的辅导以及以身作则的影响才是员工成长培养的主要方式。

HR 即使想完全承担起人才培养的责任，也根本没有这个能力。HR 在人才培养中的主要责任应该是建设和维护人才培养的机制以及提供人才培养的管理工具，如人才盘点工具、能力模型等。

所以，优秀的人才培养是 HR 和业务部门管理者合作共赢的产物。只有业务部门管理者和 HR 都能够负起各自的责任，人才培养才有可能取得一定的效果。

万科创始人王石非常重视人才培养。王石认为"人才是万科的资本"。万科地产作为地产行业的领头羊，在人才培养上一直不吝投入。万科很早就明确了 HR 与各级业务部门管理者在人才培养方面的职责，建立了"员工敬业与否的关键是主管"的理念，以及"管理者培养管理者"的内部机制。万科各级管理者的绩效考核指标都有关于团队管理和人才培养的内容，通过对人才培养成果的考核，鼓励各级管理者把培养团队成员当作一项重要的责任，而不再仅仅是业务绩效。

万科将人力资源定位为战略合作伙伴、公司变革的推动者、方法论的专家。HR 通过培训、设定绩效指标等方法建设人才"传帮带"的企业文化，创建企业内部人才培养机制，把人才培养的责任交给业务经理。

这种人才培养机制为万科培养了大量人才。万科的人才梯队一直处于非常良好的状态。

海底捞的人才培养也是由业务部门负责。海底捞的店长培养采取"师徒制"。如果店长能够培养出新的店长，那么店长有权分享新店的利润。海底捞使用这种人才培养激励方式，为其扩张提供了大量扎实可靠的店长人选，保障了海底捞的业务拓展。

对于企业人才培养，各级管理者起着至关重要的作用。HR 的主要责任就是为企业建立起人才培养机制，激励和鼓励各级管理者把人才培养当作一件重要的工作来做。实务中，各级管理者经常被各种业务问题压得喘不过气来，如果 HR 不能制定和提供有效的人才培养激励机制，业务部门的各级管理者可能就意识不到人才培养的重要性，也就很难从企业发展的长远考虑，积极地为企业培养人才。

所以，HR 进行人才培养的主要工作就是利用制度、政策和机制，督促、激励各级管理者有效地实施和开展团队人才培养工作。正如德鲁克所说："企业人事组织的讨论起点不能是普通的雇员和他们的工作，无论他们的数量何其多，该起点必须是对管理者的管理。"而人才的培养，恰恰符合德鲁克的这个观点。

关于人才培养，还需要厘清企业花费时间、精力和资金等投资人才培养到底值不值的问题。

当前，人才的市场流动率非常高。很多企业担心花了时间和金钱培养了人才，最终一部分人遇到好的发展机会极有可能选择离开。因此，一些企业管理者认为花费时间、精力和资金进行人才培养很多时候得不偿失。

员工跳槽离职是一种极为普遍的现象。但是我们观察到有良好的人才培养和发展机制的企业，虽然也有人才会选择离开，但是大部分人才会选择留下来。那些拥有良好人才培养机制的企业，基本不缺人才而且能够持续地保持足够厚实的人才密度。反观那些缺乏人才培养机制、喜欢到处挖人的企业，可用之人却总是捉襟见肘。

另外，企业培养的部分人才离开，也未必都是坏事。当年 GE 的杰克·韦尔奇时代，GE 为世界 500 强公司培养了数十位 CEO 级的人才，其他中高层人才更是不可胜数。虽然一些人才离开 GE，但从没有妨碍 GE 成为当时一流的企业。同时，这些人才也为 GE 带来了良好声誉，提升了 GE 与客户的关系。

因此，企业应该担心的是自己没有建立起有效的人才培养机制，而不应该是资金、时间和精力投入的损失。

第四节
人才管理体系

我们说吸引、招聘、使用、培养、保留和激励人才以及淘汰不合适的人才是企业成功的关键要素，但是培养、激励和团结企业所拥有的人才，形成组织的力量，为企业创造价值，却是一件困难的事情。企业虽然拥有人才，但如果人才各自为政，无法形成组织的力量，企业也就如同一盘散沙，组织能力建设也就是一种奢谈。

郭士纳入职前的IBM，就是这种情况。当时的IBM濒临倒闭，但是IBM却拥有最多的计算机领域的人才。受到IBM落后的文化、退化的管理机制的影响，IBM的人才空有一身才华，不得不面对公司即将倒闭的困境。直到郭士纳来到IBM打破旧机制，建立了新的人才激励机制，IBM才得以释放和发挥出各类人才的能力。

企业建设和打造能够吸引、激励和团结人才的人才管理体系，对企业的成功至关重要。而人才管理体系的建设和维护，对企业来说也着实不易。迄今为止我国企业中能够成功建立较为完善的人才管理体系的，华为和海底捞是最优秀的代表。华为的人才管理系统吸引、保留、培养和激励了二十多万知识工作者；而海底捞的人才管理体系吸引、保留、培养和激励了十几万普通劳动者。这两家企业的人才管理体系很值得HR研究、学习和借鉴。

华为由二十多万知识员工组成，其中不乏大量的高级人才。任正非曾说："华为拥有700多位数学家、800多位物理学家、120多位化学家、6000多位专门做基础研究的专家、6万多名工程师所构建的研发体系，使我们快速赶上时代的步伐，抢占更重要的制高点。"那么华为是如何通过人才管理系统吸引、保留、培养和激励这些人才的呢？

华为的人才管理系统，可以说是华为腾飞的基础性体系。

华为的人才管理体系框架是20世纪90年代由合益咨询和埃森哲帮助华为建立起来的。华为也根据情况变化进行了适当的创新改造，但是这套人才管理体系的基本框架一直在华为沿用至今。这同时说明管理者应该根据企业的实际情形采取相应的管理方法，而不是一味追求时尚的管理概念。

华为的人才管理体系是由员工岗位职责体系、干部任职资格体系、员工薪酬管理体系、绩效管理体系、人才培养管理体系以及文化管理体系等构成的。这些管理体系互相联系、互为支持，形成了一套严谨的人才管理系统。

例如，华为明确的员工任职资格体系，不但使华为在人才招聘时做到有的放矢，而且还使员工明晰自己的职责和目标。任职资格体系同时使华为的薪酬管理如定薪和付薪，变得容易、公平和公正。员工在职责明确的工作岗位上工作，其绩效目标、绩效监督和绩效结果评估也相对易于操作。明确、客观、公正的绩效评估结果，对员工起到了极大的激励作用。绩效评估结果与员工的奖金、股权、晋升、调薪、培养等密切结合，反过来促成了人才管理系统的有效性。

从华为的案例，我们可以看到人才管理体系在组织能力建设中发挥着举足轻重的作用，是企业组织能力建设的基石。

第五节
人力资源领先战略

任何事或目标都是依靠人完成的。创业的时候，创始人的一个主要考虑就是选人。人选对了，会大大增加创业成功的概率。遗憾的是，当公司起步或运营一段时间后，管理者往往会更加关注资金、设备和业务，人力资源则处于相对次要的地位。这个时候，基于小微企业生存的需要，这种选择也是完全可以理解的。

但是，当企业发展到一定规模之后，管理者依靠自己的力量再也无法带动企业进一步发展，人力资源的力量将再次变得重要起来。这个时候，如果管理者不改变自己的思维，仍然只关注业务而忽略人力资源，企业大概率会停滞不前或在某一时刻成为"烟花企业"。而那些及时转变思维，采取人力资源优先战略的管理者，通过吸引、保留、激励人才并形成组织的力量，企业大概率会继续保持可持续发展的动力。

几十年来，"人才是企业的核心竞争力"已经成为许多学者和管理者的共识。事实上，世界范围内的优秀公司都是对人才和人才管理极为重视的公司。

杰克·韦尔奇时代的 GE 取得了辉煌成就，杰克·韦尔奇对 GE 极高的人才管理水平是关键因素之一。杰克·韦尔奇曾说："GE 拥有世界一流的员工，所以它也是世界最有竞争力的公司。""要让企业赢，没有比找到合适的人更为紧要的事情了。"而在世界级的高科技企业华为，任正非曾说："华为什么都可以缺，人才不能缺；什么都可以少，人才不能少；什么都可以不争，人才不能不争。"奈飞公司也永远走在寻找行业顶尖人才的路上。

可惜的是，一些已经具备一定规模的企业，管理者的大部分时间、精力仍然放在业务、资金、设备、项目上，忽略人才和人才管理，忽视锻造组织的力量。这样的企业大概率不会有可期的未来。我们曾经目睹一家有着 1500 多名员工的炼化企业，由于人才缺乏、管理混乱而一夜之间轰然倒塌。

从根源上来看，企业是否采取人力资源领先战略，关键在于高层管理者对人才的认知程度。如果高层管理者认可人才是企业成功的关键要素，自然就会真正重视人才的选用育留，实施人才领先战略；相反，如果管理者对人才的作用不置可否，也就不会采取人才领先战略。当然，这样的企业或许可能在一段时间内活得不错，但基本不可能成为行业领先或者基业长青的企业。

具体来说，人力资源领先战略，需要三个要素的支撑：一是高层管理者认识到人才是企业成功的关键力量；二是在企业内部建立起人才是核心竞争力的管理理念；三是要建立起领先的人力资源管理体系，保障人力资源领先战略的落地和实施。

任何企业，只要能够真正认识到人才的重要性，并时刻保持对人才的好奇心，同时建立起人才吸引、招聘、培养、领导、保留、激励以及适度淘汰的人才管理体系，而不是把重视人才停留在口头上，就一定能够实现对人才的追求，帮助企业实现其战略和组织能力的提升。而优异的组织能力，反过来又能促进企业对人才的吸引、培养、保留和激励。

⭐ **小贴士**

HR 在人才和人才管理中负有很大的责任，但是企业内部人才和人才管理的第一责任人应该是业务部门的各级管理者。分清权责是做好人才管理工作的前提。

HR 负责人才和人才管理的方针、政策、制度以及管理工具的设计，而各级业务管理部门具体负责人才招聘、培养、评价、激励等工作。

由于 KPI 和业务的压力，人才招聘工作往往容易变形，导致一些不合适的人进入企业。企业应该在招聘制度和招聘流程的设计上，防止人才招聘中的变形操作，确保人才招聘的质量。这一点至关重要。

虽然很多企业喜欢社会招聘，但是从成功企业的实践和基业长青的角度看，以校园招聘为主、以社会招聘为辅的人才招聘方式是比较合适的选择。当然，处于初创期的企业应该与此相反。

人才招聘决策最好由团队做出，避免由某个职位上的个人单独做出招聘决策，这是防止选人失败的重要方式。

人才盘点是人才评价的主要工具。人才盘点的主要痛点是业务部门的各级管理者应该理解人才盘点的意义和技术。如果没有业务部门的深度参与和支持，人才盘点将毫无价值。

人才和人才管理是企业的一个系统性工程。吸引、招聘、使用、培养、评价、激励以及适度的淘汰，应当通过系统的人才管理体系来实现。

第十二章
CHAPTER 12

实用型领导力开发：
阶梯式领导力

领导力是组织能力建设和再造的八支柱之一。实务中，领导力是一种比资本等更为稀缺的要素。但是，领导力给人的感觉有些虚无。正如沃伦·本尼斯所说："领导力就像爱情，大家都知道它的存在，但就是没有人能够说清楚它究竟是怎么一回事。"

企业领导力的开发和培养也是让 HR 头疼的一件事，尤其是 HR 与业务部门讨论关于领导力的发展项目时，往往得到的是心不在焉的回应，一些业务管理者可能压根就不相信领导力是可以培养的。

如何培养和发展领导力，一些 HR 对此也是一头雾水，不知如何下手。实务中，大多数企业的 HR 只是泛泛地组织一些领导力培训项目，至于效果如何，则很少评估。根据我们的观察，这些培训的实际效果基本可以忽略不计。

但是，就像企业文化对组织能力和员工思维的影响一样，领导力真实地影响着企业的生存和未来。

本尼斯认为："某种程度上，领导力就像美：很难定义它，但是当你看到它时，你就知道那是美。"我们确实看到无数领导力大师把企业带到成功的巅峰，如任正非、马云、郭士纳，这些人凭借自己高超的领导力使企业成为行业中的翘楚。

从组织能力的角度观察，企业失败的底层逻辑大都是因为领导力的缺乏。一是企业的 CEO 缺乏正确的愿景和战略视野，把企业领上错误方向的不归路。如柯达、诺基亚、摩托罗拉的失败都是因为管理者的战略失误。二是企业各级管理者无法通过有效的领导力把企业员工的力量整合到一起，从而使企业内部力量各自为政、矛盾重重，最终导致组织的失败。例如，一些已经达到一定规模的中小民营企业，虽然某段时间之内人员规模和销售数据看上去不错，但是始终无法形成真正的组织，无法利用组织整体的力量，最终难逃失败的命运。

企业成功是因为领导力，企业失败的底层逻辑归根结底也是因为领导力。组织能力的建设和再造，领导力更是不可或缺。

第一节
管理者的基础领导力

关于领导力的书籍，可谓汗牛充栋，不同的作者或者专家都会从不同的角度定义和理解领导力，如以身作则，感召他人，挑战现状，使众人行，激励人心，驾驭环境，超越逆境，等等。这些有关领导力的说法都没有错，实务中，HR 对领导力的培养和发展感到无从下手，好像什么都对，什么都需要培养，因此也滋生了大量的所谓领导力培训专家为企业讲授各种各样的领导力。

HR 了解企业所需要的领导力应该从企业存在的目的和意义为起始点。

企业存在的本质目的就是通过实现企业的使命、愿景和战略，以满足股东、员工、客户以及社区等其他相关利益者的利益。对于企业的领导力来说，当然是领导和带领全体员工努力实现企业的使命、愿景和战略，为客户和其他利益相关者创造价值。具体来说，领导力就是通过企业各级管理者为团队成员设定共同的愿景、实行有效沟通、赢得成员的信任，唤起成员工作的热情和激情，为了团队的目标共同奋斗的一种能力。

再科学的制度、政策、体系和流程都需要具备领导力的各级管理者领导员工具体落地和执行。企业各级管理者缺乏领导力，绩效或目标可能难以达成。对于 HR 来说，开发和提升各级管理者的领导力是完成组织能力建设和再造任务的关键。

企业各级管理者的领导力有多方面的共性。

管理者的品格和格局

关于领导力，最重要、最基础的元素一定是管理者的人品和格局。一个处事不公、做事不够正直的管理者，一定不会有优秀的领导力。无论一个管理者怎么掩藏自己品格方面的缺点，团队成员一定能够感受得到。

格局则体现一个人的胸怀和眼光。无论是一个小团队的管理者还是一个大企业的管理者，在领导团队方面，如果缺乏胸怀和眼光，就不可能展现出合格有效的领导力。心胸狭窄、格局受限的管理者不大可能有真正的追随者。

品格和格局与性格有一定关系，但并不是不可以培养。经历、阅历以及专业培训，能够对一个人的品格和格局产生影响。虽然很难，但是只要阅历足够，或者有经验，很多人仍然可以改变和提升自己的格局。

管理者要有设定愿景并唤起团队达成愿景的决心与激情的能力

一提到愿景，往往会被认为是"挂在墙上"的东西，没有多大作用。其实不然，愿景对人们的影响是潜移默化的。有的人被影响了，但是在潜意识中并没有察觉。大部分人基于对管理者的信任，其实是愿意相信愿景的。马云的"让天下没有难做的生意"愿景确实影响了阿里巴巴的员工；任正非关于华为的冬天、华为还能够存在多久的讲话，从另一个角度给华为人提出了奋斗的愿景。

对于一个小的团队，管理者在企业的总体愿景和战略的框架下，提出一个团队为之奋斗的小愿景，对团队的激励是非常有效的。例如，一家互联网公司的招聘经理给团队提出"做最好的人才产品经营团队，为公司寻找最合适的人才"的团队愿景，就对团队成员有着很好的激励作用。

管理者要具备为企业或者团队设计愿景的能力，这一点非常重要。因为企业或者团队一旦缺失共同愿景下的同心协力，往往会出现各自为政的局面，无法聚集力量、携手共进。

管理者要重视沟通并为工作赋予意义

沟通的作用，人尽皆知。但是，实务中，并不是所有的管理者都愿意与团队成员进行沟通。一些管理者往往喜欢在做出决定后，指示团队成员按照思路去操作。一些简单的事务是没有问题的。一旦涉及较为复杂的事务或者项目，这种做法往往很难达到目标。这个时候，管理者一般会认为团队能力有问题，而不是反思自己的领导方式是否正确。

有效的管理者是特别重视沟通的。任正非在华为内部的讲话，塑造了华为的企业文化，他的讲话关系到华为的使命、愿景、文化、客户关系、员工管理等，任正非通过内部讲话的形式与华为二十几万名知识员工进行有效沟通，员工的行为反过来也深化了任正非的管理思想，如华为社区、蓝军的设置，也是极为重要的沟通渠道。马云也极为重视阿里巴巴内部的沟通，马云的口才众所周知，阿里每次要采取重大变革的时候，阿里巴巴内部几乎所有人都能理解马云的行动、计划以及变革的意义。

任正非和马云的这些沟通措施，都对集中企业员工的力量，激发员工向目标奋斗的热情，起到了很大的作用。

对于企业内部的业务经理或者总监级管理者来说，同样如此。管理者把想法限制在自己的大脑中，无论团队大小，长期下来基本都会出问题。有效的沟通，给工作赋予意义，让团队成员深入了解管理者的意图是领导力的关键要素。

管理者要获得追随者或者团队成员的信任

领导力是一种个人魅力，不是职位权力。管理者拥有所在职位的权力，其团队成员会按照管理者的安排开展工作，但是内心不一定会服从或者认可。这样的团队是无法取得优秀成绩的，尤其是在今天这个智力资本超过实物资本的时代。组织成功的要素是思想、创新、想象力和创造力，更需要员工的主动参与精神。

没有员工的信任，就不会有真正的追随者，也就没有真正的领导力。获取员工的信任需要管理者的品格、格局、能力、行为、时间等因素的综合作用。只要管理者在获取员工的信任方面付出一定的努力，双方之间建立信任关系并不是一件很难的事。如果管理者不注意获取追随者的信任，一件小事就可能导致信任关系的崩塌。

信息时代，一切都置于众目睽睽之下，信任已经是一种难能可贵的品质。

总之，企业各级管理者要具备真正的领导力，首先要具备正直的品格、宽广的胸怀和格局；其次要有能为团队设置愿景，并激发出团队成员实现愿景的决心和激情的能力；再次是要有良好的沟通能力，并有在沟通中为工作赋予意义的能力；最后是要有获得追随者信任的能力。这四项能力是企业各级管理者领导力中的基础能力。

第二节
HR 在领导力培养和发展中面临的挑战

领导力是企业成功和失败的关键要素，又是一种看不见、摸不着的东西。有的人相信，有的人不相信。HR 在组织领导力的发展和培养中，有时会陷入被动局面。

目前，企业领导力开发存在两个主要问题和挑战。

多数业务管理者都有较大的领导力提升空间，但是很少有人意识到这一点

出现这种情况是正常的。领导力无法通过大学教育或者所学专业获得提升。实务中，如果某位员工绩效优秀，就会被认为能够胜任管理工作。当机会来临，该员工就会被提拔到管理岗位上。大多数企业并没有建立起有效的领导力培养机制，很多有作为的领导者都是自学成才。这

些人的悟性好，通过观察自己周围的管理者以及通过阅读、比较等方式提升自己的领导力。大部分管理者则是忙于业务工作，忽视自身领导力的培养。这些管理者往往跟着感觉走，导致大部分人总体上缺乏领导力。很多管理者主要通过 Position Power 领导团队开展业务，并没有展现出真正的领导力。

这是迄今为止领导力仍然是一种稀缺资源的主要原因。

相信很多 HR 都能看到这一点，但是当 HR 与这些业务部门的管理者沟通领导力的提升计划的时候，得到的可能是"不要搞那些虚头巴脑的东西"或者"有那个时间，还不如多做点业务"的反馈。

缺乏领导力的管理者，很容易让员工感到"心受委屈"。有时候，没有多少话语权的 HR 往往不得不看着优秀的员工因为管理者的领导力问题离职而无能为力。

HR 对如何培养和开发领导力也存在困惑

绝大多数 HR 知道领导力的重要性，但对于如何培养和发展领导力，心里也没有底，或者无法提出有效的领导力发展计划。

很多企业有领导力发展项目，这些项目对企业管理者领导力的提升，或多或少有一些影响。但是，效果实际上很轻微，难以达到企业对领导力提升的需要。

一些企业也有领导力模型，但多数情形下这些领导力模型往往纸上谈兵，在实际工作中无法应用。出现这个问题的一个很重要的原因是这些领导力模型是 HR 闭门造车做出来的，虽然有的模型咨询过顾问公司、与优秀员工面谈过、做过问卷调查，但基本上还是 HR 自己在忙活，绝大多数业务部门的人并没有参与进来。这样的领导力模型做出来后，往往是被束之高阁，远离业务的领导力模型肯定是无法发挥其作用的。

还有一个问题是，很多企业的领导力模型只有一个标准。基层管理者、中层管理者、高层管理者都统一使用一个模型，就像我们前面提到的各级管理者关于领导力的四项基础能力。这些模型的内容基本是一些放之四海皆准的能力标准，忽略了不同层级应有的不同领导力，与业务部门的需求相差甚远，这也是业务部门的人认为领导力是一个噱头的原因之一。

对于 HR 来说，组织能力建设和再造绝对离不开对领导力的发展和培养。但现实情况是，领导力的高低基本上靠管理者自我学习和提升。许多业务管理者的领导力都有很大的提升空间，我们观察到许多业务部门的管理者，业务能力很强，但领导团队的能力较弱，这是一种较为普遍的现象。

因此，负责组织能力建设和再造的 HR，做好企业领导力的开发和培养工作，不仅是一项必须做的事情，对很多企业来说，也是一件相对紧迫的事情。

第三节
企业阶梯式领导力框架

业务部门的管理者对 HR 领导力发展和培养不认可的原因之一，就是 HR 自身没有帮助企业建立一个完善的领导力框架。仅仅从领导力的一个或者几个点出发，如挑战现状、激励他人，去设计领导力发展项目，往往让人感到好像在无边的大海里游泳，无法看到边际。管理者对领导力发展项目的作用持怀疑态度也是可以理解的。

坦率地说，企业缺乏有效的领导力发展框架，有时候，HR 自己都会对这些领导力开发项目的作用持怀疑态度。当 HR 采用单点培训的方式开发领导力项目的时候，如果达不到预期效果，企业往往不再继续投入，或者重新设计新的领导力项目。这些领导力项目缺乏统一的标准、过于凌乱，就更不会得到管理层的支持或者业务部门管理者的认可。

HR 开发领导力项目，首先要做的就是在企业内部设计统一的领导力架构。领导力架构搭建完毕，就可以根据需要进行领导力项目的开发。这样既会使公司的管理者清楚地了解领导力发展的全貌和标准，也能有的放矢地进行领导项目的设计和实施。

那么，如何在企业内部搭建领导力框架呢？

企业内部不同层级的管理者，所承担的任务和责任是不同的。基层管理者领导员工，中层管理者领导基层管理者，高层管理者统帅全局。因此，企业的基层管理者、中层管理者和高层管理者所需要的领导力应当是不同的。例如，基层管理者直接接触具体业务，需要带领团队成员实现团队的绩效目标；高层管理者，特别是 CEO，不直接管理具体业务，而是既要考虑企业的使命、愿景和战略等内部事务，又要考虑与股东、投资人、合作伙伴、社区等外部利益相关者的关系。不同的职责肯定需要不同的领导力。

HR 有必要根据不同的企业内部管理层级设计领导力开发项目，就是基层领导力开发、中层领导力开发以及高层领导力开发。其中，高层领导力开发还可以细化为副总级领导力开发和 CEO 领导力开发。这种按照层级定义的领导力，又被称为阶梯式领导力。

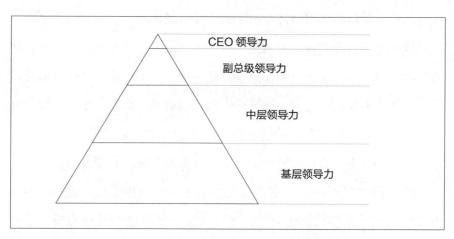

图 12-1 企业阶梯式领导力架构图

虽然扁平化或者有机化组织结构设计是一种流行趋势，但是无论怎么变化，大多数企业大致都存在基层管理者、中层管理者、副总级管理者以及 CEO 这四个层级，一些企业的架构可能会有更多或更少的层级，但这四个层级基本可以概括大多数企业的管理层级。对于每个层级，其领导方法、精力分配以及工作理念在工作中有着较大的不同。

阶梯式领导力模型是拉姆·查兰提出来的，在其阶梯式领导力模型中，他把管理者分为六个不同的层级，这六个层级分别是个人贡献者、一线经理人、部门总监、事业部副总经理和事业部总经理、集团高管以及首席执行官。拉姆·查兰认为，不同的层级有着不同的领导力标准和要求。

这种把领导力分级的理念是非常有价值的，但会使领导力分层过细或者确定性较强。一些观点认为这种阶梯式领导力最终不是真正的领导力，而是一种管理力，阶梯式领导力虽然包含领导力发展的成分，但主要内容还是管理能力发展。持这种观点的人认为领导力应该是在不确定性的条件下发展起来的。

我们的观点是，虽然人们在努力寻找或者培养像任正非、郭士纳、马云这样具备不确定性条件下的伟大领导力的人才，但是基于目前企业领导力的现状，如果在领导力培养方面过于好高骛远，主要目标设定为培养像任正非、马云那样的管理者，是不现实的。

一家企业的发展以及领导力的发展需要一步一个脚印去努力。我们首先要在企业内部做好基础性的领导力培养，才能向更高的领导力培养目标前进。对于企业来说，培养出对企业发展有利的领导力才是迫切的需求。如果领导力培养的目标是任正非、郭士纳或者马云，则领导力开发项目最终无法落地，也达不到企业需要的实际效果。

因此，企业采用阶梯式领导力模型，首先为企业各级领导团队配备好具备较强领导力的管理者，再去寻找或者培养任正非、马云那样的管理者，才是真正的解决之道。当然，如果大量的基层、中层、高层管理者被培养得具有有效的领导力，也许就会从中发现像任正非、马云那样的领导者，伟大的领导者也需要"群众基础"。

基层领导力

案例：陷入麻烦的新经理

王兵（化名）在一家大型互联网企业工作，编写代码的能力极强，并多次受到了公司高层领导的表扬和认可。之后，他被提拔为公司项目经理，领导着一个八个人的团队。上任后，王兵慢慢发现团队成员的能力参差不齐，交代给某个成员的任务，很少能够按时完成。王兵也不知道这是员工的能力问题还是其他问题。当团队成员不能按时完成任务的时候，为了赶上公司整体项目的进度，王兵不得不晚上加班到很晚，自己完成其他成员的工作。这导致王兵永远处于忙碌之中，没有时间与团队其他成员深入沟通。

虽然没有耽误团队的目标和任务，但是王兵自己感到非常委屈，他觉着自己几乎承担了团队一半以上的工作，而团队中另外几人多数时候比较清闲。他感到更委屈的是，从年终评估的结果看，团队成员并不认可他对团队的领导和贡献，因为他们感受不到王兵作为经理给予他们的信任和帮助。整个团队，只有王兵一个人在努力，其他成员却难言对团队的贡献。

这个案例说明王兵在基层管理者的领导力上有很大的提升空间。作为经理，他不能再只靠自己完成团队的工作任务，他要学会有效分解团队目标，选择合适的团队成员，为团队成员设定目标，必要时还要予以指导，利用团队的力量达成目标，而不是自己一个人去完成团队成员没有完成的任务。作为一名基层团队领导者，王兵亟须学习和掌握基层管理者领导力的思维方式和领导技能。否则，他将长期被动地陷入忙碌之中，他领导的团队也肯定会出问题。

基层管理者是从优秀员工提拔起来的。作为个人贡献者的员工，在自己的工作岗位上表现出色，能够积极地完成领导交代的各项任务，很好地达成自己的绩效目标和指标，机会来临的时候，他就可能被提拔为基层管理者，也就是一线经理。

我们在前面讲过，绝大多数公司并没有建立起有效的领导力培养机制，所以业务优秀员工被提拔为基层管理者后，绝大多数人在领导团队方面是存在问题的。如果这个时候企业不重视对基层管理者领导力的发展和培养，这些基层管理者就只能在实践中靠自己摸索前进。试想一下，如果一家企业的所有基层管理者都是刚刚提拔上来的，这家企业的业绩大概率会受到影响。

因此，企业建立基层管理者的领导力模型，对基层管理者及时进行领导力的培养，是非常重要的一项工作。

从员工提拔为基层管理者，一个本质的变化就是从主要依靠自己的知识、经验和技能开展工作到依靠领导团队成员开展工作，这是一个巨大的变化。新的岗位要求基层管理者依靠团队的力量达成目标，而不再是单独作战。

这对基层管理者来说是一个极大的考验。因为这些基层管理者大多数业务能力较强，习惯了自己高效率地完成工作，对于依靠团队完成工作有时持怀疑态度，尤其是在团队成员的业务能力参差不齐的情况下。很多人认为与其和能力不如自己的人浪费时间，还不如自己快速地完成工作，这就是有些基层管理者事必躬亲的原因之一。

对于企业来说，基层管理者没有依靠团队力量完成团队绩效目标，从长远来看，这既不利于未来团队的成功，也不利于培养团队合作的文化以及人才发展。单打独斗的工作方式适应得了一时，适应不了一世。

对于基层管理者来说，首先要转变的就是工作观念，也就是工作思维方式的转变。成为基层管理者，就是要带团队、管理人，必须要依靠团队力量完成各种绩效指标。一些基层管理者也会亲自做一些关键任务，比如招聘经理负责一些岗位的招聘工作，但是基层管理者的工作重心应该是领导团队。

HR 对基层管理者领导力的发展和培养应该从以下几个方面着手。

1. 领导理念和领导思维

成为基层管理者意味着自己不再是一个以个人贡献为主的员工，而是一个需要依靠团队力量实现绩效目标的管理者。这种思维模式的转变是成为一个优秀基层管理者的前提。

基层管理者还应当明白他的绩效成功标准不再仅仅是业务的成功，还包括团队成员的个人成功。

例如，一位软件开发者成为基层管理者后，虽然也会参与重要软件的开发，但他更多的是要为团队成员制订工作计划、审查和监督团队成员工作的效率和质量，并对团队成员进行必要的指导，等等。通过团队成员的共同努力，实现团队的目标。

2. 领导方式

基层管理者应该明白，依靠企业赋予的职位权力是无法成为一个优秀的团队领导者的。成为一个优秀的基层团队领导者需要采取的领导方式有：建立团队愿景；制订工作计划；吸引、招聘以及激励适合的团队成员；与团队成员进行有效的沟通；建立信任关系；评估团队成员的绩效结果；对团队成员进行指导；带领团队达成优异的目标；等等。这些领导方式都意味着基层管理者不能再像以前那样单打独斗、孤军奋战。

3.时间和精力分配

基层管理者的时间分配应当以管理和领导团队成员实现团队目标为主，而不是仅仅关注自己的专业。把更多的时间放在领导和管理团队上，这是基层管理者必须要面对的一个事实和转变。过多地关注具体业务细节、忽略对团队成员的管理和领导，这种基层管理者不太具备优秀的基层领导力，也很难带领基层团队获得成功。

基层管理者的时间和精力，大致应当分配给这些事务：

● 为团队和团队成员制订工作目标、计划以及分配预算；

● 监督团队完成计划和相关进度，对团队成员进行绩效评估、指导等；

● 与团队成员、直接上级、同级经理以及外部利益相关者沟通；

● 参加团队、部门以及企业的业务会议；

● 计划和设定团队重点项目的进度安排；

● 亲自实操一些团队的重点或者关键业务。

对于 HR 来说，根据基层管理者的工作需要和领导力特征，开发基层管理者领导力项目，需要注意几个方面：

1.根据基层管理者的领导观念、思维方式、领导方式以及时间分配等方面的特点，明确基层管理者的领导力构成以及相关框架性标准；使基层管理者理解具体的领导力要求，明确开发和培养基层管理者领导力的方向，并设定方案。

2.HR 负责领导力标准的设计，但是基层管理者领导力的开发和培养，应该由基层管理者的直接领导和间接领导负责。这种责任分工必须要明确。HR 提供框架和方法，大多数工作由中层管理者或者副总级管理者来完成。

3. 领导力开发的第一责任人应该是基层管理者。基层管理者除了在工作中历练和总结，还可以向其他具备优秀领导力的基层管理者取经和学习。

4. 对于领导力这种看似虚无的能力来说，阅读是一种非常有效的领导力素养提升方式。有时具体的领导工作可能是碎片化的，阅读不但可以把这些碎片化的经验串起来，还可以从中学习没有遇到的领导力知识和经验。阅读开阔视野，而胸怀和视野正是领导力的一种底层架构。

5. HR 在设计基层管理者领导力开发项目的时候，应当根据上述基层管理者的特点，有针对性地设计领导力开发项目。除了培养基层管理者四项基础的领导力能力之外，根据基层管理者的业务特点，实行有针对性的项目设计是领导力项目开发成功的关键因素。如果脱离基层管理者的业务特点，把领导力开发项目设计得过于高大上，虽然看上去有气势，实则很难产生想要的效果。

6. 接地气是基层领导力开发项目设计的基础，不接地气的领导力开发项目一般不会得到基层管理者的认同。所谓接地气，就是要解决基层管理者领导力的真正痛点。这些痛点体现在大多数基层管理者的思维方式、工作理念、时间分配等关键方面，也是基层管理者容易忽略或缺乏认知的几个领导力元素。

中层领导力

案例：一位成功的人力资源总监

李磊（化名）在某大数据企业担任 3 年的薪酬经理后，工作表现突出，被提拔为公司的人力资源总监。李磊在担任薪酬经理前，从事过招聘工作，但是在文化和领导力、人力规划、绩效管理、培训管理以及劳动关系管理方面缺乏必要的经验。

作为新任人力资源总监，李磊非常清楚自己的工作职责。他根据公司的战略，与团队合作，清晰地制定和传达了公司的人力资源战略，并为人力资源部的经理团队制定了明确的高绩效目标。他不会过多干涉经理团队的日常工作，但是对关键目标都设定了过程控制环节。通过对过程环节的把控，确保目标不会跑偏或者出现其他问题。

李磊也很重视授权，并把授权以书面形式确定下来，他让经理团队清楚地知道自己的权力边界在哪，并可以在授权范围内自由发挥。

在与公司其他部门沟通的时候，李磊也愿意带上相关 HR 经理，让 HR 经理能够尽可能多地了解人力资源部门之外的信息以及资源等，并尽量确保部门内部信息的透明化。

对于 HR 经理的工作表现，李磊会及时予以评价，以表扬为主，也会客观地指出问题，有时听上去比较刺耳，但是经理认为李磊大多数情况下说的是对的，也愿意参照李磊的意见行事。

李磊的领导能力得到了 HR 部门经理和员工的认可。

企业中层管理者一般是从基层管理者提拔起来的，这些人往往领导一个部门，是某个部门的第一负责人，如财务总监、人力资源总监。

中层管理者直接面对的下属是基层管理者，也就是说中层管理者不再直接领导员工，而是基层管理者的直接领导。中层管理者在企业中的作用是承上启下，向上连接公司管理层，向下连接基层管理者和员工。

中层管理者有以下特点：

1. 作为部门负责人，如果只重视部门内部的工作和员工，就很难对企业的整体利益做出有效的贡献，也一定不会成为一个有效的中层管理者。所以中层管理者在把眼光和精力放在部门内部的同时，需要与其他部门建立合作和协同的工作关系。

2. 中层管理者实际上已经成为纯粹的管理者，不再从事具体业务工作。例如，人力资源总监不再直接从事员工招聘工作或者薪酬发放工作等。中层管理者需要为所负责的业务制定专门的制度、政策和流程。例如，人力资源总监需要为企业制定薪酬管理制度、绩效管理制度、人才管理制度等。中层管理者主要通过制度、政策和流程实施人员管理和业务管理。

3. 中层管理者的工作还包括招聘和选拔基层管理者、为基层管理团队确定绩效目标、评估基层管理团队的业绩表现，并对基层管理者进行指导。另外，特殊情况下，还要处理员工的不满或者投诉，解决员工与基层管理者以及基层管理者之间的冲突和矛盾。

从基层管理者到中层管理者，领导理念和领导思维、领导方式以及时间和精力分配会有很大的变化。

1. 领导理念和领导思维

中层管理者不再直接从事具体业务。相对于基层管理者，中层管理者离业务的距离隔了一个层级，但中层管理者对部门业务的绩效结果要负总责任。

不从事具体业务，还要对业务结果负责，中层管理者需要接受的第一个观念的改变就是对授权的认知。中层管理者需要对基层管理者充分授权。如果授权不足，或者直接越级指挥员工工作，将会对基层管理者造成负面影响，从而影响绩效结果。当然授权不是授而不管，中层管理者对授权程度、授权方式以及授权问责的理解是领导团队的首要考量。

相较于基层管理者，中层管理者需要具备更多的全局性思维和战略视野。缺乏全局性思维的中层管理者领导的部门，容易产生"部门墙"或者成为"混凝土层"。这对企业的整体利益和发展极为不利。中层管理者需要摒弃部门性思维，不应当单纯以部门利益为出发点考虑问题，而是要从企业整体利益出发去考虑问题。

这是中层管理者领导思维的一个重要转变。

2. 领导方式

中层管理者需要通过对基层管理者的有效领导完成部门的绩效任务。因此，中层管理者应当主要采取以下几种领导方式。

（1）对基层管理者实施授权和管理好授权，既不能过度授权，也不能授权不足。同时，中层管理者还要对授权之后的结果甚至过程实施监督和问责。这是中层管理者完成部门绩效任务的关键能力。

（2）培养、招聘、选拔、保留和激励优秀的基层管理者，也包括提拔优秀员工成为基层管理者。建立优秀的团队是中层管理者成功的关键。

中层管理者通过实施绩效目标制定、绩效跟踪、绩效评估、指导等措施，完成对基层管理者的管理和激励。

（3）沟通是中层管理者的主要领导方式。无论是参与和了解企业战略、制度和流程，还是落实和完成部门内部的绩效指标，对于中层管理者来说，大量的沟通是不可避免的。缺乏沟通能力或者不注重沟通的中层管理者，基本无法发挥自己的领导能力。

（4）中层管理者拥有一定的资源，同时还要与管理层以及其他部门的管理者沟通，以获得更多的资源。中层管理者在部门内部的资源分配能力，也体现其领导力水平。所掌握的资源向哪一方倾斜，需要中层管理者根据企业和部门的整体情况做出有效的判断。

（5）对于中层管理者来说，另一种非常重要的领导方式就是协调。无论是在企业内部还是在企业外部，中层管理者都需要做大量的协调工作。有协调才会有协同。协调能力是中层管理者应当具备的一种领导力。

（6）中层管理者要避免事必躬亲，要学会用制度、政策和流程进行团队管理。这样可以避免大量的事务性工作占用过多的时间和精力。

中层管理者的领导方式充分说明了业务部门的管理者在人才招聘、培养、保留、激励和淘汰中的作用。也就是说，对人才发展和培养最负责任的是业务部门领导者，而不是 HR。中层管理者的领导力水平很大程度上决定了企业的人才发展和培养的水平。

对于中层管理者来说，领导力水平与业务能力水平同等重要。不让自己成为世人所称的"混凝土层"是中层管理者领导力水平的重要体现。

3. 时间和精力分配

中层管理者的时间管理与基层管理者的时间管理有所不同。基层管理者很多时候需要直接从事一些团队内部的关键或者重要业务。中层管理者则与具体的业务基本脱钩。

中层管理者的时间安排大致如下：

（1）与管理层、同级管理者、部门基层管理者以及企业外部利益相关者的会议和沟通，会占用中层管理者大量的时间。

（2）制定和维护所负责业务的制度、政策和流程，并监督这些制度、政策和流程的落实。

（3）部门内部的团队建设，需要中层管理者投入大量时间。中层管理者不负责具体业务，团队的业务水平以及基层管理者的领导力是中层管理者实现绩效目标的主要力量。中层管理者需要花费较多的时间在团队建设上，找到合适的人，并设法提升团队成员的业务能力和领导能力。

（4）中层管理者需要投入时间参与企业战略的制定以及协助战略目标的落地和执行。

HR 对中层管理者领导力的发展和培养主要应该从以下几个方面着手：

● 中层管理者的全局性、战略性思维训练；

● 中层管理者的授权管理训练；

● 中层管理者与上级、同级、下级以及外部利益相关者的沟通方式和沟通能力训练；

● 中层管理者识人、用人的能力训练，以及人才培养和发展能力训练；

● 中层管理者在制度、政策和流程制定方面的专业训练；

● 中层管理者的四项基础领导力能力训练。

副总级领导力

案例：一位 CFO 的困境

作为一家大型食品企业的 CFO，赵全（化名）不但负责公司财务工作，还兼管公司信息技术部、法务部、采购部等部门的工作。

赵全在财务管理领域是一位资深专家，但是对信息技术、采购以及法务却不熟悉。除了工作中与这些部门的负责人沟通，他还利用业余时间学习这几个领域的知识。经过认真学习和研究，赵全发现除了 ERP 系统和一些人事管理系统，公司当前不太需要在信息技术领域投入太多的资金，于是他决定减少信息技术部的预算以及人员编制。实际上，根据公司战略，数字化转型是公司在数字经济时代的关键战略目标之一。赵全的这个决定，一定程度上削弱了公司数字化转型的能力，受到了信息技术部门负责人的反对。

关于采购，赵全最关注的是成本和腐败问题，因此他加大了采购流程节点的控制，但是，由于控制节点过细、过多，采购流程效率大打折扣，受到来自生产部门的抱怨和指责。

公司 CEO 知道赵全的这些决策后感到非常不满。赵全作为公司管理层之一，没有从公司全局和战略的高度看待信息技术和采购对公司业务的影响。这位 CFO 的领导力，还有很大的提升空间。

如果中层管理者只是管理一个部门，那么副总级管理者就是管理两个以上部门，直接向 CEO 汇报工作，并且开始领导与自己专业领域不同或者不太熟悉的相关部门。

副总级管理者有以下特点：

1. 作为跨专业部门的管理者，副总级管理者相比于中层管理者更需要全局意识，从企业整体利益的角度考虑问题、解决问题以及做出决策。

2. 副总级管理者需要参与企业战略的制定，提出自己的意见和建议，并确保企业战略能够得到有效落地和执行。因此副总级管理者需要具备更高的战略视野和前瞻性思维，要深度了解行业竞争对手，以协助CEO实现企业的战略目标。

3. 副总级管理者有责任为企业选拔、培养具备优秀领导能力的中层管理者及后备人选。

4. 副总级管理者需要根据企业战略合理使用和分配所能掌握和调动的资源。

5. 副总级管理者在做出重大决策时，组织能力和战略应当是需要参考的两个主要影响因素。

从中层管理者到副总级管理者，工作发生了较大的变化。副总级管理者原则上属于企业管理层，因此副总级管理者的领导力与中层管理者的领导力之间也存在差异。

1. 领导观念和领导思维

企业管理层成员既要做好跨部门业务的管理工作，更要从全局的角度对所管理的职能或者业务做出相关决策。也就是说，相对于中层管理者，副总级管理者需要更高的战略思维能力，并且在处理相关事务时需要胸怀全局。这是对副总级管理者领导力的基本要求，也是最重要的要求。

副总级管理者至少分管两个部门，离具体业务更加遥远。大多数情形下，副总级管理者会参与制定部门的总体目标，对关键或紧急事务做出决策，制定相关制度、政策和流程。一些副总级管理者不再熟悉或者认识自己所管理的部门员工。与副总级管理者沟通的，多数是中层管理者，有时也有基层管理者。获取、识别第一手的真实信息是副总级管理者需要具备的一种能力。当然，提及识别信息的真伪，并不是说基层管理者和中层管理者故意提供虚假信息，而是信息容易在传递中变形，这是无法改变的客观事实。副总级管理者的领导思维之一就是改变对信息的态度，不是要求副总级管理者变得多疑，而是说副总级管理者在做出某种决策的时候，需要多方印证信息的可靠性。

副总级管理者需要领导自己并不熟悉的业务部门，这有时是一种挑战。副总级管理者应该摒弃习惯于把大部分精力和资源用在支持自己所熟悉的业务上，不重视不熟悉的业务的思维。副总级管理者需要花时间了解自己不熟悉的领域，并把自己管理的业务纳入企业整体的战略。

副总级管理者还要注意与下属、他人沟通的方式，从以主动表达为主转变为以倾听为主，并善于从倾听中识别各种紊乱的信息。

从企业整体战略考虑问题，具备长期思维能力而不是仅仅关注短期利益，并能够把所管理部门的业务与企业的战略目标相联系，也是副总级管理者主要的领导理念和领导思维之一。

由于不再具体管理业务，副总级管理者关于成功的观念和思维应该是视他人的成功为自己的成功。也就是说，副总级管理者的成功本质是一种间接成功。

2. 领导方式

作为企业管理层的一员，副总级管理者需要在自己管理的领域为CEO提供有效的支持，既要能理解 CEO 的理念、想法、战略和做事方式，也要在必要时给 CEO 提供中肯的意见和建议。

副总级管理者当然需要为企业招聘、选拔、保留和激励中层管理者，并能从企业接班人的角度，发现并培养人才。副总级管理者需要从基层管理者中培养和提拔中层管理者。人才梯队建设是副总级管理者的主要责任之一。

副总级管理者参与企业战略的制定并负责战略目标的落实，尤其要制定出落实和实施战略的工作计划和长期规划，并督促、领导各职能部门具体实施。

副总级管理者需要获取企业内外部资源，并通过整合和利用所能掌握的资源，引导员工和部门达成绩效目标。

副总级管理者需要关注企业竞争领域的最新动态，并引导员工密切关注这些动态的变化，必要时协助 CEO 采取行动和应对措施。

副总级管理者需要能够对中层管理者进行正确授权，授权过度或者不愿意授权，都会影响其工作业绩，并对企业造成负面影响。

3. 时间管理

与 CEO 以及其他副总级管理者的沟通，将占据副总级管理者大量的时间。副总级管理者需要帮助 CEO 处理相关事务，并与同级管理者沟通、协同处理企业重大事务。与部门中层管理者或者基层管理者就业务、绩效、管理、问题解决等沟通也将占据副总级管理者大量的时间。

企业战略的制定和落实是副总级管理者时间管理的主要方面。副总级管理者需要投入时间参与战略的制定，评估战略的执行，为企业寻求合作伙伴以及与关键客户进行沟通等。与企业外部利益相关者的沟通和交流也会占据副总级管理者一定的时间。

副总级管理者还要投入时间关注行业发展动态以及最新变化。

关于副总级管理者领导力的改变和提升，HR 需要关注以下几点：

● 提升副总级管理者的全局性和战略性思维，以及从企业整体利益出发开展领导工作的能力和视野；

● 提升副总级管理者的人才选拔、培养和激励等识人用人的能力，为企业打造一支高绩效的中基层管理团队；

● 提升副总级管理者的战略制定和实施能力，协助 CEO 管理企业战略；

● 提升副总级管理者的组织建设能力，协助 CEO 建设和再造优异的组织能力；

● 副总级管理者的四项基础领导能力是领导力开发的关键。

CEO（企业一把手）

案例：地产公司 CEO 的领导力

某大型民营集团的地产板块多年来一直处于发展停滞阶段，在地产业高速成长的时期，也没有发展起来，直到该集团任命了一位新的地产公司 CEO。

CEO 到位后，做的第一件事就是为公司重新制定了进入民营地产前 50 强的战略目标，公司当时都没有进入前 100 强。随后，CEO 进行了较大规模的人员重组，并从万科、万达等地产企业大力引进人才，充实各级管理队伍，尤其是建立了一支能力素质较强的高层管理团队。CEO 在内部运营管理方面也进行了大刀阔斧的改革，重塑了一系列的管理制度和流程，包括公司购地流程、建设流程、销售流程、人才激励政策等，大幅提升了公司的运营管理效率和质量。

在基本完成组织能力建设和再造的目标之后，在 CEO 的领导下，经过 4 年的努力，该地产公司最终达成了自己的战略目标，进入了民营地产前 50 强。

CEO 看似大权在握，实际上面临来自股东、员工、客户以及投资人等其他利益相关者的压力和挑战。CEO 的领导力水平在很大程度上决定着企业的绩效表现和未来。

既然影响企业命运的两大关键要素是战略和组织能力，CEO 当然要聚焦于战略决策和组织能力的建设和再造。战略失误有可能使企业走向歧途，如果组织是一盘散沙，不能形成有效力量，企业也无法实现战略目标。

具体来说，CEO 的领导力有以下特点：

1. 领导理念与领导思维

对于 CEO 来说，领导力的重点应当集中在对企业战略方向的把握以及组织能力的建设上，需要为组织制定正确的战略，确定好组织前进的方向，并根据环境等因素灵活地调整战略方向。CEO 还要考虑企业组织能力能否确保战略的落地和实施。这需要 CEO 具备较强的战略性、框架性和前瞻性思维能力。

CEO 的企业经营理念的重要性要远超其具体管理技能。CEO 依据经营理念做出关键决策，而每一个重大决策都会影响企业的未来。

CEO 还要面临信息的轰炸，需要极强的能力来分辨各个渠道汇聚而来的信息，并及时根据相关信息做出有效的决策。各种权衡取舍是

CEO 的日常工作，也是 CEO 非常重要的一种思维能力。

CEO 还要善于识人用人。不善识人用人的 CEO 很难经营好企业，已经有无数案例证明了这一点。如果 CEO 不能打造一支有能力、业绩优秀、具有合作精神的管理团队，大概率无法使其领导的企业在竞争中获胜。

CEO 需要"抓大放小"，而不是"抓小放大"。习惯了实施具体管理的人很难做到对一些"小事"放手不管，而是习惯性过问和插手。这种领导理念既浪费了 CEO 自己的时间，又越俎代庖，打击了下属管理者的工作积极性。例如，一家大数据公司的创始人在企业发展到快1000 人的时候，仍然经常插手对安保、行政等工作的管理。这种领导方式是无论如何也打造不出合适的组织能力的。

面对每天极为繁杂的具体事务，CEO 始终以战略和组织能力作为工作重点，就会较少被那些具体事务过多打扰。

2. 领导方式

CEO 需要建立一支高绩效和高竞争力的管理团队，并通过有战斗力的管理团队去实现企业的战略目标。寻找合适的人才是 CEO 一项持续性的工作。选人用人是 CEO 关键领导方式之一。

CEO 要为企业制定正确的战略目标，并以此为方向带动全体员工通过有效的方式和策略，向着目标前进。

CEO 通过定义和明确企业需要的组织能力，带领和激励全体员工建设和再造所需的组织能力。CEO 还需要平衡好业务和组织能力建设的关系，两者都不可偏废。

CEO 通过获取企业内外资源，以及对企业拥有资源的有效分配和整合，引导员工的工作重点和工作方向。

CEO通过与董事会的有效合作，为企业设定使命和愿景并领导全体员工建设合适的企业文化。

CEO需要平衡好企业短期目标与长期目标的关系，引导全体员工做到既确保短期目标的实现，又要不揠苗助长，保障企业的可持续发展。

3. 时间管理

对于企业CEO来说，时间是最宝贵的资源，时间管理是CEO的必修课。

CEO需要投入时间考虑企业战略的制定以及战略的实施和落地，并密切关注环境、技术、行业和竞争对手等因素给战略带来的影响。

CEO需要投入时间考虑和实施企业组织能力建设，应该基于组织能力建设的复杂性而投入较多时间。

CEO需要平衡好企业内部事务和外部事务，既要把时间放在内部管理和经营上，也要把时间投入外部关系的管理和交流上，两者不可偏废。

CEO需要就一些重大事项与董事会保持畅通的交流和沟通。

对于CEO来说，制定正确的战略，打造一支高绩效的管理团队，正确及时地评估企业的绩效，建设适合战略的组织能力，建立良好的内外关系，是领导企业成功的关键。

遗憾的是，HR很难在CEO的领导力提升方面有所作为，因为CEO是企业的最高长官，即使HR观察到了CEO领导力的弱点，很多时候也无能为力，无法采取行动。因此，CEO领导力的提升，除了需要CEO的自我认知和自我提升之外，最好的方式是为CEO安排一位他信任的优秀的领导力教练，借用外部力量提升CEO的领导力。另外，董事会也能够在提升 CEO 的领导力方面有所作为，如果投资人在董事会占有一定分量的话，应该能在 CEO 领导力开发方面扮演重要角色。

第四节
HR 的一些知识和技能是管理者领导力构成的必备技能

长期以来，企业的一些业务管理者习惯专注于业务，不太认可 HR 的工作，更不要说学习和掌握 HR 的知识和技能了。产生这个问题的原因很复杂，有 HR 自身的原因，也与业务管理者对 HR 不了解有很大关系。业务管理者与 HR 虽然在一些必要工作上有沟通、交流和合作，实际上缺乏了解 HR 的兴趣。这种心态和 HR 不想了解业务的心态大致相同。

实际上，HR 的一些知识和技能对各级管理者领导力有着很大的影响，对企业组织能力建设和再造也至关重要。

关于业务部门与 HR 的关系，我们先看下面一个非常有名的问题。这个问题是戴维·尤里奇提出来的。

谁应该对组织里的人力资源活动负责？

A. 各部门管理者

B. 人力资源人士

C. 各部门管理者和人力资源人士合作

D. 咨询专家

E. 没有人，自生自灭

很多人，甚至包括 HR 都会选择 C，但正确的答案是 A。

很多人会有疑问，认为答案是错的。招聘、培训、人才培养、员工激励，不应该是 HR 的工作吗？如果各部门管理者对组织里的人力资源活动负责，那 HR 还有什么作用呢？

很多人之所以选 C，是因为现实组织正是这么实践的。或者说，很多人"感觉"就应该这么实践，就连很多 HR 自己也是这么"感觉"的。但这的的确确是很多人的错觉。

这是一个认知问题，也是一个实践问题。

所谓认知问题，是一些人认为 HR 当然要对招聘、培训、绩效、人才培养等工作负责。而各业务管理者的所有责任在于带领团队高效、高质地完成业务目标。

所谓实践问题，是业务部门已经习惯与 HR 打交道的方式，形成了固定的思维模式。例如，团队需要人就要求 HR 招一个；员工有问题就要求 HR 去沟通；辞退员工当然更是 HR 的责任。

这些认知和实践真实地存在于许多企业之中，但这是错误的认知和实践。一是因为各部门管理者如果只重视业务，团队却松散无力，是很难高效、高质地达成团队绩效目标的。因此，作为团队负责人，各部门管理者还需要付出时间和精力进行团队建设，让团队变得更有力量。管理者如果不对团队中的招聘、培训、薪酬等人力资源活动负责，如何能够做好团队建设的工作呢？二是这种认知和实践会导致业务部门的人力资源管理责任出现空白，因为 HR 根本无法也没有能力参与到业务部门的具体管理之中。例如，HR 没有能力给团队成员设定愿景、目标，没有能力评估成员绩效，更没有能力给团队成员提供指导。

既然建设高绩效团队的责任在于各部门管理者，既然 HR 无法也无力参与到业务团队的具体管理之中，那么团队人力资源活动的第一负责人当然就应该是各部门管理者。HR 的职责是提供制度、政策或工具协助各部门管理者做好人力资源管理工作。

实际上，任何企业，只有各部门管理者具备优秀的领导力，肩负起人力资源管理的主要责任，才能真正管理和激励好团队中最具活力的人力资源，形成团队的整体力量，进而建设和培育优异的组织能力。

因此，正如 HR 需要了解业务一样，作为团队人力资源管理的第一责任人，各部门管理者应当了解和熟悉 HR 的一些知识和技能。

案例：华为各级业务管理者的 HR 知识和技能

华为的组织能力就是在各部门管理者和员工的积极参与下成功建设起来的。

华为正是赋予了各部门管理者明确的团队领导责任，清晰地界定了各级业务管理者人力资源方面的管理职责，业务管理者都参与到组织能力建设中来，成功建设了优异的组织能力。

在华为，明确规定团队建设的责任是由各级管理者承担的。

华为的各级管理者的使命和责任是：以企业文化所传达的价值观为核心，管理和落实价值创造、价值评价和价值分配工作，带领团队持续为客户创造价值，以确保华为商业成功和长期生存。其中的价值评价和价值分配需要各级管理者懂 HR 的知识、技能和管理工具。

华为的企业文化精髓已经深植于每位管理者的内心。各级管理者的日常决策都会受到"以客户为中心，以奋斗者为本"的影响。华为认为最应该为企业文化负责的是企业各级管理者。华为在五级干部任职资格中明确规定：组织和参与公司文化建设，包括设计本部门的组织结构及文化导向、建立本部门的组织结构及落实文化导向、评价组织结构的有效性和组织气氛。

华为规定各级管理者要积极参与人员招聘工作，并对团队的人员招聘负主要责任。

人才培养也是华为各级管理者的主要责任。华为明确了各级管理者要帮助下属成长的责任，通过具体工作以及指导的方式提升团队成员的能力。对新入职的员工，业务骨干和各级管理者都可以成为其导师。华为的导师制没有太多出奇之处，与其他企业的关键不同之处在于踏踏实实地落实和执行到位。

绩效管理也是华为各级管理者的责任。在华为，基本没有业务部门的管理者抱怨绩效管理应该是 HR 的责任。各级领导者必须在确保与公司战略保持一致的情形下，亲力亲为地为团队成员设定 PBC（个人绩效承诺）。在整个绩效管理过程中，各级管理者必须亲自为团队成员实施绩效指导。

华为各级管理者都要了解薪酬政策和薪酬标准，并能够做到在实践中向"奋斗者"倾斜。

华为要求干部有决断力、理解力、执行力和人际连接力这四项基本领导能力。管理者的层级不同，这四项领导力的重点也有所不同。例如，高级管理者要聚焦培养决断力；中基层干部要增强理解力、执行力和人际连接力。

华为以制度的形式界定了各级管理者的团队建设职责，并且明确了各级业务管理者是人力资源管理的第一责任人。华为在干部任职资格制度中明确提出：

1. 各级管理者应该"依据公司战略以及本系统的方针和策略，与有关人员共同拟定部门中短期工作目标以及优先顺序"。（目标设定）

2. 各级管理者应该"主动了解下属的思想动态，客观地评价下属并与之建立积极、和谐的工作关系"。（员工沟通）

3. 各级管理者应该"适时开展部门活动，活跃部门气氛，达到能更好地开展工作、增强部门凝聚力的目的"。（文化建设）

4. 各级管理者应该"综合使用勉励手段，客观公正地评价下属，及时进行有效沟通"。（员工激励、评价和沟通）

5. 各级管理者应该"妥善解决下属之间矛盾冲突，并协调下属各部门之间的工作关系"。（员工关系）

6. 各级管理者应该"按照公司及部门规定确认员工既有能力及需要发展提高的方面"。（人才培养）

7. 各级管理者应该"依照绩效目的与有关人员讨论绩效改进计划，改进办法必须具备可操作性"，以提高下属绩效。（绩效改进和提高）

8. 各级管理者应该"根据个人特点及公司发展需要与有关人员讨论个人发展目标，实施可行的培养计划，并提供培训机会"。（人才培养）

华为组织管理与一些企业的最大不同是明确赋予了各级业务管理者人力资源管理的责任。这就提高了各级管理者对 HR 知识、技能和具体政策的关注度，从而促使各级管理者投入一定时间去学习和研究 HR 的一些工具和方法。

由此可见，华为的各级业务管理者，其工作重心不仅仅是在所负责的业务，对于其所在团队也有着明确的领导责任。这些领导责任大部分是通过制度的形式落实下来的。也就是说，华为清晰地界定了各级业务管理者与 HR 的工作分工。由此，华为的组织能力建设形成了 CEO、HR 以及各级业务管理者共同参与的局面。

华为的各级管理者都清楚地了解自己在团队管理中的责任，所以在华为几乎很少见到各级业务管理者抱怨这些"应该属于"HR 的工作占用了自己的时间而影响业务，因为各级管理者清楚他们自己才是人力资源管理的第一责任人。

我们说 CEO 是组织能力建设的第一负责人，HR 是组织者、协调者和实际负责人，但是，组织能力建设的主力军却是各级业务管理者和他们所领导的团队。鉴于各级业务管理者习惯聚焦于业务，忽略对人的管理，华为把各级管理者管人的职责在制度和文件中规定得清清楚楚。这样从根本上把团队人力资源管理的责任明确地交给了各级管理者。这种方式使全体员工都能参与到组织能力建设中来，发挥各自的作用，不再是 HR 孤军奋战。

业务部门需要懂的 HR 知识和技能

从团队建设和组织能力建设的角度，除了部门业务之外，各级业务管理者还需要理解、实践和掌握一些 HR 的基本知识和技能。

1. **文化建设**。文化是企业的灵魂，各级管理者当然需要掌握企业文化建设的核心要义。

2. **组织能力**。各级管理者应该清楚了解企业需要什么样的组织能力，掌握组织能力建设的基本知识和技能。

3. **人才招聘**。各级管理者负有团队建设的主要责任，为团队找到合适的人才是各级管理者的主要责任之一。

4. **人才培养**。既然团队建设是各级管理者的责任，人才培养当然也是各级管理者的责任。人才盘点的方法和技术是各级业务管理者需要掌握的一项关键人才培养技术。

5. **组织架构**。组织架构是企业资源分工和整合的主要管理工具，各级管理者需要掌握组织架构设计的基本知识和技能。

6. **绩效管理**。没有衡量就没有管理。绩效管理是各级管理者衡量员工绩效、协助企业战略落地的有效管理工具。

7. **薪酬管理**。各级管理者应该深入了解企业薪酬管理制度，并关注员工薪酬水平的合理性和公平性问题。

8. **领导力**。再好的管理制度和政策，都需要各级管理者领导团队成员予以实施和落地。管理者优秀的领导力对于激活员工和团队有着至关重要的作用。

9. **创新管理**。数字经济时代，创新是企业生存和发展的要素。各级管理者既要参与创新，也要具备制定和维护企业创新机制的能力。

我们说业务部门要懂 HR，就像 HR 懂业务一样，并不是要求业务管理者成为 HR 方面的专家，但是需要投入一定时间去学习和掌握一些基本的 HR 知识和技能。

而 HR 最需要做的，就是让业务管理者改变对人力资源管理工作的惯性思维，认识到 HR 的知识和技能对于提升他们的领导力和助力团队建设不可或缺。

★ 小贴士

各级管理者的领导力水平是企业组织能力建设和再造的决定性影响因素，无论多科学的战略、制度、政策和流程，最终都需要各级管理者领导团队来实施和落地。

企业各级管理者应当具备四项基础领导力：管理者应当具有良好的品格和格局；管理者要有设定愿景并唤起团队成员达成愿景的决心与激情的能力；管理者要有良好的沟通能力，并尽量在沟通中为工作赋予意义；管理者要有获得追随者或者团队成员信任的能力。

在上述具共性的四项基础领导力基础之上，由于所负职责不同，各级管理者的领导力标准和要求也各有不同。根据企业组织结构的四个基本管理层级，阶梯式领导力从领导理念和领导思维、领导方式以及时间和精力三方面，定义了企业各级管理者的领导力标准：基层管理者的领导力框架标准；中层管理者的领导力框架标准；副总级管理者的领导力框架标准；CEO 的领导力框架标准。

企业的目标是满足股东、客户、员工等利益相关者的诉求。各级管理者领导力的核心当然是为了达成绩效目标。

对于 HR 来说，领导力框架能够帮助 HR 有的放矢地开展企业领导力开发项目。

例如，四项基础领导力加上基层管理者的领导力框架标准，可以为 HR 开发领导力项目提供明确的目标和方向，开发出适合基层管理者的领导力项目和模型。中层领导力开发、高层领导力开发可以按照这个模型具体实施。

各级管理者是业务方面的专家，很多情形下，业务管理者习惯把时间和精力集中到业务目标上，而忽略对团队成员的管理。作为管理者，实现业务目标要通过团队力量，而不是单打独斗。用团队拿结果，才是管理者的正确选择。这样既能提升管理者的领导力水平，也能为企业培养人才。因此，业务管理者需要掌握一些 HR 的知识、技能和工具。

一些业务管理者对业务之外的知识和技能不置可否，但是 HR 的一些知识和技能实际上是业务管理者的必备知识和技能。这些知识和技能主要有：企业文化建设、组织能力建设、人才吸引和招聘、人才培养、组织架构设计、绩效和薪酬管理、领导力开发以及创新管理等。

需要特别说明的是，就像 HR 没有必要完全掌握各种业务知识和技能一样，各级业务管理者了解 HR 的知识和技能，也不必掌握到 HR 的专业程度。

参考文献

[1] 戴维·尤里奇, 大卫·克雷先斯基, 韦恩·布罗克班克, 等. 赢在组织: 从人才争夺到组织发展 [M]. 孙冰, 范海鸿, 译. 北京: 机械工业出版社, 2022.

[2] 戴维·尤里奇. 人力资源转型: 为组织创造价值和达成成果 [M]. 李祖滨, 孙晓平, 译. 北京: 电子工业出版社, 2019.

[3] 罗恩·阿什肯纳司, 戴维·尤里奇, 托德·吉克, 等. 无边界组织: 移动互联时代企业如何运行 [M]. 姜文波, 刘丽君, 康至军, 译. 北京: 机械工业出版社, 2016.

[4] 罗伯特·卡普兰, 大卫·诺顿. 战略地图: 化无形资产为有形成果 [M]. 刘俊勇, 孙薇, 译. 广州: 广东经济出版社, 2005.

[5] 亨利·明茨伯格. 卓有成效的组织 (经典版) [M]. 魏青江, 译. 杭州: 浙江教育出版社, 2020.

[6] 迈克尔·哈默, 詹姆斯·钱匹. 企业再造 [M]. 小草, 译. 南昌: 江西人民出版社, 2019.

[7] 穆胜. 重塑海尔: 可复制的组织进化路径 [M]. 北京: 人民邮电出版社, 2018.

[8] 吉尔里·A·拉姆勒, 艾伦·P·布拉奇. 流程圣经: 让流程自动管理绩效 [M]. 王翔, 杜颖, 译. 北京: 东方出版社, 2014.

[9] 杨国安, 戴维·尤里奇. 组织革新: 构建市场化生态组织的路线图 [M]. 袁品涵, 译. 北京: 中信出版社, 2019.

[10] 金·卡梅隆, 罗伯特·奎因. 组织文化诊断与变革 [M]. 王素婷, 译. 北京: 中国人民大学出版社, 2020.

[11] 戴维·尤里奇, 贾斯汀·艾伦, 韦恩·布罗克班克, 等. 变革的HR: 从外到内的HR新模式 [M]. 朱翔, 蒋雪燕, 陈瑞丽, 等译. 北京: 机械工业出版社, 2020.

[12] 杨国安. 组织能力的杨三角: 企业持续成功的秘诀 [M]. 北京: 机械工业出版社, 2010.

[13] 李祖滨, 刘玖锋. 精准选人: 提升企业利润的关键 [M]. 北京: 电子工业出版社, 2018.

[14] 彼得·德鲁克. 创新与企业家精神 [M]. 蔡文燕, 译. 北京: 机械工业出版社, 2018.

[15] 帕蒂·麦考德. 奈飞文化手册 [M]. 范珂, 译. 杭州: 浙江教育出版社, 2018.

[16] 黄卫伟. 以奋斗者为本: 华为公司人力资源管理纲要 [M]. 北京: 中信出版社, 2014.

[17] 康至军. HR转型突破: 跳出专业深井成为业务伙伴 [M]. 北京: 机械工业出版社, 2013.

[18]马丁·里维斯，纳特·汉拿斯，詹美贾亚·辛哈.战略的本质：复杂商业环境中的最优竞争战略[M].王喆，朝阳，译.北京：中信出版社，2016.

[19]沃伦·本尼斯，伯特·纳努斯.领导者[M].赵岑，徐琨，译.杭州：浙江人民出版社，2016.

[20]张新民.从报表看企业：数字背后的秘密（第4版）[M].北京：中国人民大学出版社，2021.

[21]戴维·尤里奇，韦恩·布罗克班克，乔恩·杨格，等.高绩效的HR：未来的HR转型[M].朱翔，吴齐元，游金，等译.北京：机械工业出版社，2020.

[22]埃德加·沙因，彼得·沙因.组织文化与领导力（第五版）[M].陈劲，贾筱，译.北京：中国人民大学出版社，2020.

[23]拉姆·查兰，斯蒂芬·德罗特，詹姆斯·诺埃尔.领导梯队：全面打造领导力驱动型公司（第2版）[M].徐中，林嵩，雷静，译.北京：机械工业出版社，2011.

[24]拉斯洛·博克.重新定义团队：谷歌如何工作[M].宋伟，译.北京：中信出版社，2019.

[25]吕守升.战略解码：跨越战略与执行的鸿沟[M].北京：机械工业出版社，2021.

[26]房晟陶，左谦，樊莉.首席组织官：从团队到组织的蜕变[M].北京：机械工业出版社，2020.

[27]郭士纳.谁说大象不能跳舞[M].张秀琴，音正权，译.北京：中信出版社，2010.